キロメートル・ゼロ

すべては、いまここにある

モード・アンカウア
河野彩 訳

徳間書店

キロメートル・ゼロ　すべては、いまここにある

日々、私に何かを教えてくれる人たちみんなに
この本を手にしてくれる親愛なる読者のみんなに
私が四十五年間の人生でわかったささやかな真実を贈ります。
たった一文やたったひと言が、
あなたの人生をよりよい瞬間にできることを願って。
どうぞよい旅を。

CONTENTS

「敵を理解するには、拒絶するよりも強い気力がいる」

セバスティアン・プロヴォスト

　タクシーをつかまえて、パンテオンまでパリの街を駆け抜けた。このあたりは五年ぶりだ。最後に来たのは、高等師範学校《ENS》で会社のプレゼンをしたとき。資金不足の私たちは、最高レベルのエンジニア養成学校に直接働きかけて、創設したばかりの工場のために優秀な人材を大量に集めることにしたのだ。「私たち」というのは、工学系のスタートアップ企業のこと。八年前から、大きな成果を期待しながら、私は起きている時間のほとんどをこの企業で過ごしてきた。最初の肩書きは投資部門の部長だったが、すぐに法務部長、やがて人事部長になり、いまでは子会社の社長も兼ねている。そのため、できることはなんでも習得しなければならず、息が詰まりそうな毎日だった。

＊

　昨日は、数日間の休暇を取るために未完成の書類と格闘した。それから、いつもの木曜日と同じく、早めにオフィスを出てジムに行った。ランニングマシンを一時間半こなすのがルーティンだ。

走りはじめると頭のなかが空っぽになり、何台もの携帯に次々と連絡してくる人たちから解き放たれる。だが、オンラインで買った商品を確認していなかったことを思い出し、携帯を手に取った。

そのとき、ロマーヌから着信があった。電話してくるなんて、いったい何があったのだろう？ 彼女にはここ一年くらい会っていない。私は電話に出た。

「マエル、話があるの。明日十時にユルム通り二六番地に来て」

「えっ？ どうしたの？ 週末まで待ってくれない？」

「ごめん。すごく急いでるの」。ロマーヌは有無を言わせない口調で、そう繰り返した。そして最後に、そうすればきっと来てもらえると思ったのか、少し声をやわらげて「来てね！」と言うと、電話をぷつりと切った。私が断る隙も与えないまま……。

呆気にとられた私は、しばらくしてからかけ直したが、留守番電話のメッセージが流れるだけだった。しかたなくショートメッセージを送る。

「明日は無理。日曜日にアンジェリーナでブランチをするのはどう？」

テュイルリー宮殿のアーケードにある有名なサロン・ド・テ《アンジェリーナ》で遅い朝食をとりながら近況を語り合うというのが、私たちのいつものパターンなのだ。最近あったこと、がっかりしたこと、恋愛相談……いや、実際には話題のほとんどは恋愛話だ！ 返信がすぐにきた。

「どうしても会いたい。あなたが頼りなのよ！」

ロマーヌが誰かに助けを求めるなんて珍しい！ 彼女は三十四歳のレバノン人。その背丈も仕事上の地位も堂々たるものだ。恵まれた境遇に生まれたわけではないのに、折れた骨が以前よりも固くなるように一つ一つの困難がロマーヌをより強くしていったのだろう。

ロマーヌと私はパリ政治学院《シアンスポ》で出会った。だが彼女は、その後、医者になった。ロマーヌは私のすべてを知っていて、私はロマーヌのすべてを知っている。切っても切れない仲なのだ。私たちのおしゃべりにタブーはない。ただ一つ、ロマーヌが子ども時代にベイルートから不法移民として脱出したという夜の話を除いては。戦争、爆撃、テロ……。ロマーヌは、私にはまるで別の時代の話のように思えるさまざまなことを経験しているが、けっして過去を語ろうとはしなかった。私は彼女が発しているエネルギーや勇気に惹かれたのだと思う。伝統を重んじてか、ロマーヌは早くに結婚した。三度の妊娠に自由を奪われたが、やがて失った時間を取り戻して知的欲求を満たすために、仕事の世界に飛び込んだ。その後、時代が彼女に追いついた！　わずか五年で、世界的に知られた製薬会社で責任あるポストに上りつめた。そのころ、私はロマーヌとあまり会っていなかったので、そのニュースを新聞の記事で知った。そしてここ数か月、ロマーヌから何度かブランチの誘いがあったが断りつづけていた。とにかく仕事が忙しかったからだ。でも今回は、そこまで言われると断りきれず、根負けした。

「わかった。明日ね」

＊

道はすいていた。二十分もしないうちにタクシーはパリ国立高等音楽・舞踊学校《コンセルヴァトワール》の前を通りすぎ、クロード・ベルナール通りとユルム通りの交差点で停まった。約束の時間までまだ十五分ある。昨夜はこの謎めいた待ち合わせについてあれこれ考え、あまり眠れなかった。コーヒーでも飲んでしゃきっとしようとブラッスリーに入ることにした。

店のなかにはほとんど客がいなかった。唯一の客の男性が白ワインのグラスを手にバーカウンターに寄りかかり、不況に打つ手のない大統領の無能さについて悪態をついている。昔ながらの制服姿の背の高い細身の若いギャルソンが、半ば困った様子で相槌を打っていた。黒板に、木曜日の日替わりメニューはブランケット【訳注：仔牛肉や仔羊などをホワイトシチューで煮込んだ料理】だと書いてある。だが、厨房の香りやエスプレッソメーカーから匂い立つ香りに、まだ濡れている床の消毒液の匂いが混じり、本日のメニューも台無しだ。ギャルソンがすぐにコーヒーを運んできた。伝票を私のテーブルに置くと男性客とのおしゃべりに戻っていった。

ロマーヌはどうして私を呼び出したのだろう？　電話の彼女は、声のトーンがいつもとは違っていた。そもそも平日の午前中に会おうだなんて、彼女らしくない。大切な話って何？　どうして今日じゃなくちゃいけないのだろう？

九時五十五分。私はブラッスリーを出て、通りを渡った。足元でカサカサと秋の音がする。私の右足で散らされたプラタナスの落ち葉は、左足でさらに舞い上がり、つむじ風に巻き上げられてまたこちらに戻ってくる。三拍子のワルツみたいだ。晴れているにもかかわらず、朝の空気は季節にそぐわない冷たさだった。

ユルム通りを進んだ私は、高等師範学校の入り口で立ち止まった。大学生のとき、コンテストの賞品として、ここの入館カードを手に入れたことがある。カードがあれば一年間アーカイブを利用でき、非公開の文書と心躍る出会いが手に入れられた！　でもどうして、ロマーヌは待ち合わせの場所にここを選んだのだろう？　一度もいっしょに来たことはないのに……。

私はなつかしい思いで、高等師範学校の黒い鉄の門に取り付けられた四五番地の看板を見つめた。

だが、十時五分になっても高等師範学校の入り口にロマーヌは現れない。彼女は遅刻するタイプじゃないし、遅刻した相手を待つタイプでもない。そういえば、昨日の電話でロマーヌはたしか二六番地で待ち合わせようと言っていた。そこで、二六番地に向かった。すると、遠くで手を振っているロマーヌが見えたので、私は急ぎ足になった。ロマーヌは、珍しいことにスポーツウェアを着ていた。光沢のある黒いパーカにスキニージーンズ、足元はハイカットのバスケットシューズというでたち。まるでハイキングにでも行くみたいだ。目を半分隠すように灰色のニット帽をかぶっているのも不思議だった。彼女に近づいてハグをすると、いつもと変わらず強く抱き返してくれた。

「で、この謎めいた待ち合わせはなんのため？　大事な話って何？　あんまり時間がないのよ。わかってるでしょ、仕事があるの」

ロマーヌは私の言葉に黙ったままだ。賢そうな顔、滑らかで浅黒い肌、優しげなのに凜とした瞳が魅力的だ。いつもエネルギッシュな彼女が今朝はなんだか頼りなく見えた。眉毛をすべて抜いてアイブローで描くことにしたようだ。前のほうがよかったのにと思ったが、口には出さなかった。ロマーヌは私の質問に答える代わりに二六番地の方向に顔を向けた。その方向に目をやると、門の上に《病院》と白い文字で書かれた大きな灰色のプレートが見えた。その脇にはレリーフで《キュリー研究所》と刻まれている。そのとき初めて、私はユルム通りの三分の一を占めているその巨大な建物に気がついた。

「ここにどんな用事があるの……？」そう言うやいなや、自分の顔からさっと血の気が引くのがわかった。背筋が寒くなり、私はそれ以上何も言えずに固まってしまった。落ち着こうとして、ロマーヌのニット帽の太いケーブル模様の下に見事な黒い巻毛を探したが、そこには何もなかった。思わず動揺を隠したくなり、口元を両手で押さえた。ロマーヌの顔から目を逸らすことができない。涙はあふれてくるのに、それ以上言葉が出てこない。「心は変わらずに元気よ！」ロマーヌは私を抱きしめながら、小さく言った。

キュリー研究所は数十年前から癌と闘っている。ロマーヌの姿と照らし合わせれば、答えは明らかだった。私は感情に押し流されないように自分を奮い立たせた。膝ががくがくしたが、なんとか背筋を伸ばした。「ロマーヌ……どうしてあなたが！」ロマーヌは私をじっと見ると、あきらめたようにつぶやいた「誰にでも起こりうるのよ、マエル」

それからロマーヌは張りのある声で言った。

「じゃあ、行こう。同情してもらうために呼んだんじゃないんだから。マエルが忙しいのはわかってるわ。でも、これから化学療法に付き合って。そのあいだに呼び出した理由を話すから」

「化学療法？」

「そう。でも、心配しないで。うつる病気じゃないからね！　いっしょに来て。遅刻しちゃう」

私はロマーヌのあとについていった。病院の受付の横を通ったが、ロマーヌは立ち止まらずに通りすぎた。病院ならではの匂いがする。消毒剤と苦痛の混じったその匂いに、ブラッスリーの匂いが恋しくなった。ロマーヌと私のどちらが病人かと聞かれれば、この瞬間にかぎっては私のほうだったかもしれない！

長く暗い廊下を抜けると、厚い扉の前に着いた。扉の先には、別の建物に続く二十メートルほどの渡り廊下がある。化学療法センターは別棟にあるらしい。廊下の天井はプレキシガラス製で日の光が中まで入ってくるのに、まるで死への廊下を渡っているような気がした。さっきからふわふわしていた脚が震えだし、心臓がバクバクして、胃もまったく動いていない。最初にすれちがった人には頭髪がなかった。眉毛もまつ毛もない。次にすれちがった人は点滴スタンドを引きずっていて呼吸が苦しそうだった。かすかに微笑んだその人に、ロマーヌがとっさに微笑みを返す。私はといえば、顔も上げられず、「こんにちは」と喉の奥のほうでもごもご言うことしかできない。

廊下の端には椅子が四脚ずつ背中合わせに置かれていたが、誰も座っていなかった。ロマーヌが受付のキャロルという女性と話しているあいだに、私は椅子に座り込んだ。「おはよう。名札をどうぞ」。キャロルの物腰は柔らかだった。ロマーヌも明るく落ち着いているのを見て、私は困惑した。ロマーヌの様子からはまったく恐れが感じられないからだ。まるで「試着室に入りますね」と店員に伝えているみたいだ。「がんばってね」キャロルが言った。

ロマーヌはキャロルに手を振って応えると、こちらを振り返った。「いっしょに来る？　ちょっと離れてるの」そう言うと、ロマーヌは正面に続く廊下を早足で歩きだした。彼女のあとをついていくのはいいが、私はちゃんと立っていられるのだろうか？　どうすればこの辛さに立ち向かう力が出るのだろう？　そんな状況に置かれる覚悟などできておらず、体がこわばって動かなかった。座ったまま椅子から一歩も動けない。するとロマーヌがあわてて引き返し、こちらに近づいてきた。

「気分が悪いの？　顔が真っ青よ。水飲む？」

「大丈夫……ちょっといきなりだったから。思ってもみなかったし……」

頭のなかがぐるぐるしていた。そんな状態に追い討ちをかけるように頭痛もしてきた。「外で待っているほうがよければ、すぐに戻ってくるから。もっともそんな時間があれば、の話だけど……」私が答えるより先にロマーヌはぱっと立ちあがった。「とにかく、お水をもらってくるね。

ちょっと待ってて」

　ロマーヌが行ってしまうと、キャロルがカウンターから出てきて私の隣の椅子に座った。

「そんなに落ち込まないで。初めての人はだいたいそうなるの。でも、そのうちに慣れるわ」

「慣れる？　何に慣れるんです？」

「匂いやほかの患者さんの様子とか……。そうすれば、患者さんたちの苦痛まで背負い込まずにすむ。患者さんの見た目さえ気にしなければ、残るのはたった一つの真実だけよ。病と闘っているという真実。友だちを助ける唯一の方法は、彼女を信じて、求められたときに力になってあげることよ」

「ええ、そうしたいです。でも、私にそんな力があるのかどうか……」

「ありますとも！　ロマーヌがあなたを選んだのよ！　彼女は半年前から毎週通ってきてるけど、いつも前向きでけっして笑顔を絶やさない。私の経験上、そういう人はよくなるわ。いまでは乳癌患者の八十パーセント以上は治るのよ。ロマーヌもきっとよくなる」

「そう信じてます、でも……」

「病気なのはロマーヌで、あなたじゃないでしょ！　彼女が誰かを連れてきたのは初めて。それだけあなたを頼りにしているってことよ」

　キャロルはそう言うと、私の脚をぽんぽんと叩いた。「さあ、元気を出して。ロマーヌが戻ってくるわ。心を強くもって。あなたの力が必要とされているのよ！」キャロルはカウンターに戻った。その言葉でようやく落ち着いてきた。ロマーヌは私を頼りにしてくれている。病気なのは彼女のほうなのだ。それにしても、いつもは一人で来ているというロマーヌが、今日はどうして私を連れてきたのだろう？

　ロマーヌは水の入ったコップを手に戻ってきた。

「前もって話しておくべきだったよね」

「ううん、ただちょっと暑さにやられただけ。知ってるでしょ？　もともと病院は苦手なのよ！」

　私はひと息で水を飲み干すと立ち上がった。すると、ロマーヌがいきなり泣きだした。今度はロマーヌが落ち込んでしまったようだ。ロマーヌはコートを脱ぐと、たたんで自分の腕にかけた。

「どうしたの？　泣いてるの？」

「ごめん。でも、こんな私にマエルがほんとうに会ってくれるのか、自信がなかった」

「何言ってるのよ。もう会ってるじゃない。病気を治そうとしている女性戦士のあなたに。さあ、ニット帽を脱いで、いざ闘いよ。二人ならもっと頑張れるはず」

　髪がない姿を見ても怖気づかないように、私は心を落ち着けた。ロマーヌは、私の視線を直視したくないのか、うつむきながら帽子を脱いだ。私はロマーヌの顎に手をやって、顔を上げさせた。

「頭の形がよくてラッキーよね！　『Vフォー・ヴェンデッタ』【訳注：グラフィックノベルを原作とした二〇〇五年製作の映画】のナタリー・ポートマンみたい。ナタリーと同じくらい魅力的で笑顔がすてきで、超セクシー！」私はロマーヌを抱きしめると耳元でささやいた。「癌なんかに私たちの人生を台無しにされてたまるもんですか！」すると、ロマーヌがそっとウインクしてきたので、私もウインクを返した。「行こう、ロマーヌ！　そして何があったのか話してちょうだい」ロマーヌはにっこりすると私の腕をつかんだ。それから看護師さんに名前を告げると、私の隣に座った。

「聞かせて……いつわかったの？　いつから治療してるの？」最初におかしいと思ったときのこと、

検査のこと、結果が出るまでの不安、癌だとわかったときのこと、その後の治療、痛み、治療の効果、恐怖……。ロマーヌはいままでのことを細かく教えてくれた。どれくらい辛かったのだろうと想像しながら話を聞いていると、白衣を着た若い女性——パスカルというらしい——が治療を始めるために呼びにきた。

「あら、今日は付き添いがいるんですね?」

「ええ、今日はガールズデーなの。ガールだった時代はだいぶ昔だけどね……」

ロマーヌはパスカルに目配せをした。ドアの向こうには、何人もが同時に治療を受けられる広い部屋があった。一つ一つの空間がプライバシーのために衝立で仕切られている。ロマーヌはベッドに、私は付き添い人用の椅子に座った。ロマーヌは服を脱ぎ、肩と胸を少しはだけた。カテーテルが付いているらしい。パスカルが薬剤を混ぜているあいだ、私は気を抜くと気絶してしまいそうなほど不安だった。

「先週はタキソールでしたけど、今日はそれよりも弱い薬です。アバスチンだけですよ」。パスカルは太い針を持って、ロマーヌのほうにやってきた。

「いいですか?」

「ええ」ロマーヌは歯を食いしばって答えた。

ロマーヌが大きく息を吸い込んだ。私も同じように、肺にできるだけ空気を取り込んだ。パスカルはさっとカテーテルに針を刺すと、薬剤のパックを上にかけた。パックはコンピューターとつながっていて、そこで管理されているようだ。「三十分かかります。では、ガールズトークをどうぞ!何かあれば呼んでくださいね」

点滴は痛くはないらしい。ロマーヌはリモコンを操作して電動ベッドの背を起こすと、私に同情するかのように微笑んだ。

「そりゃあ戸惑ってるよね。マエルにそんな思いをさせて申しわけないと思ってる。でも、大事なお願いがあるの」

「わかってる。なんだってするわよ！」

私は座っている椅子の肘掛けをもってベッドに寄り、さらにロマーヌに近づくために椅子の端に座り直した。ロマーヌはうつむいて、「マエル以外にこんなこと頼めないから」と言った。私が本当に頼みごとを聞いてくれるか、心配しているようだ。私はロマーヌの唇をじっと見つめた。

「去年会ったときに、カトマンドゥに派遣される研究者チームに選ばれたって私が話したの、覚えてる？　カトマンドゥには二か月いる予定だったんだけど、向こうに着いて三週間後に、出発前に受けた検査のことでかかりつけの婦人科医から連絡があったの。結果はクロでしたって」

「癌だってこと？」

「そう。ショックだった。それで五年前からネパールで暮らしているジェイソンっていうアメリカ人の研究者に相談した。そしたら彼がね、ネパールには意識と精神状態の変化によって治療をするっていう昔から伝わる方法があるって話してくれたのよ」

私は眉をひそめたが、ロマーヌは続けた。「そういう治療法があることを書いている本は何冊もあるんだけど、肝心の内容についてはどこにも触れられてないらしいの。ジェイソンいわく、手がかりが少ないんだって。でもこの方法は絶対に世界を変えるって彼は確信してた。そもそもジェイソンは、その方法を探しにネパールに来たんだって」ロマーヌはシャツを胸まで引っ張り上げるとひと息ついた。「夕食をいっしょにしながら、ジェイソンがいろんな資料を見せてくれたんだけど、治療法に関する文献は書かれた時代もばらばらなら、見つかった国もばらばら。だけど、どの資料も意識改革による治療法について書かれてた」

ずいぶんうさん臭い話だ。私はそう思いながら、椅子に深く座り直して足を組んだ。

「その治療法をいままで誰も見つけられなかったってわけ？」

「何人もの研究者が試みたらしいけど、誰もまだ見つけてないみたい。どうしてか。いまのところいちばん信憑性が高い理由は、中国との紛争後にネパール政府が隠しているという説よ」

ロマーヌが何を頼みたいのかがわからないまま、私は黙って続きを聞いた。

「だから、ネパール政府とアポを取るために大使館を訪ねることにしたの。そんな資料については聞いたことがないという人ばかりだった。でもね、その話をするとあわてる人も多かった。ところが、いざこれからというときに、かかりつけの医者に治療を始めるからってフランスに呼び戻されたのよ」

「つまり、やれることは全部やったわけね！」

「待って。まだ続きがあるの。帰国の前日、泊まっていたホテルのロビーに一人の男性が訪ねてきて、手紙を置いていった」

「なんだか、現代版の宝探《トレジャーハンター》しって感じね……」

「マエル、真面目に聞いて！」

「ごめんごめん、聞いてるって。でもなんていうか……」

ロマーヌの目がきっとなったので、冗談はやめておいた。ロマーヌはバッグから封筒を出すと、その中身を私に手渡した。しわくちゃの紙に完璧な英語でこう書かれていた。「それ以上探るのはやめたほうがいい。そうでないと厄介なことになるだろう」

ロマーヌはどうやらそのことが頭から離れないようだ。だが私は、治療の副作用で彼女が幻覚を見ているのではないかと思いはじめていた。そんな私の考えを読んだかのように、ロマーヌが言った。

「馬鹿馬鹿しいって思うのはわかる。私だって何週間も半信半疑だった」

「正直言うと信じられない」

「帰国後もジェイソンと連絡を取り合ったの。彼も何度も警告を受けたみたいだけど、探しつづける気だった。差出人のわからない手紙が来るたびに、むしろその伝説は本当なんだって思うようになった。警告のせいでその方法が正しいと確信できたのよ。そうしたら一昨日、ジェイソンがまた連絡をくれた。治療法が書いてある文書をついに手に入れたから渡せるよって！　やっぱり政府が隠してたんだって。見つけられると薬が売れなくなるっていうのがその理由みたい。癌の予防と治療方法がわかったら莫大な利益を生む製薬業界にとってはとんでもないダメージだから」

「待って！　その治療法のせいで製薬業界がダメージを受けるとしても、普通なら何年もかかるわよ！　このあいだなんかの記事で読んだけど、世界の製薬市場の総売上は八千五百億以上だそうよ。ここ二十年で四倍以上の成長だとか。そんなこと、あなたのほうがよく知ってるだろうけど……」

「じゃあ、想像してみてよ。もしその治療法が製薬市場の成長を妨げるようなものだったら？　世界経済にまで関わってくるはずよ」

「ロマーヌ、少し落ち着いて！　思考とか視覚化による治療法っていまに始まった話じゃないよね。

たった一つの文書ですべてが変わるなんてありえるの？」

「もちろんよ！　全面的な意識改革さえできれば、すべてが変わる。私たち一人一人に足りないのはその方法なのよ」

私はため息をついた。

「わかった。で、私に何をさせたいの？」

「その文書を取ってきてほしい。お願い、マエル、それさえあれば私の病気は治るのよ！」

「ねえ、ロマーヌ。そんな話、丸ごと信じて大丈夫なの？　お医者さんの言うことを聞いて、治療を続けたほうがいいと思うけど。いまでは乳癌のほとんどは治るらしいし、経過もいいんでしょ？いっしょに治療を続けようよ」

「やれることがあるならなんでも試したいのよ。私にとってそこまで大事なことじゃなかったら、わざわざマエルに頼んだりしない」

「わかってるよ。でも、あなたが突拍子もない話に巻き込まれてるような気がするの。信じたい気持ちはよくわかる。でも、もっと現実を見て。化学療法と休養に集中して、現代医学の効果を信じるべきだと思う」

するとロマーヌは子どものような口調になった。

「ネパールに行ってくれるよね？　一生のお願い！」

「行けるわけないでしょ！」

「ねえ。いままで、私がマエルに何かお願いしたことなんてあった？」

ロマーヌの声のトーンがまた変わった。獲物を前に舌なめずりしているライオンに捕まった気分だ。逃げるチャンスはなさそうだ。ロマーヌの言うとおりだった。長い付き合いだが、彼女に何かを頼まれたことは一度もない。私が下を向くと、ロマーヌは駄目押しのように続けた。

「一度もないでしょ、マエル。知り合って十六年、あなたにどんな小さなお願いもしたことない」

「そのとおりよ。でもあなたの頼みを受け入れれば、私もその話を信じたことになる。あなたに嘘はつきたくない。わかるでしょ？」

ロマーヌは目を逸らした。私は彼女の手を取って、こう言った。

「少し考えさせて。私の休暇が終わったらもう一度話そう」

「いますぐに行ってくれないと手遅れになる。生きるか死ぬかの問題なのよ」

「いますぐなんて無理に決まってるでしょ！」

「私の命はあなたの決断にかかってるの」

「やめて。そんなの、ロマーヌらしくない。脅かさないで。あなた、そんなタイプじゃないでしょ」

「本当にあなたにかかってるのよ」

そのとき、点滴の終わりを知らせるブザーが鳴った。パスカルがやってきた。ブザーを止めてモニターに表示された数字をメモすると針を抜いた。

「話の途中でごめんなさいね。次の人が待っているので」そう言うとパスカルはロマーヌをじっと見て声をかけた「また来週ね」。それから私のほうを振り返って「またお会いできるわよね？」と言った。病院を出るまで、私たちは黙ったままだった。

ロマーヌは私を車で送っていくといって聞かなかった。車内では沈黙が続いたが、しばらくするとロマーヌがおずおずと話しかけてきた。「私が自分で行ければいいんだけど、病院での治療で身動きが取れないの」そう言うと答えを待っている様子だったが、私が何も言わないのでさらに続けた。「万一その治療法が効かなかったとしても、私はやれることは全部試したんだって気持ちになれるのよ」車は目的地に到着した。ロマーヌは車を停めると、バッグの中から封筒を取り出した。

「決心がついたら開けてちょうだい。でもそうじゃなきゃ開けないって約束して」

「もう謎めいた話はお腹いっぱいよ！　封筒の中身はなんなのよ？」

「いいから、約束して！」

「わかった、わかったから！」

いつもよりも長くハグをしてくるロマーヌを抱き返すと、彼女は私の耳元でゆっくり「ありがとう」とささやいた。そして「大好きよ」と付け加えた。いつもなら感情をあらわにしないロマーヌがそんなことを言うのに驚いて答えに詰まった。私は封筒を握りしめたままルーヴル美術館のほうに向かった。ずいぶん長いあいだ、ロマーヌの視線が背中に注がれているのを感じながら。

午前中からロマーヌに付き合い、私は疲れはてていた。テュイルリー庭園を横切り、マドレーヌ広場にあるオフィスに向かう。もうすぐ十二時だが、お腹は空いてない。日向を歩いて、ルーヴル美術館の四角い中庭、逆さまのピラミッド、カルーゼル凱旋門、そして丸い池に出た。こんなに美しい場所を通っているのに景色に目もくれないでいるのは私くらいだろう。太陽のほうを向いた低い椅子があるのを見て、ちょっと休んでいこうと思った。あれこれ考えるのが面倒になり、ぐったりと椅子に座って目を閉じた。顔に日が当たり、暖かくなったおかげで気持ちが落ち着いた。穏やかな風が頬を心地よく撫でていく。知らないうちにうとうとしていたようだ。若い四人連れの観光客の笑い声ではっと目が覚めた。起き上がって携帯電話を探した。マナーモードにしてコートのポケットに入れたままだった。着信が三十五件、メールが四十八通、ショートメッセージが十二通、アポのリマインドが三件。私はあわてて飛び起き、コンコルド広場を通って庭園に出た。たくさんの枯れ葉がまたこちらを誘うように舞っていたが、いまは枯れ葉と戯れている場合じゃない。私は少しいらだちながら乱暴に足で葉を蹴散らした。そしてロワイヤル通りに入ったところで、山のような留守番メッセージを再生した。

エレベーターのドアが開いたとたんに、受付の女性があわてて駆けよってきた。

「マエル、社長が捜してます。何度も電話したんですよ」

「知ってるわ。出社したって伝えてくれる？」

最初のオープンスペースを過ぎると、マーケティング部長がやってきた。「大丈夫？　何かトラブルでも？　ピエールが捜してたよ」

そういえば、ここで働き出して八年経つが、連絡せずに二時間以上もオフィスを留守にしたのは今日が初めてだ。私はどんなときでも携帯を手から離すことはなく、誰にでも十五分以内に返信する癖がついていたのだ。

自分の部屋に入るまでに三人の同僚が心配して声をかけてきた。部屋に着くとさっそくパソコンを立ち上げた。画面がまぶしくて頭がさらに痛い。二分後、ピエールが怒った顔で部屋に入ってきた。「マエル、何をやってるんだ？　今朝は投資家向けのプレゼンの予定だっただろう！　次は月曜日だ。絶対忘れるなよ！」

ピエールは四十三歳。私は百か月以上も彼とともに会社の戦略を練ってきた。そして来る日も来る日も会社にすべてを捧げ、自分に何ができるかを考えてきた。半日連絡がつかなかっただけでこの剣幕だ。私にも言い返す権利くらいはあるはずだ。もちろん、ここ数時間で私にとっての最重要課題が変わってしまったことなど、ピエールが知るはずもない。まるで蟻の群れが女王蟻の私に向かって盛んに身振り手振りで話しているのを眺めている気分だった。だけど、これまでみたいにやる気が出ない。私たちのどちらが癌なのかわからなくなるほど、頭のなかはロマーヌのことでいっぱいだったからだ。

私は思わず泣き崩れた。すると、動揺したピエールの声が変わった。「わかった、わかった、マエル。そんなつもりじゃなかったんだ。僕がついかっとなる性格だって、よく知ってるだろ?」それでも涙が止まらない。ピエールはおろおろしている。

「いったい何があったんだ?」

「疲れてるの。今日はもう帰るわ。心配しないで。明日は出社するし、ちゃんと会議にも出席するから」

「会議の心配をしているんじゃない。マエル、きみを心配してるんだ。今朝何があったんだ?」

「いろいろありすぎて、いまは話せない」

「そうか。でも、いつでも力になるよ。話し相手が欲しくなったり、休みをとりたくなったりしたら電話してくれ。投資家とはうまくやっておくから」

私は少し落ち着き、ありがとうと言うと、荷物をまとめてオフィスを出た。

空は暗くなっていて、まもなく嵐が来そうな気配だ。私はアパルトマンのロビーを足早に通りすぎ、二階に上がって自分の部屋のソファーに倒れ込んだ。

こんなことってある？　二時間で日常がひっくり返るなんて。ロマーヌの言葉が頭に響いていた。「生きるか死ぬかの問題」ってどういう意味なのだろう？　たしかに、いままでロマーヌが私に何かを頼んでくることはなかった。私に対する彼女の態度は、どんな悪い状況にあっても変わることはなかった。でも、いくらロマーヌのためとはいえ、すべてを投げ出してネパールに行くことなんてできるはずがない。だいいち私は、ネパールがどこにあるかもわからない。知っているのは、ヒマラヤ山脈のあたりにあるということだけだ。いまの仕事の状況を考えても、ずっと不在になどできるはずもない……。だけど、親友の頼みにノーと言いつづけられるのだろうか？　あんな途方もない話をどう受け止めていいのかわからなかった。ロマーヌの立場になったら私もきっと、なんにでもすがりたくなるのだろう。

それから三時間、答えのない問いが頭のなかをぐるぐるしていた。でも、心の奥ではもうわかっていた。ロマーヌに万一のことがあれば、頼みを聞いてあげなかったことを一生後悔するだろう。行くべきか、行かざるべきか。ピエールに約束したとおり、早く答えを出さなくてはならない。ピエールは、数日ぐらい私がいなくてもどうにかすると言っていた。ネパールに行く代わりにバカンスを取り止めればどうにかなるはずだ。それでも足りない場合は……きっとどうにかなる！

ロマーヌがその治療法とやらの現実的な効能と不思議な力に幻想を抱いていることだけはよくわかった。たとえそれが幻想にすぎなかったとしても、彼女の頼みを無碍《むげ》にするわけには……。それからさらに一時間考えたあげく、私は決心した。ロマーヌを見捨てることはできない、と。

お腹が鳴った。ほっとした証拠だろう。スライスしたパンを二枚、トースターで焼き、その上にタラマペーストを塗ってレモンを少し搾り、タルティーヌをつくった。それから白ワインをグラスに注いで一気に飲み干した。二杯目は、寝っころがってタルティーヌをかじりながらゆっくりと味わった。アルコールのおかげで悩みも薄まり、体が軽くなっていく。ふと、別れ際にロマーヌから手紙をもらったのを思い出してベッドから飛び降りた。ポケットに突っ込んだままですっかり忘れていたのだ。ロマーヌに、決心がついてから開けると約束させられた。つまり、いまこそ開けるときでは？　それとも、焦ることはない？

一晩寝ればよい知恵が浮かぶ、という諺もある。手紙を読むのは朝になってからのほうがいいかもしれない……。私は目の前のキッチンカウンターに封筒を置くと、ハイスツールに腰をかけ、もう一度考えた。同じ問いを何度も何度も反芻し、ついに決断を下した。永遠に後悔しないためにネパールへ行こう！　そこで、封筒を勢いよく破った。中にあったのは、私の名前が書かれたカトマンドゥ行きの航空券とロマーヌからの手紙だった。

「マエル

頼みを聞いてくれるって信じてた。ほんとうに大切なことだからこそ、あなたに頼んだの。航空券を見ればわかると思うけど、出発は明日。ジェイソンと会うためには、どうしても明日出発しなくてはならないのよ」

「明日？　ウソでしょ！」

私は携帯電話を引っつかんだ。「ロマーヌ、このメッセージを聞いたらすぐに電話ちょうだい。行くって決めたけど、明日なんて無理！」私は航空券を眺めた。シャルル・ド・ゴール空港、十五時四十分発。ありえない！

手紙には続きがあった。

「ジェイソンはあなたをカトマンドゥで待ってるけど、あまり長くはいられないの。例の文書の写しをあなたに直接渡してくれるって。空港の近くのボダナートで、マヤという友人がホテル・マンダラっていう宿を経営している。そこに部屋を予約しておいたわ。ホテルの名前を見せれば大丈夫。ホテル・マンダラを知らないタクシー運転手はいないから。

週末はぜひ旧市街を散歩してみて。マヤにおすすめの場所を聞けば、喜んで教えてくれると思う。化学療法を受けたあとはいつも副反応があるから、携帯の電源を切って自然のなかで休むことにしているの。だから向こうに着くまで私とは連絡が取れないと思うけど、また電話するね。決心してくれて本当にうれしい。あなたのような友だちがいることを誇りに思います。大好きです。

ロマーヌ
追伸　くれぐれも体に気をつけて。ネパールの夜は（とても）寒いから暖かくしてね」

出発は数時間後で、ドーハ経由で明日の十一時にカトマンドゥに到着することになっている。私は完全にパニックだった。もう一度ロマーヌに電話をしたが、今度は一回コール音がしただけで留守番電話に切り替わった。呆然としたまま手紙を読み返す。なんてこと！　私はもうすでに、行くと決めたことを後悔していた。ああ、いったいどうすればいいの？

あまりにいろいろなことがありすぎて、その晩はなかなか寝つけなかった。朝四時、ロマーヌの言葉にうなされた。「あなたに行ってもらいたいの」「いままで十六年間、一度も何かを頼んだことなんてないでしょ」「チャンスがあるなら逃したくない」「大好きよ」それから、キャロルの言葉も。「それだけ頼りにされてるってことよ」「ロマーヌはあなたを選んだのです」「それだけ大切な友だちってことなのでは？」

結局、ほとんど眠れないまま目が覚め、起き上がった。あと数時間で荷物を準備しなければならない。

空港へ向かうタクシーのなかで、ピエールを安心させるために、すぐに戻るとメッセージを送った。

＊

飛行機は厚い雲を抜けて飛び立った。霧雨と私の混乱した思いをパリに残したまま。

赤ん坊の目になって

「置かれている状況を天国とみなすか、地獄とみなすか。それは感じ方しだいだ」
ペマ・チョドロン

「ビザは？」がっしりとした小太りの軍服姿のネパール人が私に質問した。英語が訛っていたので質問の意味を理解するまでに時間がかかったが、この国にはビザがないと入れないのだと気がついた。もちろん、持っているはずがない。ビザがない場合はどうすればいいか尋ねたが、彼は書類を突き返すだけで次の人を呼んでしまった。幸運にも、フランス人の女性がやってきて、「出発前にビザを用意していないなら、入国管理事務所に行きなさい。そこで五十ドル払えば大丈夫」と教えてくれた。

ほっとしたのもつかの間、事務所の窓口に並んでいる人の列を見てげんなりした。結局、空港から出るのに二時間近くかかった。

ようやく空港の外に出て、タクシーを探した。荷物を運ぼうとする若いチベット人に囲まれたが、スーツケースは放さなかった。何かを売りつけようとする子どもたちも寄ってきたが、私がさっと手を振ると離れていったので、ほっとした。空港を出るだけのために十分もやりとりしなくてはならない国なんて勘弁してほしい。

右手にタクシーの運転手が集まっているのが見えた。同じ型の白い車が二十台ほど、三列になって停まっている。いちばん近くの運転手に英語で声をかけると、仲間の一人に私を乗せるように合図を送った。その仲間は、私のスーツケースを自分の車のルーフ・キャリアに載せた。紐で固定しないようだ。落ちないのかと気になったが、何も言わなかった。もはや言い争う気力も残っていなかったのだ。

運転手が開けてくれたうしろのドアがきしむ音で車がいかに古いものかがわかった。フェイクレザーのシートには赤と黄色の模様の入ったウールのカバーがかけられている。運転手は車の前を回って右側にある運転席に乗り込むと、こちらに振り返って笑いかけてきた。それから片言の英語で、

「マダム、どちらまで?」と言った。

「ボダナートまでお願い!」

「ストゥーパ※1に行けばいいですか?」

「いいえ、ボダナートのホテル・マンダラまで」

「ストゥーパの周りにはホテル・マンダラがたくさんあります。そのうちのどれかでしょうね。とりあえず行ってみますか?」

予期せぬ返答に呆気にとられた。ロマーヌの手紙には、ホテル・マンダラと言えばすぐにわかると書いてあったはずだ……。タクシーは大きなエンジン音を立てて走り出し、車や自転車やトラックの合間を縫って進んだ。いまやフランスではお目にかかることがない排気ガスが舞い上がる。きっと、たまたまホテル・マンダラを知らない運転手に当たってしまったのだ。なんて幸先が悪いん

だろう！　おまけに、彼の運転は心臓に悪かった。私は感じが悪くならないように微笑んでいたが、だんだんと吐き気がしてきた。気を紛らわそうと窓の外を見ると、衝撃的な光景が目に入ってきた。右側には、荷台にダブルベッドのマットレスをくくりつけたバイクがいる。左側では、家族全員が一台の原動機付自転車に乗っている。ハンドルのところにいちばん小さい子ども、そのうしろにもう一人の子どもがいて、運転手の父親が乗り、さらにそのうしろにも振り落とされまいと父親のお腹にしがみついている子どもがいた。道を渡る人たちもそのたびに命がけなのだが、誰も気にしていないようだ。少し遠くでは、草を食みながら車道を横切る牛のせいで車が渋滞している。杖を振り上げて、ぶつかってきた若い自転車の男を怒鳴りつけている老人もいた。

たった数時間、たった何言かしゃべっただけなのに、これまで私がいた滅菌状態の世界が巨大なゴミ溜めと埃っぽい戦場に変わった。いったい私はこんなところで何をしているのだろう？　メリーゴーランドのようなドライブは、きっかり十分で終わった。タクシーがかの有名なストゥーパに到着したのだ。

「あそこの正門から入れば、お探しのホテルが右手にあると思いますよ」

「間違いない？」

「ええ！　あるはずです！」

運転手は私を乗せているあいだは作動させていなかったメーターを指でたたくと、三百ルピーと言った。約二・五ユーロだ。私はその言い値で支払った。幸いにもまだルーフに載っていたスーツケースを下ろすと、運転手は手を振って走り去っていった。私はスーツケースを引きずって、足早に歩く人たちにもまれながら、かき分けるようにして歩きだした。たくさんの人がマントラを唱え、祈りに使うマニ車と鈴を振りながら、巨大なモニュメントの周りを時計回りに歩いている。その光景に驚いて立ち止まったが、すぐに気を取り直して、スーツケースとともに人波のあいだを集団とは逆方向に進んだ。商人たちはストゥーパの土産物を売る小さな店からお香の香りが漂ってくる。広場は行商人だらけだ。商人たちはストゥーパの屋根に描かれたブッダの目の正面に座り、新しい数珠を求める僧侶やこのユニークな場所に惹きつけられてやってくる観光客に何かを売ろうとしている。袋小路になっている方向にホテル・マンダラの看板が見えたので、そちらへ進んだ。鉄の門をくぐり、ホテルの建物へと続く緑豊かな庭を歩いていく。中に入ったとたん、喧騒がやんだ。日当たりのいい芝生のあちこちに十数台の鉄製の丸いテーブルが置かれているのが見えた。

すると、若い女性が手を合わせて私を出迎えてくれた。お辞儀をしながら「ナマステ、ボンジュール。旅はいかがでしたか?」と訛りの強い教科書どおりのフランス語で言った。

ロビーは簡素なつくりだった。フロント用のカウンターがあり、使い込まれた革張りの二脚の肘掛け椅子が同じく年季の入った革張りの三人がけのソファーを囲むように置かれ、カウンターの右側には荷物が山積みになっている。早くシャワーを浴びて横になりたい私は、手短に用件を伝えた。

「友人が私の名前で部屋を予約したと思うんだけど。マエル・ガルニエです」

フロントの女性は宿帳を確認してから、今度は英語で言った。「はい、予約があります。二階のお部屋です。昼食をとられるようでしたらレストランはあちらです。あと一時間経てば庭で食べることもできます」私はうなずきながら説明を聞いた。

「お湯は十七時以降に使えます」

「え? 十七時以降?」

「そうです！　太陽エネルギーで水を温めているからです。すばらしい設備です。ほかのホテルより早くタンクにお湯をためることができますからね」女性はうれしそうに答えた。

どのホテルよりも早く？　じゃあ、ほかのホテルは何時からお湯が出るわけ？

「お客さまには大変喜んでいただいています。昨年、この最新システムに大きな投資をしましたので」

「わかったわ。ありがとう」私は疲れはててため息をつき、差し出された鍵を受け取った。

「もう一つ、お伝えしておかなくては。ここでは、よく停電が起こります」

停電ですって？　なんてこと！

「ご安心ください。前もってお知らせしますので」

前もって……。じゃなきゃ、とんでもないわよ！

「今夜は十九時から二十二時まで停電します。ナイトテーブルにろうそくが置いてありますので」

私は打ちのめされてその女性を見つめた。いったいどんな世界に来てしまったのかわからないが、一つだけ確かなことがある。私はここに絶対に長居はしない！　ポーターが手伝ってくれることなどまったく期待できないので、しぶしぶ荷物とともに階段を上ろうとした。

「マダム！　もう一つお伝えすることが！」まだ何かあるの？　これ以上の悪夢があるのだろうか。私が振り向くと、女性は急いでカウンターから出てきて、手紙を差し出した。「お手紙を預かっています」手紙？　ロマーヌからなら、まったくご親切なことだ！

手紙を受け取り、重い足を引きずって白とグレーのタイル張りの階段を上った。庭を見下ろす廊下を通って部屋に向かう。部屋の鍵は、間に合わせの二つのリングをつないだだけの南京錠だった。

軽くドアを蹴るだけで、簡単に壊れそうな代物だ。

部屋の広さは十平方メートルくらい。そのほとんどを大きなベッドが占めている。ニスを塗った木製のナイトテーブル、小さなカップに入った三本のろうそく、壁際にラタンの肘掛け椅子、ピサの斜塔を模したように傾いている三脚のコート掛け。そして奥には、明らかに建設当初から手直しされていないバスルームが見える。そこにはワイヤーで蛇口が固定された簡易的なシャワーがあった。ほうろう引きの古びた洗面台の上には、忘れられたような石鹸のかけらが置いてある。トイレの便器についた黒ずみの層を見れば、どんな駆け出しの考古学者だって、このホテルがいつ建てられたのかを当てることができるだろう。洗面台の蛇口をひねると水道管が震えだし、黄色っぽい水がちょろちょろ流れてきた。水がまともに出てくるまでに数秒かかった。ふと顔を上げると、鏡のなかにしょぼくれた自分がいて、惨めな気分に拍車をかける。ロマーヌってなんて優しいのかしら！　破産寸前ってわけじゃないんだから、もっとましなホテルを予約してくれてもいいじゃない。

私はぐったりしてベッドに横になった。そして、先ほど受け取った手紙を開けた。そこには英語でこう書かれていた。

「親愛なるマエルへ
ホテルまで文書を届けることができなくなってしまいました。急患が出たので、今日のうちにヒマラヤの僧院に向かわなくてはならなくなったのです。そこからは歩いて数日かかる場所です。
文書はそのまま僕が持っていきます。シャンティ[※2]というネパール人のガイドに、あなたを僕のところまで案内してくれるように頼んでおきました。シャンティは友人なので、旅のあれこれもあなたの安全も彼がいっしょなら大丈夫です。シャンティには、あなたが到着する日にホテルに行って、細かいことを説明するようにと伝えてあります。

こんなことになって申し訳ないが、理解してもらえると信じています。よろしく。

ジェイソン」

冗談でしょ！　どうしてそのガイドに文書を託さないのよ？　馬鹿にするのもいい加減にして！　ふつふつと怒りが込み上げてきた。私はベッドから跳ね起きるとロマーヌに電話をかけた。また留守番電話だ。私の携帯のバッテリーは点滅している。これじゃもうすぐ充電が切れてしまう！　コンセントは椅子のうしろにあった。幸いにも、電気は通っているみたいだ！　冷静さを取り戻すまでに十五分かかった。すると旅の疲れが襲ってきた。起きたときにいいアイデアが浮かんでいるといいなと期待しながら、いつの間にか眠ってしまった。

目覚めると、着いてから二時間以上が経っていた。自分が置かれている状況を把握しなくては。一つ一つ処理しよう。気を取り直して、まずシャワーを浴びることにした。熱いお湯を浴びていると少し元気になってきた。清潔な服に着替えてロビーに降りていく。フロントカウンターには、さっきの若い女性ではなく、長いしなやかな髪の背の高い女性が立っていた。六十歳くらいに見えるが、とてもエレガントだ。彼女は流暢な英語で話しかけてきた。

「マエルですね？　このホテルを経営しているマヤです。ロマーヌからあなたの話は聞いています。お会いできてうれしいです！」

なんと答えればいいのかわからなかった。だが、彼女の優しそうな様子に私のいらだちはおさまった。

「私も会えてうれしいです」

「お腹、空いてるでしょう！　シェフのカラスによると、今夜のメニューはカシ・コ・マス、ネパールの伝統的な仔羊のカレーです。おいしいですよ！」

私はここで夕食をとることにした。「外で召し上がりますか？」いい考えね！　マヤは緑に囲まれた席に案内してくれた。雑踏から数メートル離れているだけなのに、そこは静寂に包まれ、なんだか現実離れしていた。

「あなたが休まれているあいだにシャンティから電話がありましたよ。二時間後にここへ来るそうです」マヤはシャンティを知っているようだ。私が驚いて眉をわずかに動かすと、マヤが答えた。

「ええ！　シャンティは古い友人です！　人道支援活動で、彼にヒマラヤに連れていってもらったこともあります。彼は、エベレストの近くのパンボチェという、シェルパが多く住む小さな村の出身なんです」

「じゃあ、山のことはよく知ってるんですね？」

「もちろん！　シャンティは山のことならなんでもお見通しですよ！　彼以上のガイドはいません。間違いなく、すばらしいところに案内してくれるでしょう！」

「私がどこに行かなきゃならないか、ご存じなんですか？」

「まさか！　それがわかっているのはあなただけです」マヤはなんだか楽しそうにそう答えた。

「そうじゃなくて。だって私はジェイソンという人を追っているだけで、彼がどこにいるのか知りようがないもの……」

「ええ。ロマーヌから聞いています。あなたはジェイソンからロマーヌのためにある文書を受け取らなきゃならないんですよね」

「知ってるんですね。この話、どう思います？」

マヤは少し考え込んだ。

「愛する人を救うためならどんなことでもしようと思うのは、当然です」

「ええ、だからここに来たんです。ジェイソンについてはどう思われますか？　ジェイソンのことご存じですか？」

「一度会ったことがあります。彼は癌の研究にとても熱心で、研究以外の時間はチベット人の支援をしています。ネパールにはチベット人がたくさん亡命してくるんです。政府はそれを受け入れてはいるのですが、そういう人たちに社会的な地位は与えていません。ジェイソンの団体はチベット人に医療を提供し、彼らがネパールの社会になじめるように活動をしているんです」

「それで、ジェイソンが持っている文書とやらは、本当に、まだ知られていない真実を明らかにするものだと思いますか？」

「さあ、どうかしら。でも、道を進んでみたら想像とは違う場所にたどりついたというのはよくあることですよね」

私はあ然としてマヤを見つめた。「あなたの問いに答えることはできないけど、これから起こる出来事に耳を傾ければ、まだ問いかけていない質問の答えが見つかるんじゃないかしら」マヤの言葉の意味はまったく理解できなかったが、時差ぼけのせいでそれ以上質問はできなかった。そこに、若い女性が料理を運んできて、マヤは立ち上がった。「お食事をどうぞ。もしよろしければ、シャンティと会う前にボダナートを案内しますよ」マヤはそう言うと、蝶のように優雅に、そして軽やかに去っていった。

エキゾチックな香りのシンフォニーともいえそうなカレーの匂いが鼻腔を刺激した。カシ・コ・マスは黄色と茶色と金色の万華鏡のようだった。最初のひと口で、中東の刺激的な風味に包まれる。それが、私のなかにある記憶を呼び覚ました。トマと最後に旅行したインドだ！　もう五年も前のことだ。いっしょに訪れたボリウッドの幸せな思い出は、三か月後には悪夢に変わった。それというのも、いざいっしょに住もうという段になって、トマは頭が空っぽな若い女に乗り換えたのだ。結局、私たちは別れた。卑怯者！　しかもトマはその三年後に、遊びの恋は終わらせたと平気な声で連絡してきた。あんな男との過去を思い出してもしかたないと、彼とのことは忘れてほかのことに集中しようとした。でも、よく考えてみれば、たいしたことはできなかった……。

もしかしたら電波がつながっているかもしれないと期待して、しょっちゅう携帯電話に目をやったが無駄だった。世界からこんなふうに遮断されていることにまたもや孤独を感じる。そのとき、スズメがやってきた。人間を警戒していないのか、横目でこちらをうかがいながらテーブルの上に散らばったパン屑をついばんでいる。わずか数グラムの小鳥が庭の美しい花々のあいだを行き来している景色は、香辛料の匂いとともに私の孤独を慰めてくれた。最後のひと口を食べ終えると、マヤが戻ってきた。穏やかなマヤのたたずまいに、胸のなかの不安がだんだんと鎮まっていく。

「お皿を見るかぎり、お料理はお気に召したようですね。それともよっぽどお腹が空いていたのかしら」マヤはそう言って笑った。

「とてもおいしかったです」

「ボダナートを歩いてみますか?」

「ええ、ぜひ!」

マヤのあとをついて、スレート板が敷かれた細い道を通って外に出た。目の前にはひしめき合う群衆がいて、誰もが軽い足どりでストゥーパの周りをぐるぐる歩いている。ボダナートは仏教徒にとっての一大聖地で、ネパールでもっとも神聖な場所の一つだという。なんて刺激的なんだろう!マヤが言うには、ストゥーパの周りには数千人のチベット人が住んでいるらしい。一九五九年のダライ・ラマ十四世の亡命以後、おびただしい数のチベット難民がボダナートに押し寄せ、五十以上の僧院とゴンパ【訳注/チベット仏教の寺院】を建てた。この地が仏教徒にとってどれほど重要かを示す証拠だ。ボダナートは、ラサの町の成り立ちとも密接に関連している。実際に、昔からラサとカトマンドゥの谷あいにある町は交易路で結ばれていたらしい。ボダナートの中心にそびえたつストゥーパは、高さも直径も四十メートルあり、ネパールでもっとも威厳のある寺院の一つだという。土台の部分にある三つのバルコニーは曼荼羅※3を模していて、敬虔な仏教徒ならその上を歩けるそうだ。

観光客にできるだけたくさん説明しようとするガイドのように、マヤは寺院の建築についても話してくれた。マヤいわく、この建築においてはすべてが寓話《アレゴリー》になっているらしい。ストゥーパの土台の部分は大地、丸天井は水、上部の塔は火、軒蛇腹《コーニス》部分は空気、尖塔は天空を象徴していて、仏教の教義を具現する森羅万象と世界の根源的な要素を表している。マヤにすすめられ、巡礼者に合わせて私も周りを回ってみる。ときどきマヤはストゥーパの壁にあるくぼみの前で止まって、由来を説明してくれた。全部で百八個あるくぼみには、それぞれに仏像がまつられているそうだ。私は夢中になってマヤの熱のこもった案内を聞いた。

「上を見て。ストゥーパの四面に目の絵が描いてあるでしょう? あれは四つの基本方位を見ています。仏教徒は、あれを見るとブッダの存在を思い起こし、ブッダが自分たちの暮らしを見守ってくれていると感じるの。細長いピラミッド形の上部は十三段で構成されているのよ、見えるかしら? ドーム型の屋根とは分かれていて、悟りに向かう道の十三の段階を象徴しているの。その十三の段階を経て、〝ボーディ〟とか〝ブッダ〟と呼ばれる完璧な知にたどりつけるというわけ。〝ボダナート〟という町の名前はそこから来ているの」

マヤは私の腕を取って、狭い扉から巨大なストゥーパのなかに入った。「ついてきて。ジンジャーティーをごちそうするわ」私たちは足早に白いタイル張りの高い階段を上った。六階まで上がるとヒバの木に囲まれたテラスがあり、信者でなくても座れるテーブル席があった。階段は最近塗り直されたのか、ペンキの匂いがする。左側の壁の太い二本の竹のあいだには、カトマンドゥとカトマンドゥ峡谷の地図がかかっていた。マヤが地図上で、いま私たちがいる場所を教えてくれた。町の境界線上、中心から少しはずれたところだ。

「あともう少し! あの上まで行くのよ」そう言ってマヤは右奥にある梯子を指差すと、軽やかな足どりで上りはじめた。ようやく上がりきると、目の前にブッダの目が現れ、そのまなざしに吸い寄せられた。地上三十メートルの高さの威圧的なその目はこちらを見透かしているようで、ブッダの白い衣は沈みかけている夕日の光でオレンジ色に染まっていた。私はバルコニーの端まで行き、小さく見える人々が祈りを捧げる光景を眺めた。

マヤに促され、私たちはブッダの慈悲深い目にいちばん近い席に座った。ウエイトレスがやってきて、ていねいにお辞儀をした。マヤがジンジャーティーを頼んだ。そこは、まるで時が止まったように思える神秘的な場所だった。

「ボダナートには長く？」

「二十年になるわ。生まれはインドのダラムシャーラーで、そこで育って、結婚した。たまたまカトマンドゥの家を手に入れて引っ越してきたのよ。それで、チベット人がネパール社会に溶け込むための支援団体に入らないかと誘われてね」

マヤはそこで言葉を切ると、ストゥーパに目をやった。私はまた携帯電話を確認した。圏外のままだ。電波を拾えないかと一度電源を落としてからまたオンにしてみたが、何も変わらなかった。

「マエル、あなたは？　調子はどう？」

「調子？……元気だけど……」

「体調を聞いたんじゃなくて、気分はどうなのかなって思って」

私はマヤの遠慮のない質問に驚いた。気分について正直な返事を求められたのは、おそらく初めてだ。私がいい気分でいるのかをマヤが気にしてくれている。そう思うと肩の力が抜けてきた。

「いい気分よ、マヤ。少し旅疲れはしてるけど」

「携帯電話が通じないのが気になるの？」

「着いてからずっと圏外だから」

「これまでいたところから八千キロも離れてるのよ。いまさらつながっている必要があるの？」

「もちろん、いつだって携帯がないと困るわ！　出発前に終わらせられなかった仕事も仕上げなくちゃいけないし」

「あなたがやらなくちゃ駄目なの？　あなたの周りの人たちは、あなたが数日間いないだけでそんなに困るの？　すべてがあなたの肩にかかってるなら、それは組織としてうまくいってないってことじゃない？」

マヤは本当にそう思って言っているのか、それとも皮肉なのか、判断がつかなかった。まなざしや声のトーンからすると、きっと皮肉なのだろう。私はカチンときて言い返した。

「私は三百人の従業員がいる会社を動かしてるの。しかも、うちの会社はあと数日で大きなグループに買収されるかもしれないっていう危機的な状況。だからもちろん、私の留守は問題よ。なにせ数百万ユーロがかかっているんだから」

「じゃあ、どうしてここに来たの？」

「ロマーヌのために、例の文書とやらを受け取らなくちゃならないから。知ってのとおりよ！」

マヤの質問にむっとした。彼女は、私を裁く権利があるとでも思っているのだろうか？

「マエル、頭も心もフランスに置いてきたままで、どうやって旅先で落ち着いて過ごせるの？　ここでどんな幸せを見つけられるの？」

「ねえマヤ、待って！　私は楽しむためにネパールまで来たんじゃない。これはバカンスじゃないのよ！　友人に頼まれたものを取りにきただけ。すぐにフランスに帰って仕事に戻るわ。来たくて来たんじゃない。しかたなく来たの。わかる？」

「つまり、誰かにネパールに行けと強制されたってこと？」

私は大きなため息をついた。

「マヤ、あなたは賢い人よね。わからない振りをするのはやめて。ロマーヌの病気は深刻な状態なの。どんなふうであれ、その文書がロマーヌの助けになるなら、来るしかないでしょ。違う？」

「そうよね。でも行くと決めたからには、旅先でいやいや過ごすよりも楽しんだほうがいいじゃない？」

「いったいここで何を楽しめっていうの？　気を悪くしないでほしいんだけど、見てよ。ここにあるのは、貧しさだけ。寒くて、埃っぽくて、携帯の電波も届かなくて、電気さえも来たり来なかったり。間に合わせの設備にじめじめした部屋！　まるで何世紀も前にタイムスリップしたみたいよ！」

「そうよね。ヨーロッパとは生活環境が違うものね。でも、あなたがいらだってるのはそのせいじゃないと思う」

「へえ、ほんとにそう思う？　じゃああなたは、私がどうしていらいらしているっていうの？　全部お見通しってわけ？」

「それは、あなたがこの場所に先入観を抱いていたからだと思うわ」

たしかに、私が抱いていたイメージは、この惨めな光景を美化する助けにはならなかった。もっともマヤは同じ景色を見ても惨めとは感じないようだけれど。そのとき、湯気の立ったカップが二つ運ばれてきた。ウエイトレスの女性は、またお辞儀をして去っていった。

「今日は土曜日。あなたの同僚たちもくつろいでるはず。携帯電話のことは忘れて。今夜はもうつながらないから。顔を上げて夕日を浴びて、いまこの瞬間を楽しんで」お茶をひと口飲むと、喉が熱くなった。マヤの言うとおりだ。この状態じゃパリからの連絡などまったく届かない。私は行列になって進む人たちのマントラを子守唄に聞きながら、日が暮れていく心地よい時間を味わった。

数メートル離れたところから私たちに木陰を提供してくれている小さな木の上から、鳥の声が聞こえる。人々の祈りの声を伴奏しているかのようだ。

　私は深く息を吸い込んだ。あれこれ考えるのもいらいらするのもやめてみた。すると、だいぶ気分がよくなった。数分後、驚くような光景が目に飛び込んできた。火の球のような夕日の最後の光でボダナートが明るいオレンジ色に染まっている。まるで、私が注意を向けるのを待ってから太陽が沈もうとしているかのようだ。私はグラスを傾けながら、太陽が最高に美しいショーを繰り広げるのを眺めた。マヤに一方的にすすめられて飲んだお茶の甘みが、私の口元を緩ませた。日常では感じたことのない穏やかな気持ちで満たされていく。マヤと私は、太陽がつくりだす夢のような光景を特等席から静かに眺めた。

「あなたがシャンティと会う前に言っておきたいことが一つだけあるの。これまで失った時間は、いくら悔やんでもけっして戻ってこない。誰でも自分がいつ生まれたのかは知っているけど、自分がいつ死ぬのかは知らない。生まれ変わる経験は逃してはならない贈り物よ。幸福とはいまを生きること。来たくなかったのに連れてこられたと思っていると、これから先どんどん辛くなるわ。山はあなたの魂を映し出す巨大な鏡なのだから。山が映すのは、あなたの生き方。いままでの暮らしや常識、あなたの文化、これまでの生活水準や快適さと比べるのをやめて、与えられたチャンスをつかむのよ。この旅をどんな旅にするかはあなたしだい。これまでの常識を捨てて、先入観をもたずに眺めることを受け入れれば、これまでの生活とどんな違いがあったとしても、新たな世界を見つけられる。そうすれば、これまで知っていた喜びを上回る喜びを手にできるはず。旅の目的はネパールに住むことじゃなくて、別の何かに挑戦してみること。さあ、チャレンジする準備はできた？」

　私はたったいま、目と耳で長いこと感じていなかっためったにない感覚を思い出した。マヤの言うことについて真剣に考えてみた。やってみない理由はないんじゃない？　だんだんとその気になった。だってもうここまで来てしまったんだから、その分、楽しまなくちゃ！

「チャレンジ精神はあるほうよ！」

「じゃあ、きっと楽しめるわ」

「どうすればいいの？」

「思い込みを捨てて、一つ一つを新鮮に受け止めればいいの。目に入るものすべてに驚く、生まれたばかりの赤ん坊のように」

「できそうな気がする！」

　マヤは微笑んで時計に目をやった。そろそろ帰る時間だ。シャンティが私を待っているにちがいない。

　ストゥーパツアーの最後に、マヤはあるエクササイズを始めようと提案した。「もてる感覚のすべてを使って命の音を聴いてみて」そう言うと、彼女は黙って周りを見た。私は周囲にあふれる色に目を向けた。鼻腔をくすぐるお香の香り。耳に入ってくる巡礼者一人一人の祈り。どれもがこれまでとは違って感じられ、私は微笑んだ。すべてが新鮮に思える。ふだん見ている景色や習慣とはまったく違うので、生まれたての赤ん坊のように集中して感覚を研ぎすますことができた。実際に初めてなのだから！

　マヤが私を見て優しく微笑んでいる。ばつが悪くなった私は話題を変えた。

「この人たちはひと晩じゅう祈るの？　電気もなくて暗いのに」

「これまでの常識と比べては駄目。電気の明かりは忘れて。鳥は特に意識しなくても目的地を見つけられるでしょ？　鳥たちはいちいちどこに行くべきかなんて考えてると思う？　考えてないわ。鳥はその瞬間を生きているのだから。頭を空っぽにして観察を続けて。いちいち考えたりしないで、ただ眺めるのよ」

　だんだんとわかってきたものの、そんなに簡単ではなかった。何かを見るたびに、いままでの知識やこれまでの思い込み、さらに私のまわりの文化にもとづく考えがよぎってしまう。いくつもの疑問が浮かんだが、どれもいまこの瞬間から私を遠ざける疑問ばかりだったので、口に出さずに飲み込んだ。それでも過去の記憶から現在を切り離すのは難しかった。

　マヤはホテルの車寄せ、さらに門へと続く細い道に入った。マヤが振り返ったので、私は考えから抜け出した。

「大丈夫よ。本気で望めば、頭は慣れるから。自覚するには準備の時間が必要なの。数年続けてきた習慣を変えるには、少しだけ時間がかかる」

「だからって安心していいのかどうかわからないけど……」

「筋トレを始めても、数分で体がシェイプアップされるわけじゃないでしょ？　トレーニングの繰り返しがプロジェクトの成功につながる。やる気だけじゃ十分とは言えないけど、やる気はあらゆる創造の源なのよ」

　そう言われても、いまや私はスポーツジムからはるか遠くにいるのだ！

※1　仏教の建築物。ボダナートのストゥーパは世界でもっとも大きいストゥーパの一つ。
※2　サンスクリット語で「平穏」を意味するネパール人の名前。
※3　多くは、宇宙が広がる様子と分化する様子を象徴する図像。瞑想を助けるために使われる場合が多い。

表か裏か

「波を止めることはできないが、波に乗る術を学ぶことはできる」
ジョセフ・ゴールドスタイン

庭を通り抜ける小道の脇のテーブルには、ろうそくがともされていた。空気はひんやりとしていて、ひそやかな雰囲気が隠れ家のようなホテルにふさわしい。シャンティらしき男性は入り口近くの椅子に座っていたが、私たちを見ると立ち上がった。そして、マヤと親しげに抱擁を交わしてから私のほうを振り返り、手を差し出した。私たちはしっかりと握手を交わした。

シャンティは背が低かった。顔には日焼けによる深い皺が刻まれ、よく笑うためか目尻にも放射状に皺ができていた。「貴い目的のために、あなたをヒマラヤに案内できてうれしいよ。この旅があなたにとって快適になるようにできるだけのことをするつもりだ」ネパール訛りのシャンティの英語は聞き取りにくかった。シャンティは私に座るように促した。

「まずは旅のルートについて話しておかないと。僕たちを待ち受ける危険についてもね。この季節の山の天気についてはすでに誰かから聞いた？」

「シャンティ、いったいなんの話？　まるで地球の中心にでも行くみたいな口ぶりだけど」私は吹き出して言った。

シャンティは驚いた顔でマヤのほうを振り返った。マヤは何も言わずに肩をすくめた。

「いったいどこに行くって言うの？　ホテルに着きさえすれば文書を受け取れるんじゃないの？　数時間後にはまたどこかに行かなくちゃならないの？」

「例の文書を持って帰るには、数時間どころじゃなく、それなりの時間がかかるんだ！」

シャンティは持っていたずだ袋から地図を取り出し、テーブルに広げた。地図には、広大なヒマラヤ山脈が描かれていた。シャンティは私たちがいまいる場所とジェイソンのいるところを地図上で指差した。ジェイソンがいるのは、アンナプルナ山群【訳注／ヒマラヤ山脈の中央部にある八千メートル級の山群】のど真ん中だった。

「見てのとおり、ジェイソンがいるところはここのすぐ隣ってわけではない。ルートは何本もあるけれど、カンデからオーストラリアン・キャンプを通ってランドルン、ジヌ・ダンダ、バンブー、それからデュラリを通ってアンナプルナの聖域まで登るルートがいいと思う。東からアプローチするより一日余分にかかるものの、歩くのはこっちのほうが楽だ。頂上まで行くのに五日から六日、下山するのに最低でも二日かかる。もちろん、すべてうまくいけば、だけど。どうかな？」

「ちょっと待って。何か行き違いがあるみたい。私は山に登るための用意なんてしてきてないし、十日間もネパールにいるなんて絶対に無理よ」

シャンティは困った様子で地図をたたむと、ため息をついた。

「じゃあ、探しものを手に入れるのはあきらめるしかない」

「何言ってるの！　わけのわからないこと言わないで！　寺院までヘリコプターで行けるでしょ。

もちろんヘリコプター代は私が出すから！」

「行けないことはない。でも人目につくし、どっちにしてもいますぐにヘリコプターを用意することは無理だ！」

「どうして？　まだ何か隠しているのね？」

不安で胸が締めつけられた。シャンティがマヤのほうを振り返ると、マヤが話しても大丈夫というようにうなずいた。

「僧院には、ネパール政府に追われているチベット人がかくまわれているんだ。中国政府が不穏分子および反逆者と判断した人物に関しては、中国とネパールのあいだで引き渡し条約が結ばれている。だから僕たちは目立たないように行かなくてはならない。ジェイソンが急に僧院に呼ばれたのは、あの一帯でインフルエンザが流行っているからだ。彼はあなたがやってくるかどうかわからなかったから、文書を持っていくことにしたんだろう。なにせ、あなたの友人からあなたが来ると連絡を受けたのは昨日だからね。そのときにはジェイソンはもうカトマンドゥを離れていたんだ」

「もっと早く着く方法はないの？」

「残念ながらない。車ではあの山には入れないからね」

ほかの案を探したが、なんの解決策もないのは明らかだった。なんてことだ。シャンティとマヤは、私にはこの話を消化する時間が必要だと思ったのか、私が決心するまで、それ以上何も話そうとしなかった。

「無理！　無理よ、無理。帰らなくちゃ。そんなに長くパリを空けられない。会社は私がいないと困るの。わかってちょうだい。いまだって連絡も取れないところにいるのに……」

「正当な理由があるのなら、あなたの選択は正しいものと言えるだろうね。それが心に従った選択であれば、だけど」

「それ、どういう意味？」

「あなたのこと、当ててみようか。すばらしい学歴の持ち主で、頭をうまく使うことができる。それはいろいろな場面でとても役に立つ。でも心についてはどうだろう？　心はなんと言っている？　この問題に後悔しない決断を下すためには、胸の高鳴りに従うだけでいいんだ。それがよい決断だったと思える可能性はどれくらいか、なんて気にしないでね。それこそが、自分自身と調和して、いい結果に結びつく人生の道筋を切り開くことができる唯一の方法だよ」

私には、シャンティの話を遮る勇気がなかった。まるでチベット仏教の教えを体現している導師《グル》の話を聞いているようで、シャンティの落ち着き払った様子が私をとらえて離さない。彼は不思議な光を放っていて、存在そのものが私を心地よい気分にしてくれる。好奇心を刺激された。

「頭も心も、生きていくためには必要不可欠よ。どっちかだけで決断しているとは思わないわ。私はいつも、大切な決断をするときには頭と心の両方を使ってきた。やみくもに突き進むような年齢はとっくに過ぎてるから」

「突飛な行動を問題にしてるんじゃない。あなたの心が求めていることに耳を傾けるために、パニックの声を鎮めるべきだと言ってるんだ。恐怖心からくる騒ぎに巻き込まれてはいけないよ」

「うーん、よくわからない。そんなこといままで考えたことないから」

「問題はそこだよ！　あなたはどうしてここに来たの？」

「それは……あなたも知ってるように、例の文書を手に入れるためよ！」

「じゃあ、どうしてあきらめようとしてるんだ？　せっかくここまで来たのに！」

「だって、そんな遠いところまで往復している時間なんてないから。十日も仕事に穴を空けるわけにはいかないし、私の立場でこの忙しい時期にそんなことするのは無責任だからよ」

私はいらいらして、シャンティに携帯電話の画面を見せた。「ほら見て。ここに来てから、まったく連絡が取れてないのよ！」

「そうみたいだね。でも、あなたが十日間いないだけで会社が倒産するの？」

「ええ、いや、それはないと思うけど……。無駄にした一日を取り戻すのは大変なの」

「なるほど。じゃあ、その文書を手に入れるのをあきらめる理由は何？」

私は少し考えた。思い当たることはあるが、言葉にするのは難しい。

「山を登れるほど体を鍛えていないもの。おまけに、今日会ったばかりの人たちとそんな危険な場所に行くなんて……」

「そういうことか。あなたは、見知らぬ人ばかりで孤独を感じて、目的地にもたどりつけなくてがっかりして、挙句のはてに文書も手に入れられない。そういう結果になることが怖いんだね。だから、あなたの頭は思いとどまるように命令し、帰国するための口実を探そうとしている。『おまえの登れるレベルの山じゃない。おまえはインテリで、体を動かすタイプじゃない。こいつらは悪い連中にちがいない。その文書が存在しなかったらどうするんだ……』という具合に。それでもなお自分の気持ちを説得できなければ、あなたのなかの厚かましい声は罪悪感という別の武器を使ってくる。『おまえは従業員を放っておくのか？　こんな遊びに付き合っている暇があると思ってるのか？』とね」

私は苦笑した。まさについさっきまで、頭のなかでそのとおりの声が聞こえていたからだ。

「どうやら自分の恐怖心がどこから来るのかがわかったみたいだね。じゃあ、その恐怖心がなかったらあなたはどうする？　それを教えてほしい。寺院への道のりが平坦で、歩くのも大変じゃなかったら、行くことにする？　いっしょに行くのが信頼できる人なら、そしてその文書を受け取れる可能性が高かったら、どんな決断をすると思う？」

「そりゃあ、行くって決めてたでしょうね。だってロマーヌは私のとても大切な友人だから、ロマーヌの病気が治る可能性があるのなら協力したい。それに……大切な人を救えるのなら、私の人生のうちの十日間なんてたいしたことじゃないから」

私の心からすらすらとそういう言葉が出てきた。シャンティは何度もうなずきながら聞いていた。その目がまっすぐに私の目を見つめる。

「そういう決断ができるのは、あなたの心だけだ。恐怖心を取り払うことで、あなたは穏やかな心の声を聞いた。どうして、恐怖心を乗り越えてそのチャンスを試そうとしないの？　近い将来、オフィスのデスクに座って、自分の選択を後悔することになってもいいの？　僕は山をよく知っている。途中、大変な思いもするだろう。この時期は、山の天気が厳しくなるのもたしかだ。でもあなたなら絶対にたどりつけると思う。あなたが行きたいと言うなら、僕が山の頂上まで連れて行く。でも、あなたが行かないなら僕にはどうしようもできない」

「ほかには誰が行くの？」

「僕がよく知っている人ばかりだ。ポーターの一人のニシャールはこの道三十年のベテランで、僕の幼なじみ。もう一人のポーターのティムは、ニシャールの甥だ。小さいときに周りの子よりできが悪かったという理由で父親に捨てられ、ニシャールに育てられた。普通の人より理解は遅いかもしれないけど、そのぶん心が広い。ティムと旅をするのはきっと楽しいよ。彼は見習いポーターとしてはとても真面目だしね。あとは料理人のグマール。いつも冗談ばかり言ってる愉快な男で、旅のあいだ、おいしいものをつくってくれる。グマールとニシャールと僕は何年もいっしょにヒマラヤを歩いてきた。きっとあなたも彼らのことを気に入るよ、間違いなくね！　どうしたら僕の言うことを信じられるのかって？　僕は、あなたの親友と親しいジェイソンがあなたのために選んだガイドだから。それで十分なのでは？」

私は微笑んだ。

「とっても交渉上手ね、シャンティ」

「あなたに何かを売りつけようとは思っていないけど、お褒めの言葉は受け取っておくよ。じゃあ、どっちの声を聞くか決まったかな？　頭と恐怖の声か、それとも心と友人への愛の声か」

私はテーブルに肘をついて、頭を両手で抱えた。しばらく考え込んだ。顔を上げると、こめかみをぐりぐりと指でマッサージしてから大きく息を吸った。そしてシャンティの目をまっすぐに見つめた。「で、出発はいつ？」

「どこまで行けるのかを知る方法はたった一つ。歩きはじめることだ」
アンリ・ベルクソン

朝食はホテルのテラスで食べた。太陽の光を顔いっぱいに浴びていると、隣のストゥーパから祈りの声と、マントラの合間に鳴る鐘の音が聞こえてきた。これから何が待ち受けているのだろう？　そう考えると不安で胸が押しつぶされそうになり、シャンティがやってくるのが少し怖くなった。たった一日のキャンプさえ耐えられないこの私が、ヒマラヤに行くなんて！　しかも、いっしょに行くのは見ず知らずの人ばかり。いったい誰を信じればいいのだろう？　私の頭は大丈夫だろうか？　相変わらずロマーヌとは連絡が取れなかった。どうしてこんなとんでもない決断ができたのだろう？　考えれば考えるほど心臓の鼓動が速くなり、胃は鉛を飲んだように重くなっていく。

シャンティが門をくぐり、遠くからこちらに手を振った。庭を通り抜け、一段飛ばしで階段を上りながらこちらに近づいてくる。

「運命の日だ！　準備はいい？」

「ううん、ばっちりとは言えないわ。夕べはよく眠れなくて、体調も万全じゃないし、それに

「……」

「心配しないで。初日は歩くより車に乗っている時間のほうが長いから。少しずつ慣れていけばいい。そのうち自分のリズムをつかめるようになるよ」

シャンティは、パニックになっている私の目を見て楽しそうに言った。「まだ、昨夜の頭との会話を引きずってるみたいだね。夜じゅう、頭で考えていたから、今朝もまだ不安なんだ。いちばん難しいのは、頭を飼いならして、誰が命令するのかを頭に思い出させることだよ」シャンティはそこで言葉を切るとウインクした。「さあ、出発だ。道は長い。日が暮れる前にオーストラリアン・キャンプにたどりつかないと」

シャンティの熱意に押されるように門へ向かった。マヤにハグをすると、強く抱きしめ返してくれた。そしてマヤは私の耳元でこうささやいた。「旅を楽しんで。昨日、私が言ったことを忘れないで。まるで健忘症にかかったみたいに、自分でこれから見つけるもの以外はまるで何も知らないかのように、一瞬一瞬を味わってみてね」

シャンティが運転手のカルマを紹介してくれ、ワンボックスカーに私の荷物を詰め込んだ。私は、空いていた二列目の真ん中に座った。シャンティと私を乗せた車は、あわただしい朝のカトマンドゥの街を静かに抜けていった。配達の荷物を下ろすトラック、そのトラックに道路を塞がれていらだつ車たち。車のあいだを器用にすり抜けていくバイク。バジャン※4の拍子にクラクションが重なり、不協和音が響いている。

私の登山用の装備をそろえるために、タメルで少し休憩を取った。そもそも私は一週間分の服しか持ってきていない。タメルから先は、プリシビ・ハイウェイというカトマンドゥとポカラを結ぶ二車線の舗装された幹線道路を通った。歩道はなく、砂混じりの細い道だけが、建ち並ぶ住居と道路との境界をなしている。道沿いの家はほとんどがトタンでできていて、通りがかりの人にわかるように、建物の下に自転車修理屋、肉屋、仕立て屋などと書いてある。雑多なもの、いや、ときには傷んだ商品を売っているなんでも屋もあった！

今日は車で二百キロ移動するとシャンティが教えてくれた。五時間くらいかかるらしい。私はすでにくたくただった。昨夜はいろいろと考えて眠れなかったし、まだ時差ぼけもある。そこで、車のなかで仮眠を取ることにした。目が覚めると、車はマハーバーラタ山脈に沿って進んでいた。車窓からは、古くからある小さな村や昔の寺院が見えた。

大きく口を開けてあくびをした。かなり疲れている。寝ぼけまなこで目をこすると、また何度もあくびが出た。腕時計を見るともう十一時。二時間も眠ったことになる！　シャンティが笑いかけてきた。もう今日のルートの半分ほど来たらしい。あと二時間半で到着だ。

しばらくすると、カルマが小さな小屋の前に車を停めた。二人のネパール人男性がハイウェイの通行料を徴収している。車を停めるためのバーもなければ、料金所を示す標識もない。ただのぼろぼろの三角屋根の小屋があるだけだ。何も知らなければ、料金を払わずに通ってしまうだろう！

窓から日が射し込んできて、すでに熱くなっていた自分の体がさらにしゃきっとしてきた。窓の外を眺めながら、「一瞬一瞬を味わって」というマヤの言葉を思い出した。意外と難しくなさそうだ。目に飛び込んでくるあらゆるものが、私の知っているものとはまったく違っているからだ。あふれんばかりの人を乗せたトラック、間に合わせの部品をつなぎ合わせた自転車、草を求めてうろうろしている牛……。信じられない光景の連続だった。私は、昨日マヤに言われたことをシャンティに細かく話した。

「私にとっては、ネパールみたいな国でものごとを新鮮に眺めるのは簡単よ！　だって、見たことがないものばかりだから！　それより難しいのは批判しないってことね！　知ってるものとすぐに比べたくなるから。わかってはいるけど、何にでもコメントしたくなるわ」

「それは、あなたの頭が安心を求めてるからだよ。昨日話したように、人間は見知らぬものに恐怖を感じて、それを批判したくなってしまう。これまで知っていたところに自分を戻して比較することで安心しようとするんだ。マヤの提案はとてもいいエクササイズだね。いままで学んだすべてを忘れると、似ているものを探さなくなる。そうすれば、目の前にあるものをただ観察できるようになる。どんなものもそのものしか存在していないのだから、あれこれ批判することなんてできやしない。もはや知ってるものも知らないものもなく、ただ目の前を過ぎる映像でしかなくなるんだ」

「で、それがなんの役に立つの？」

「いまこの瞬間を味わおうとするのを妨げる、余計な考えに侵食されなくなる。そういった考えを消し去れば、もはや安らぎを妨げるものはなくなるんだ。それが一瞬一瞬を全力で感じることのすばらしい目標なのでは？」

私が少し冷ややかに笑って同意すると、シャンティは「まさに、あなたがそうだよね？」と言った。

「えっ？　私が？　まさか！」

「どうして違うの？」

「なぜって理由はいろいろよ！　たいてい、私の意志とは関係のないところでいろいろなことが起こる。仕事はストレスになるし、人生にはしなくてはならないことがたくさんある……」

そのとき、車が急ブレーキを踏んだので話はそこで終わった。前に別の車が割り込んできて、危うく追突するところだった。すると相手の車の運転手はバックミラー越しに指を立て、とんでもない勢いで走り去った。「あの馬鹿、なんなの！　逃がしていいの？」私は大声で怒鳴った。「それにあんな仕草して、絶対に許せない！」だが、シャンティもカルマも黙っている。カルマは急ブレーキの衝撃を受けた首を左右に振っていたが、まったく感情を表に出さなかった。

シャンティが困惑しながらも、大声で言った。

「まったく、人生、何が起こるかわからない。あなたに説明しようと思っていたことがまさにいま起こるとはね」

「いまのことと私たちが話していたことになんの関係があるっていうの？」先ほどの運転手へのいらいらがおさまらないまま、私はシャンティに毒づいた。

「さっき、あなたは外的状況によってはよい気分でいられないこともあるって言ってたよね」

「そうよ。いまのがいい例ね！　あの運転手みたいに馬鹿げた無責任な行動のせいで私の平穏がかき乱されるのよ。厚かましいことに、謝るどころか罵ってきた。怒りをかき立てられる典型的な状況よ。怒るのは当然でしょ！」

少し勝ち誇ったような口調の私の言葉はシャンティの耳にも入ったはずだが、彼は落ち着いたままだった。

「当然とも言えるし、そうじゃないとも言える」

「そうじゃないとも言えるですって？」

「おそらく怒る理由なんてないからね」

「待って、ついていけない。さっきのは普通の行動だから許されるとでも言うわけ？」

「普通じゃない。でも許すことはできる」

「へえ！　あんな不注意なやつが人の命を危険にさらすのを許せってこと？」

「でも、あの運転手が危険だとわかったうえで、スピードを出さなきゃならない理由があったと想像してみたら？　たとえば彼の奥さんが出産中だとか、子どもが病気になったとか、緊急事態だったとしたら？」

「シャンティ、もちろんなんでも想像することはできるわ。でも、さっきのはそうじゃない。お人よしもいい加減して！」

「なんでそんなことが言える？　どうして、他人は自分に対して攻撃的な行動しかしないって思うんだ？　もっと事実を見てみようよ」

「事実は明らかよ。お馬鹿な運転手が無理に割り込んできて、もう少しでこっちの車にぶつかるところだった。ああいうやつには、ほんとむっとさせられる。以上！」

「ある車が僕たちの車を全速力で追い越した。予測不能なその行為に驚いた僕たちは恐怖を感じた。それだけで終わることもできた。それなのに、恐怖心が僕たちのなかに次々といろいろな反応を引き起こす。自分の恐怖心を正当化しなきゃならないからだ。運転手に謝罪を期待したがそうはならなかった。代わりに、相手は去り際にこっちを責め立てた。恐怖のあとには、攻撃、侮辱、罵りの気持ちが湧いてくる。あなたは、あの運転手が僕たちをそこまで不快な気持ちにさせたかったと思う？」

私は口をとがらせて、さっきの出来事を振り返った。シャンティが質問を繰り返した。

「どうして攻撃されたと感じる必要があるんだ？」

「シャンティ、さっきあなたが説明したとおり、あいつの運転のせいでこちらは次々といろんな気持ちにさせられたわ。それなのに、何も言わないですべてを受け入れるなんてできないわよ！」

「僕たちはその出来事が起こる前と同じ平穏な気持ちに戻るか、相手に対して気がすむまで怒りつづけるか、そのどちらかを選ぶことができる。ほんの一瞬、恐怖を感じたからといってそのあともずっと不快な気持ちでいることを正当化できるわけじゃないよ」

「言ってることがよくわからない。私が怒るのは当然じゃないっていうの？」

「その瞬間瞬間に経験する精神の状態を決められるのは自分だけさ」

シャンティが終始落ち着いていることに神経が逆撫でされた。私は暑くなってきて、セーターを脱いだ。

「じゃあ、私はどうすればよかったの？」

「状況に振り回されずに、態度を変えることもできるんじゃないかな？　さっきの出来事からはいったん離れて、自分の感情はどこから来るのか考えてみよう。その感情の責任者は誰かわかるだろう？　それなのに、あなたは自分の怒りの犯人をほかに探そうとしていない？」

「そんなことない……。あの運転手のせいよ！」

「怒りに責任があるのはただ一人、あなただけだ！」

「はあ？　私のせい？　あいつが私たちの命を危険にさらしたっていうのに、悪いのは私だっていうわけ？　まったくなんて話！」

「いや、あの運転手の行為の責任があなたにあるとは言っていない。あなたの感情と不快感の責任はあなたにあるって言ってるんだ。僕だって、あなたと同じように事故の恐怖を感じた。でも、結局は自分に返ってくるネガティブな感情にどっぷり浸からないように、自分の考えをコントロールしようとした。だから平静でいられたんだ。幸せは自分自身のなかに生まれるもの、何もそれに手出しをすることはできないと認めてしまえば、外でどんな不快な出来事が起きようと内なる幸福はかき乱されない。ネガティブな考えを反映させずに、出来事そのものを見てみるんだ」

シャンティの言葉は心に響いた。悪意のこもった感情を増幅させている責任は自分にあると認め、精神状態を変えることができれば辛い状態から抜け出せると気づいたのだ。自分がいまいる場所から降りていくことは簡単ではないが、シャンティは正しい。

私はシートに深く腰かけて、窓の外の景色をじっと見た。ずっと感じていた胃のあたりの圧迫感が消え、こわばっていた体がリラックスしていく。「あなたの勝ちだって認めるわ。あなた、すばらしいわ！」私の声からとげとげしさが消えていた。シャンティが笑いだした。

「ずいぶん簡単に認めるんだね！」

「いや、そういうわけじゃないわよ……。私は道徳的な話を聞くタイプじゃないのよ。ほんのちょっとでもね！　同僚は、自分たちのことまで考えてくれてないって私をいつも非難するしね！」

車内のエアコンが故障しているせいで蒸し暑かった。土をならさずにそのままアスファルトを敷いた道はがたがたで、この車のダンパーでは衝撃を吸収しきれない。どこかに車を停めて、足を伸ばして何かを飲むことになった。昼食までまだ一時間ある。昼食のあとは、いよいよ徒歩の旅の始まりだ。カルマは路肩に車を停めた。ブレーキで舞い上がった土埃の雲が晴れると、たくさんの行商人がありとあらゆる手づくりの品物を見せようと近づいてきた。シャンティは手振りで彼らを追い払い、市場を案内してくれた。十数人の農民が野菜やフルーツを売っている小さな市場だ。それぞれが収穫した作物を色分けして並べている。虹のように色とりどりに並んだ果物は、パリの私が住んでいる地区で開かれるビオマルシェを思い起こさせた。リンゴ、オレンジ、トマト、バナナ、ズッキーニ。外国産のものは一つもない！　秋のこの時期は、ミカンが旬のようだ。シャンティはミカンを二キロ買い、さらにドライフルーツをいくつか味見してから大きな袋に何種類もまとめて入れて、私に差し出した。カルマは、少し離れたところの石畳の坂に腰かけ、知り合いの女性と一本のタバコを回し飲みしている。

シャンティについていくと、いかにもやっつけ仕事でトタンと木の板でつくったといった感じの小屋に着いた。扉の前で、ぼろきれをまとった女性がシャンティの肩をぽんぽんと叩き、私のほうを振り返って握手を求めた。それから三本の丸太でできた唯一のテーブル席に座るように促すと小屋の中に入り、湯気の立ったコップを二つ持って戻ってきた。シャンティがチベット語で女性に話しかけた。意味がわからない言葉を聞きながら、彼女が私の前に置いた緑がかった濁った液体を、眉をひそめてじっと見た。とても飲む気になれない。飲んだら死ぬかもしれない。マヤの言葉を思い出したが、たかがお茶で死にたくはない！

ところが、シャンティはひと息で飲み干した。そして私が怖気づいている様子に気づくと、「飲んでも平気だよ。何時間も煮立てているから。植物を混ぜた飲み物で、暑さバテによく効くんだ。大丈夫」と言った。私は恐る恐る口元に近づけて匂いを嗅ぎ、舌の先をちょっとつけてみた。そしていつでも吐き出せるように口のなかに含んで数秒待った。すると、ハーブが巧みに調合されたおいしさが広がり、驚いた。ベースのハーブはセージだろうか。二口目以降はさっきよりも勢いよく、そのあとは味を楽しみながら飲み、二杯目をもらったほどだった。その女性は高山植物の効能に詳しいのだとシャンティが説明してくれた。付近の住民に植物療法《フィトテラピー》を施している彼女の噂を聞きつけて、遠くからわざわざやってくる人もいるという。

そうとも知らずに偏見を抱いていた自分が恥ずかしい。この旅のあいだは出会うものをいままでの知識と比較しないと決めたのに。私の生活にはないものばかりだが、この国についてもっと深く知りたいという気持ちが湧いてきた。ネパールという国、その文化や人々の精神性を知ることは、私にとって一つの喜びとなるだろう。気づけば、もう一時間も携帯を見ていなかった。

そろそろ行こう、とシャンティが言った。カルマは、最後に短くなったタバコの煙をゆっくり吸い込んで、友人に手を振った。車がふたたび走り出すと、シャンティが昼食までお腹がもつようにと落花生を一つかみくれた。それを食べ、私はまた眠りに落ちた。

*

カルマの悪態をつく声で目が覚めた。そのあともぶつぶつ不満を言っているので、なぜ怒っているのかをシャンティに尋ねた。シャンティがカルマに少し声をかけると、ようやくおさまった。どうやらカルマは目的の出口で降りそこねたらしい。遠回りをして引き返すことになるので、到着は三十分遅れるという。その知らせに今度は私が耐える番だ。本音を言えば、ただでさえ長旅だと感じているのに、これ以上時間がかかるなんて考えられない。でも、カルマが自分のミスにかなり落ち込んでいるようなので、私はそれ以上何も言わなかった。シャンティも同じ気分のようだったが、私ががっかりしているのを察して、昔話を聞かせてくれた。

「昔々、ある村に貧しい男がいた。男はすばらしい馬を飼っていた。あまりの美しさに、お城から領主たちがやってきて、馬を売ってほしいと言った。だが、男は迷うことなく断った。『私にとって、この馬はただの動物ではありません。友人なのです。友人を売る人がいるでしょうか？』ところがある朝、男が馬小屋に行くと馬がいなくなっていた。村人たちは口々に言った。『言わんこっちゃない。売っておけばよかったのに。盗まれてしまうなんて、おまえはなんて不運なやつなんだ！』しかし男はこう答えた。『私が幸運か不運か、そんなことを誰が言えるんだ？』村人たちは男を馬鹿にした。二週間後、男の馬が野生の馬の群れを引き連れて帰ってきた。その馬は小屋から出て、雌馬を追いかけていたのだ。そして雌馬がいた群れとともに帰ってきた。『おまえは幸運だな！』と村人たちが言った。その年老いた男は息子といっしょに、野生の馬の調教を始めた。ところが一週間後、馬の調教中に息子が足の骨を折ってしまった。『なんて不運なんだ！』と男の友人たちは言った。『ただでさえとても貧しいのに、たった一人の息子にまで手伝ってもらえなくなったとは』男は『私が幸運か不運か、そんなことを誰が言えるんだ？』と答えた。それからしばらくたった日のこと。領主の軍隊が村へやってきて、無理やり村じゅうの若者を兵士にするために連れていってしまった。ただ一人足を骨折していて動けない男の息子だけは置いていかれた。村人たちは『おまえは幸運だな。おれたちの息子はみんな戦争に行ってしまったが、おまえだけは息子をそばに置いておける。おれたちの息子はきっと殺されてしまうだろう！』と言った。すると、男はこう答えた。『私が幸運か不運か、そんなことを誰が言えるんだ？』

さあ、息子が兵士として連れていかれなかったのは、幸運だったのか？　不運だったのか？」

私は声を出して笑った。「そんなこと誰が言えるの、シャンティ？」実際、そんなことを誰が言えるのだろう？　もしもカルマが最短ルートを進んでいたら、私たちは全員死んでいたかもしれないのだ。私はときどき、パリで朝、地下鉄に乗り遅れることを思い出した。ホームに着いて目の前で地下鉄のドアが閉まると、頭が沸騰しそうになる！　でも、地下鉄に乗り遅れたおかげで、私はいまでもこうして生きているのかもしれない！

カルマは舗装されていないでこぼこ道を進んだ。タイヤが空回りしはじめた。エンジンをかけ直し、ハンドルを何度も左右に切って、やっと溝から抜け出した。車が一台通るのがやっとの細い道だったが、幸運にも対向車は一台も来なかった。

やっとたどりついたレストランのテラスからの眺望はまるで絵画のようだった。下にはポカラ渓谷、地平線にはヒマラヤ山脈がそびえ立っている。私はしばらくその景色に見入った。レストランの大きな建物から漂ってくる香りにお腹が鳴ったのにも気づかないほど。シャンティが選んだテーブルのまわりにはたくさんの植物があった。

「僕の知ってるかぎり、ここのダル・バートがいちばんおいしい！　ダル・バートはネパールの代表的な料理なんだ！　ベースは白米とレンズ豆のスープ。ダルは、ネパール語でレンズ豆だ。ネパール人は一日に二回はレンズ豆を食べるからね。贅沢なダル・バートには、カレーに野菜の漬物《アチャール》がつく。肉は高いから普通は野菜しか使わないけど、ここのダル・バートはヤクの肉をいっしょに食べる。ついてきて、面白いものを見せてあげるから！」

シャンティは席を立って厨房へ案内してくれた。カウンターの上には、加熱用の台の上に金属製のよくある器が並んでいた。さっきシャンティが説明してくれた材料の一つ一つが別々にその器に盛られていた。白米、レンズ豆のスープ、香辛料をたっぷり使った野菜のアチャール、煮詰めたカレー、そして茶色っぽいソースに浸されたヤクのコンフィ。私は寸胴鍋から立ちのぼる伝統的な料理の湯気の香りを吸い込んだ。二人の若い料理人が何か言ってほしそうに私を見ている。そこで、私はこう言った。「これはきっと王様のダル・バートね！」

心配そうな二人の顔がぱっと明るくなった。その一人が金属のお皿を私に差し出す。お皿には小さなボウルを乗せるくぼみが四つある。それから彼は寸胴鍋を指差した。私はシャンティに手伝ってもらって、お米が中央に来るように、スープとカレーとアチャールをお皿によそった。料理人は慣れた手つきで、キャベツとニンジンとキュウリのサラダをたっぷりと盛り付けてくれた。それから、油で揚げたクミン風味の薄いガレットをその上にのせてくれた。シャンティは私と同じテーブルの向かい側に座ったが、カルマは厨房で食べていた。

それぞれの香りを楽しんでから、それぞれのボウルにフォークを突っ込み、シャンティの真似をしてお皿の真ん中で混ぜ合わせて食べた。シャンティはひと口ごとに同じ動作を繰り返す。野菜のアチャールはほんのり甘く、ヤクのコンフィに入れられた唐辛子の刺激は米といっしょに食べるとまろやかになる。レンズ豆は、さまざまなボウルの香りを引き立てる、繊細で旨味のあるつなぎの役割をはたしていた。私は壮大な景色を眺めながらダル・バートを味わった。日の光が心地よい静けさを添えてくれていた。

※4　ヒンドゥー教の礼拝の歌。

優先順位

「本当に価値があるもの、人生に意義を与えてくれるものについてよく考え、それにしたがって優先順位をつけよう」

テンジン・ギャツォ（ダライ・ラマ十四世）

昼過ぎまでにカンデというポカラの隣村に着きたかったので、少しだけ昼寝をしてから出発した。

カンデでは今回のパーティーのメンバーが待っていた。シャンティが一人ずつ紹介してくれた。三人のなかでいちばん背が高いグマールが真っ先に手を出して、固い握手をしてくれた。彼のにこやかなまなざしにつられて、こちらも笑顔になってしまう。肩の少し上まである髪は黒く、口髭は薄く、まばらながら顎髭もある。一見、中国人のようだ。深紅のジャケットの下から出ているお腹はいかにも料理人らしかった。あとの二人は、百六十センチに満たない小柄な体つきだった。

ニシャールは、グマールよりは控えめな様子で頭を下げたまま近づいてきた。一見貧弱そうなのだが、握った手は驚くほど力強かった。カーキとベージュのズボンに青と白のブルゾン、足元はサンダルを履いていた。深くかぶった茶色いキャスケットのせいでくぼんだ目が隠れていた。深い皺が刻まれたやつれた顔からすると、五十代だろうか？　ニシャールは、薄い口髭の下から小さな声で「ナマステ」と言った。私は敬意を込めて頭を下げた。ニシャールはうしろに下がった。

三人目のティムは、待ちきれなかったというふうに私の手を握った。叔父のニシャールより人なつっこく、興奮した様子で私を歓迎してくれた。グレーのジーンズにニューヨーク市警の紋章付きの明るい茶色のスウェット姿。ストライプのスカーフを巻いて、ポンポンのついたグリーンの毛糸の帽子をかぶっている。ネパールファッションと外国ファッションを組み合わせて見事な伝統的なスタイルをつくりあげているようだ。

ニシャールは荷物の重さが均等になるように二つに分けると紐がけをした。ティムもニシャールの一挙手一投足を真似て手伝っている。慣れた動きからすると、ティムにとっては、これが初めての山歩きではないのだろう。

出発前、チームのメンバーは、トタン屋根の下にテーブルとベンチが二脚置かれた小屋の軒先でソーダを飲んだ。カルマは旅の安全を祈ってクラクションを鳴らしてから去っていった。

シャンティがタバコを吸っていたグマールを呼ぶと、グマールはさっと立ち上がった。ついに山歩きの始まりだ。すでに標高は千七百七十メートル。ニシャールとティムは塀の上に荷物を置くと、そちらにくるっと背を向けて額に革ベルトをかけた。それから、同時に荷物をかつぎ上げて腰にのせた。ニシャール、ティム、グマールの順で登るようにシャンティが指示をする。シャンティは前の人の足跡を踏んで歩くようにと私に言い、私のうしろについて最後尾になった。私はグマールの足跡を一歩一歩踏みながらついていった。土の道は石ころだらけで注意して歩く必要がある。四軒の家が並んだ小さな集落の真ん中で、私は目を見張った。右手では、女性が十分な水が出ない急ごしらえの蛇口の下で洗濯をしている。その横では日が沈む前に光を浴びようと犬がお腹を見せて眠っていた。左を見れば、ヤギが小屋の屋根を支える竹の柱に頭をこすりつけている。

山に暮らす人々の生活に目を見張りながら登山を続けた。気がつくと標高がずいぶん高くなっていて、背景の眺めも変わっていた。渓谷に沿って何キロにもわたって段々畑が続き、その色は段ごとに違う。コナラ、カバノキ、カエデ、マツの森の木々が緑のパレットを完成させ、青い空はオレンジから琥珀色に変わりつつある太陽の光とコントラストをなしている。

山歩きには理想的な天気だった。午後の気温は気持ちよく、たまに吹くそよ風が、坂道が石の階段に変わる道程を行く私たちの背中を押してくれた。私は、最初に見た人たちの暮らしについて想像しようとしてみたが、すぐに息が切れて、それどころではなくなった。

前かがみになって歩いているニシャールとティムの姿は、私からは見えない。グマールとシャンティは、まるでボディガードのように私を前後からはさみ、私の歩くリズムを気づかってくれた。二人は、ポーターの二人に速度を落としてほしいと伝えるついでに短い休憩を取ってくれた。山を登る途中、集落へ続く舗装されていない道からやってきた数人とすれちがった。集落の家はすべて同じ工法で建てられている。土台は石でつくられ、正面部分は松の板が比較的規則正しく並べられている。どの家の屋根もトタンでできていて、一メートルくらい外に張り出した部分は梁で支えられ、バルコニーに直接日が当たらないようになっている。家と家は丸太を組んだ手製の垣根で区切られていた。笑い声がするほうを振り返ると、子どもがヤギを追いかけて、二本の杭のあいだに吊るされたカラフルな服のあいだを縦横無尽に走りまわっていた。

登りはじめてから二時間経ったころ、シャンティがまた休憩を取り、ヒマラヤ山脈でいちばん高い山々を紹介してくれた。その絶景ぶりに私は息を飲んだ。登山の辛さも忘れるほどだった。すでに日が傾いて影が長くなっている。

最初の目的地まであと二百メートル。村には、二階建ての似たような建物が二十棟くらいまとまって建っていて、ほとんどの建物の入り口には「ゲストハウス　オーストラリアン・キャンプ」という看板が掲げられている。違うのは看板の色だけだ。私たちは、集落のいちばんはずれにあるゲストハウスに向かった。黄土色で土にまみれ、ほかのゲストハウスとは雰囲気が違う。何より建っている場所が特徴的だ。離れた小さな丘の上にそびえ、集落を見下ろしている。ほかの建物に背を向け、ヒマラヤ山脈を百八十度見渡せるようになっているのだ。広い芝生の庭にはプラスチックのテーブルが並べられ、絶景を眺めることができる。

だいぶ前に到着していたニシャールとティムは、庭でコーヒーを飲みながら私たちを待っていた。荷物は部屋に続く木の階段の下に置かれていた。私は、刻々と色を変える山から目が離せなかった。太陽は沈むのを待ってくれない。シャンティが、明日筋肉痛にならないためのストレッチをいくつか教えてくれた。すぐにでも椅子に倒れ込みたかったが、シャンティのアドバイスにしたがって筋肉を伸ばした。自分の体なのに、いままで存在を意識していなかった筋肉がたくさんあることを知った。

建物から三十代くらいの女性が出てきた。うしろで結んだ黒い髪と浅黒い肌から、インド系に見える。彼女のうしろから、注意深くトレイを持った青年がついてきた。彼は歓迎のお茶を二杯、ていねいに淹れてくれた。ゲストハウスの女主人はアミタという名だった。シャンティはアミタと熱い抱擁をし、ネパール語で二言三言交わしてから、私に彼女を紹介してくれた。それから私に座るように言うと、夕日の方角に椅子を向けた。オレンジ色の光が雲の薄い層に帯状に反射して背景を際立たせている。

火の球のような太陽が昇ったり沈んだりする瞬間は、毎日特別な時間になりそうだ。シャンティが、自分は何年も前から欠かさずに日の出と日の入りを見るようにしていると言った。私が最後に見たのは、いったいいつだろう？

「気に入った？」

「ええ、もちろん！　こんなに美しい景色は見たことない。フランスではだいたい、そんな時間はないし、オフィスからじゃ周りのビル以外にたいした景色は見えないし」

沈黙が続いた。誰もが美しい光景に引き寄せられ、同じ方向をじっと眺めていた。鳥たちが、この世のものとは思えないほど美しく変わっていく色にさえずりを添えていた。

「結婚しているの？」シャンティの質問に、私は少し頭を下げ、眉を上げてシャンティを見た。視線こそ逸らさなかったが、シャンティはまずい質問をしたと思ったようだ。

「ああ、ごめんなさい。傷つけるつもりなんてまったくなくて……」

シャンティは目を丸くしてから、ひと呼吸すると話を続けた。「ただ、あなたがどんな人なのか知ろうと思って」

そのあわてぶりに私は思わずにっこりした。

「結婚するにはふさわしい相手を見つけなくちゃならないでしょ？　あれこれ我慢するくらいなら一人でいるほうがいい。男なんてみんな似たようなものだし、もう恋愛で時間を無駄にしたくないの」

「じゃあ、子どもも欲しくないの？」

「子どもは好きよ。でも、子どもをもつなら結婚しなきゃでしょ。シングルマザーとして子どもを育てるのは嫌なの」

「スポーツはする？」

「ええ、室内でね。でもまあ、あんまりしているとは言えないかな。そんな時間ないし……週末もたいてい忙しいしね」

「仕事ばかりだね。いちばん重要なことを忘れるほどあなたの生活が仕事だらけってことは、さぞやりがいのある仕事なんだね！」

シャンティの言葉が皮肉に聞こえ、少しむっとした。どうしていきなりそんなことを言うのだろう？　こんな人里離れたところで暮らしていて、私のことを何も知らない男に、どうしてこんなふうに批判されなきゃならないの？　気を鎮めるために、携帯電話を取り出した。奇跡的にアンテナが立っている。NTC※5という三文字が表示された。留守番電話を聞いてみた。ロマーヌからようやくメッセージが来ている。

「マエル、しばらく連絡するのが難しそう。でも心配しないで、大丈夫だから。あなたのほうもうまく行っているといいんだけど。みんなすてきな人たちでしょ？　マエルがそのすばらしい国を楽しんで、文書を持って帰ってきてくれますように。いつでもあなたのことを思ってます」

ロマーヌに電話をかけてみたが、また留守番電話だった。

夜になろうとしていた。それでもシャンティは、闇に飲み込まれてほとんど見えなくなった山々を眺めつづけていた。しばらくすると、ついに山から目を離し、椅子をテーブルのほうに向けた。そして私をじっと見て、優しい声で言った。

「怒らせるつもりも批判するつもりもまったくない。あなたが何を大切にしているのかを知ろうとしただけなんだ」

「その話はやめましょ！」私は冷たく答えた。

シャンティはそれ以上何も言わず、ティムに私の荷物を左の部屋に運ぶように指示した。それから私にメニューを差し出すと、夕食ができるまでに熱いシャワーを浴びるといいと言った。

「あんまりお腹が空いてないの。疲れたから今日は寝るわ」

「明日も長い道のりだよ。カロリーを取っておかないともたなくなる。僕がメニューを選んでおくから」

これ以上シャンティと言い争いたくなかった。シャンティはいつだって正しい。だからこそ、いらいらするのだ！

私のバッグを肩にかついだティムが私の〝アパルトマン〟に案内してくれた。あとをついて階段を上がる。私に部屋を見せるのが待ちきれないようで、ティムはドアの前で子どものようにぴょんぴょん跳ねた。彼の英語はつたなかったが、言いたいことはよくわかった。

「ここはいいよ。アミタがいちばんいい部屋をマエル一人で使えるように取っておいてくれたんだ」

そしてわざわざ最後にこう付け加えた。

「電気付きだしね！」

ティムはドアを開けると、スイッチを入れた。ゆらゆらと揺れる電球が部屋に〝光〟をつくりだした。私に割り当てられた〝インペリアル・スイート〟は五メートル四方の部屋で、壁の代わりに二枚のベニヤ板で隣の〝部屋〟と区切られている。スポンジが剝き出しのマットレスが二枚重ねられ、窓には薄い布がかけられている。「何これ？」私は思わず、口のなかでつぶやいた。

「ほら、どう？　すごいでしょ？」

「ああ、ええ、そうね。たしかにとんでもなくすごいわね！　シャワーはベッドの下とか？」

ティムは大声で笑った。「違うよ！　シャワーは廊下の突き当たり。使い方を教えてあげるね」

ティムはそう言うと、私が今夜閉じ込められる洞窟の南京錠を開ける鍵を差し出した。

「トイレも反対側にあるってことかしら？」

「うん、トイレもあっちにあるよ」

私はびっくりしたまま、興奮しているティムのあとをついていった。カトマンドゥのホテルを最悪だと思っていたが、まだ下があった……。部屋もひどいがシャワーはもっとひどかった。汚い小部屋に水撒き用のホースがあるだけ。トイレにいたっては息を止めないと入れない。無残な光景を前に立ち尽くした私は、何も気づいていないティムをじっと見た。ティムはまだゲストハウスの設備に感動していた。「お湯をうまく使ってね。毎日お湯が出るわけじゃないから」

最後にティムはほかに必要なものがあるかと尋ねた。何もかもが足りないと叫びたかったが、楽しそうなティムを困らせたくなかった。私は無理やり微笑みを浮かべて、いろいろありがとうと言った。

ティムが出ていくと、バッグから寝袋と夜に使うものをいくつか取り出した。あまり気は進まなかったが、ティムいわく、普段はない贅沢だというシャワーを浴びた！　シャワールームのあれこれの悲惨さとは裏腹に熱いお湯を浴びると血行がよくなり、筋肉痛がやわらいだ。体が温まったおかげで元気も出てきた。日中との気温差で冷えないように急いで服を着込み、庭に降りていく。

太陽が地球の裏側に消えると、あたりは夜の冷気に満たされていた。厚いダウンジャケットを着込み、さっきまで座っていたテーブルの一つ一つに置かれた小さなろうそくの小さな光の輪がくつろいだ雰囲気をつくりだしているのを眺めた。シャンティは先ほどと同じ場所に座り、ビールをちびちび飲みながら空を見つめていた。

天の川を眺めていたシャンティが、温かい飲み物はどう？　と声をかけた。私がジンジャーティーがいいと答えると、シャンティはすぐに立ち上がって飲み物を取りにいった。私は座って空を見上げた。すると、流れ星が夜空に引っかき傷のような跡をつけて流れていった。シャンティはカフェのギャルソンのような手つきで、バランスを取りながら片方の手でトレイを持って戻ってくる。湯気の出るカップを私の前に、コーヒーカップ二つと空のガラスポットを少し離れたところに置いた。そして、庭の奥の暗闇に消えたかと思うと、袋を持って戻ってきて椅子の足元に置いた。それから大きな石ころを三つポットに入れた。

「マエル、ポットはこれでいっぱいになってる？」私は質問の意味がよくわからず、問いかけるようにシャンティを見た。すると彼は何も言わずに袋から砂利をたっぷり一つかみ取り出し、それをそうっとガラスポットの中に入れた。シャンティがポットを振ると、砂利が大きな石の隙間に入り込んでいく。シャンティはもう一度私に聞いた。「ポットはこれでいっぱい？」私は椅子の上で背筋を伸ばした。質問についてさらに考えたが、いっぱいだと答えるのはためらわれた。シャンティは袋をつかむと、残りを瓶のなかにすべて注いだ。隙間は砂で埋まった。そしてまた質問を繰り返した。「ポットはこれでいっぱい？」面白くなってきて、私はにっこりした。「今度こそいっぱいよ!」 シャンティは手の甲でテーブルの上の砂を払った。

「このポットがあなたの人生だと想像してみて。最初に入れた三つの石は、あなたにとっていちばん大切な三つのもの、つまりあなたが幸せになるのに不可欠なものを表しているんだ。次に入れた砂利は、その次に優先順位の高いものだ」シャンティが何を言おうとしているのかがわからず、私は黙って聞いていた。

「最後の砂は、残りのすべてのものを表している。あなたが幸せになるためのものより些細なもの、〝必要不可欠な石〟や〝重要な砂利〟を補うものだ」

「わかったわ。で、それがどうしたの?」

「最初から砂でポットを満たしてしまうと石や砂利が入り込む隙間がなくなってしまう。人生も同じだ。些細なことに時間とエネルギーを使うと、大事なことのためのスペースがなくなって、進むべき道を逸れていくんだ。そして、どうして自分は幸せじゃないのだろうと考えながら、上辺だけを追いかけることになる」

私はにこにこしながら拍手した。わかりやすいたとえね!

「じゃあここで、優先順位を決めよう。あなたの人生でこの石に当たるのは何? あなたにとって欠かせないものは? つまり、あなたが犠牲にしたくないもの。世界でいちばん欲しいものでもい い」

「そんなこと言われても……。すぐには決められない。疲れてるのよ」

「それでも考えて!」シャンティは毅然とした口調で言った。

私は頭を抱え、地面に視線を落としたまま考えはじめた。自分の心が求めているものはわかっているが、それを優先するのはあまりに辛い。過去の記憶から苦しみがよみがえってきて目の前がぼやけた。私は顔を上げ、手の上に顎を置いてテーブルに肘をついた。頬を覆う指が流れる涙で濡れた。私は悲しそうにこう打ち明けた。「もちろん、毎朝愛する人の腕のなかで目覚めたい。自分自身や友だちや家族との時間も欲しい。大切な人たちに自分の愛情を伝えたい。ちょっとしたことで笑い合ったり、なんでもない時間をいっしょに過ごしたり、旅行をしたり……」でも、いまの生活では何一つかなえられていない。私は自分の望む人生の道から逸れているのだ。

シャンティが私の手の上に手を重ね、優しく言った。「それじゃあ、あなたの瓶を砂で満たすのはやめよう。マエル、望むように生きて、あなたの体や、あなたの心や、あなた自身や、あなたの欲するものや、あなたが愛する人たちを大切にして。あなた自身であることで自分を満たして、そして苦しむことを恐れないで。あなたが幸せになることを妨げ、傷のなかに閉じ込めているのはその恐怖心なのだから」私は泣きながらシャンティを見た。シャンティは続けた。「生きたいように生きる、望みどおりになることのリスクを怖がらないで。それぞれの優先順位を考えながら、まず石を入れて、それから砂利を入れて、最後に砂を入れてみて。毎回、ほかよりも大切だと思えるものを入れていくんだ。いちばん大事な望みを選んで、それから今度は二つ目の石を入れる。ぜったいに、いちばん大切なものを二番目に大切なもののために犠牲にしないようにするんだよ。同じようにして最後の砂の一粒まで続けるんだ。でも、あなた自身が望むものには気をつけて。願うとそれが手に入ってしまうからね！」

シャンティはテーブルの上にポットの中身を全部空けると、三つの大きな石を差し出した。私は瓶の中に何をいちばん最初に入れるのだろうか？　生活の大半の時間を占めているのは仕事だ。仕事が優先順位の一位を占めているのは明らかだ。でも、シャンティの言うとおり、それは間違いないのでは？　恋愛をするのが怖くて、仕事に逃げているだけなのでは？　ここ数か月、自分のため、友だちのため、家族のための時間なんてあっただろうか？　自分の好きなことや自分が幸せになれることにゆっくり時間をかけただろうか？　もう長いこと感動した記憶もない。仕事はたしかにやりがいはあるけど、自分の人生の空しさを忘れるために仕事をしているのではないだろうか？　私は優先したいものを決めかねて、三つの石をテーブルの上でくるくると回した。シャンティは私のそんな気持ちを察したようだった。

「もしあなたが魔法の杖を持っていたとしたら、どんな人生を送りたい？」

「うーん……、私を理解してくれて、支えてくれて、力になってくれるすてきな男性といっしょに暮らしたい。二人で旅行をして世界じゅうを回りたい！　夕食や週末を家族や友人と楽しみたいわ。緑のなかを散歩したり、夕日を見たり、ワインを飲んだり……そんなちょっとした幸せや思いやりや愛情にあふれた毎日。そうだったらいいなと思うけど、そんなの、結局はおとぎ話よね！」

「いや、そういうことを優先する人たちにとっては、おとぎ話ではなく現実だよ。目下のところ仕事だけが重要なあなたにとっておとぎ話なだけで」

　私はいらいらと片手で三つの石をこすり合わせた。もう片方の手でテーブルの上に砂を置きながら、自分を正当化しようとしたがどこか自信がなかった。ほかのものがないんだから、自分の持ってるものにしがみつくしかないでしょ？　すると、シャンティがこう言った。「逆から考えてみようか。優先順位をはっきりさせることによって、その順位どおりの人生を送れるようになる。本当に大事なことに全エネルギーを注ぐことができるようになるからだ」

私は最初の石を選ぶと両手のなかで転がし、その石にどういう名前をつけようかと考えながら、温めるかのようにその石に息を吹きかけた。それから顔を上げてシャンティを見た。「シャンティ、あなたにとっていちばん大切なものはなんなの？」

シャンティは迷いなくきっぱりと言った。「健康だよ！」

「たしかにね！　健康じゃなければ何もできないもの。でも、その答えは安易すぎるわ」

「安易すぎる？　まさか！　僕にとって健康は最高の贅沢だ。健康ほど脆いものはないと思う。体を労るために毎日食べるものに気をつけているし、心を傷つけないように自分の考えもコントロールしている。健康は簡単に手に入るものなんかじゃなくて、つねに気をつけてないといけない。僕は何よりも健康を優先したいんだ。僕のポットのなかで、健康はほかの何かのために犠牲になんてできないものなんだ」

私は石をテーブルに置くと、お茶をひと口飲んだ。またもやシャンティの言うとおりだ。すぐにロマーヌのことが頭に浮かんだ。数か月前からロマーヌが苦しんでいたことを思うと、自分が健康でいるのはなんて幸運なんだろうと思えてきた。その瞬間、私にとっていちばん大切な石が何なのかわかった。私はテーブルからいちばん大きな石を取るとそれをポットの中にそっと入れた。私の第一の石の名は「健康」だ。それからすぐに二つ目の石を取った。二つ目は「愛」だ。恋愛、家族愛、友情も含む「愛」だ。最後の三つ目は「分かち合いと幸福」。不思議なことに、優先すべきものとして私の頭のなかに何度も浮かんできたのが、「分かち合いと幸福」という二つの単語だったのだ。シャンティは私のこの選択に驚いていていないようだった。それ以外のものが選ばれなかったことについても。

「仕事の話をしていなかったっけ？　お金は？」

「優先順位の三位までには入らないってわかったから。どう？　いい答えでしょ？」

「マエル、いい答えなんて存在しない。あなたにとって何が重要かは、あなたの心だけが知っている。心の声を聞けば、自分を知ることができるんだよ」

私は砂利でも同じようにした。私の欲求、私の仕事、私の野心、私の夢、私の旅、家族ほどは親しくない私の知り合い、私のアパルトマン。そのあとも考えることをやめずに、砂粒にも、物質的に欲しいものや外見や表面的なことに関するものの名前をつけていった。

シャンティは、私が手をこすって砂を入れ終わるのを黙って眺めていた。いまの生活とはかけ離れているが、優先したいものについて、自信をもてるようになっていた。私は久しく感じていなかった心の震えを感じていた。感謝の気持ちでいっぱいになって、シャンティを見つめた。

「あなたのポットはいっぱいになった？」

「今度こそ自信をもってね。優先順位がしっかり決まったわ！」

私はポットを回しながらそれぞれに形の違う石でできたレリーフを眺め、シャンティに渡した。シャンティもゆっくりとポットを眺めてから、テーブルの上に置いた。それから、さっき横に置いていた二つのカップの中身をポットに注いだ。私は笑いだした。

「で、その液体は何を表しているの？」

「別に何も。ただ人生のポットがいっぱいでも、いつだって友人とコーヒーを楽しむスペースはあるって覚えておいて！」

※5　ネパール電気通信公社の頭文字。

前向きな精神

「私たちは日々の繰り返しでできている」

アリストテレス

目が覚めたら六時だった。まだ目覚まし時計は鳴っていない。寝る前にグマールがくれたラキシー※6のおかげで過酷な部屋の環境に負けずに眠ることができた。ラキシーは、ほんの少し飲んだだけでくらくらするほど強いお酒だ。今朝はとても調子がいい気がする。勢いよくカーテンを開けた。すると、絵葉書のような景色が朝の冷気と相まって、しゃきっと目を覚まさせてくれた。寝袋にくるまったまま、窓に向かってあぐらをかく。夜の青色をまだ残している空は、夜明けの最初の光で色が変わるのを待ちかまえている。

部屋の空気が冷え切っているせいで吐く息の温かさが化学反応を引き起こす。ふと、田舎にある祖母の家で過ごした子ども時代を思い出した。姉のマルゴと私は、タバコを吸ったときの煙のような白い息を吐いては面白がったものだった。姉のお気に入りは、貴婦人になりきって葉巻に見立てた棒を人差し指と中指のあいだにはさみ、口に咥えておおげさに息を吐き出す遊びだった。マルゴ！　いま私が経験していることを話しても、マルゴは絶対に信じないだろう！　マルゴの声が聞こえるようだ。「冗談はやめてよ。マエル、あなたが山にいるって？　ヒマラヤ？　いつものハイヒールもなしに？　メイクもしないで？　電話とメールがないと一時間も生きられないくせに、その非凡なおつむで、どうせならもうちょっとましな話を考えたらどう？」

私はにやっとした。マルゴは定期的に私に自己啓発本を送ってくる。だが、私は一冊も開かないまま本棚の奥にそっとしまってある。マルゴが勝手に私の名前でよくわからないセミナーに申し込んだことも何度かあるが、一度も行かなかった。私が人生を楽しんでいないのを彼女なりの方法で理解するためなのか、ときどきそうやって挑発するのだ。エキセントリックだが、大好きな姉だ。姉のいちばん好きなところは？　と聞かれたら、外の世界に対して肯定的なところと答えるだろう。

目の前でマチャプチャレがきらきらと輝きはじめた。「魚のしっぽ」を意味する聖なる巨峰マチャプチャレには二つの山頂がある。その山を見ていると、まるで時が止まってしまったように感じる。自分がここにいること、ロマーヌ、旅、託された使命、シャンティとの出会いが私のこれまでの人生と信条をひっくり返しつつある。そんなことを考えていると、突然、目に強い光が当たった。雪に覆われた山頂の色が薄くなり、蛍光色のようなオレンジ色がさまざまな黄色に変わる。やがて火の球が空を昇っていくにつれ、山はまたもとの白い衣をまとった。カウントダウンが始まり、ついに朝がやってきた。

一階から賑やかな朝の音が聞こえてくる。コーヒーの香りが壁越しに漂ってきて、私の鼻を刺激する。勇気を出して寝袋から出て、冷え切った服に袖を通す。体が軽く感じる。何も自分にのしかかってくるものがない。マヤの言葉を思い出し、優先順位を決めたときのシャンティの言葉について考えた。

階段を降りると、すでに起きているゲストハウスの人々にすれちがった。アミタが私の好みを聞きながらメニューを選ぶのを手伝ってくれる。お腹が空いていたので、オムレツ、山のハチミツ添えのパンケーキ、ポリッジ【訳注：オートミールのミルク粥】のフルコースの朝食を選んだ。なにせこれから数時間、お腹をもたせなくてはならないのだから。

中央に置かれたストーブのおかげで部屋全体がすっかり温まっている。ティムとグマールとニシャールが、厨房に一つしかない小さな鏡の前で順番に身支度をしていた。シャンティが私の隣の椅子に座り、地図を広げた。「今日は午前中に標高二千百メートルのデュラリ峠に登る。それから峠の反対側を下ってランドルン村まで行くんだ」

初日の行程は永遠に続くように感じられたが、今日の私は新しいエネルギーに満ちている。「ついていく。やってみるわ！」口に食べ物を入れたまま、私はもごもごと答えた。「出発は三十分後、太陽がもう少し高くなれば日射しで気温も上がるだろう」その後の沈黙のなか、当初の疑問がまたよみがえってきた。

カトマンドゥに到着して以来、あまりに都合がよすぎるのではないかと思える例のメソッドについて、誰も私に話そうとはしない。数百万人もが癌に苦しんでいるというのに、どうして知られていないのだろう？

「シャンティ、あなたは私たちが手に入れようとしてる文書についてどう思う？　噂を聞いたことがある？」

「いや、でも、ヒマラヤにはたくさんの神秘が隠されている。そのせいで中国とチベットで紛争が起き、いまでも衝突の原因になっている。この旅を無事に終えられれば、その答えもきっとわかるよ」

「終えられればですって？　不安にしないでよ……」

「この旅の道のりは長い。目的地にたどりつけるかどうかは神のみぞ知るだよ」

シャンティは文書の話をすると口が重くなり、多くを語らなくなる。だから私はいつも不安になってしまう。どうやら、想像していたよりも壮大なミッションを託されているようだ。

「でも、シャンティは信じてるの？」

「信じるためには、その文書の内容を知らないと。そんなに心配しないで。なるようになるさ。いまは旅の途中。その時が来れば、必ず答えが得られるよ」

朝食を終え、昨日の登山の疲れがたまった足を慣らすために外に出た。近隣の森の匂いを吸い込むと気管支がきんと冷える気がした。丘を降りて、堂々とした山々の前で何度も立ち止まった。それからロッジに戻った。

出発の時間が近づいている。ティムが蝶を追いかけているあいだ石垣の上で荷物の横に座っていたニシャールが、タバコを吸い終わった。

今日はグマールが先頭だ。グマールの足跡を踏んで私が歩き、そのうしろをシャンティがついてくる。まだ低い太陽が景色を金色の光で染めるなか、私たちは黙って一歩一歩、延々と続くように見える階段を上っていく。途中で、私たちを見下ろす巨大な山々に気づいた。まるで、前に進む力を私たちに与えてくれるようだ。私の筋肉は収縮しては痛みを繰り返し、まだ歩き出して数メートルなのにだんだんと熱を帯びてきた。

上り坂のせいで体が燃えるように熱い。最初の休憩で、私は上に着ていた服を何枚か脱いだ。ニシャールは、またタバコを吸っている。こんなに標高が高いのに、彼にとってはまだ酸素が濃すぎるのだろうか。私は、渓谷を眺めているシャンティに近づいた。

「昨日、あなたが話してくれた優先順位についてよく考えてみた。あなたの言葉は心に響いたけど、すべてが自分次第で決まるってわけでもない。大きな石の一つは愛に生きることにちがいないけど、そのためにはいい相手を見つけないとね。これまであんまりうまくいかなかったけど」

「そうだね。そういう機会がないと見つからないのはわかる。でも、あなたはそういうことにオープンなの？ どんな出会い方でも？ あなたが優先するものに名前をつけたのだから、これからはいままでと同じ過ちを繰り返さないようにしないと。出会いのチャンスを増やすためにも心理状態を変えないといけないんじゃないかな。幸せを受けとるには、別の考え方をしたり、ポジティブになったり、望むことや理想の人生を信じないとね。なりたい自分を引き寄せるんだよ」

「私はこう見えても楽観的な人間よ！」

「それならやりやすい。ポジティブになるというのは、外に対して自分を開くということ。例を挙げよう。道で誰かに時間を尋ねるとき、急いでいる人や電話をしている人と、あなたに微笑みかけてくれる人がいたら、どの人に聞く？」

「そりゃあ、目が合ってにこっとしてくれた人よ。でしょ？ なるべく人の邪魔をしたくないもの」

「僕も同じ人を選ぶよ！ とはいっても、電話で話している人だって楽観的な人の可能性もあるだよね？」

「そりゃそうよね。でも外に対して自分を開くってどうすればいいの？」

「何よりもまず自分の内面を満たすことだ。マイナスの考えでくよくよしているネガティブな空気を漂わせていると、体全体もそういう状態になる。筋肉は緊張し、顔は引きつり、たとえ近くに出会いの機会があっても気づけないんだ。反対に、ポジティブな考え方をしていると、体はリラックスして、すべてに好意的になれる。すれちがう人もあなたに興味を持つようになる」

シャンティはセーターを脱いで腰に巻いた。短い休憩はおしまいだ。出発の準備をしながら、シャンティは話を続けた。

「あなたが優先するものの一つが愛を見つけることなのに、あなたは誰かと二人で生きるのに向いてないと言ってたよね。そんな精神状態じゃ何も変わらない。たとえ幸せがドアのところまで来ていても、そのドアを開けなければ幸せは手に入らないんだよ」

「私の立場にもなってみてよ！　いままでの男はみんな、そんな時間を割く価値もない人ばかりだったんだから」

「じゃあどうして付き合ったの？」

「それは……いつも別れてから駄目男だったって気づくからよ」

「そういう経験から教訓を得るのが大切なんだ。そうでないと、また同じことを繰り返すからね」

「わかってるわよ！　だから二度と同じ過ちは犯さないつもり。信じて！」

「唯一の真の過ちは、繰り返し同じことをしてしまうこと。それ以外の失敗はすべて、学びを得る機会なんだ。失敗を恐れないで。失敗は成功のもとだから。大胆になって。愛にリスクはつきものだよ。心を閉ざしていたら、誰もあなたに時間を尋ねようとはしない」

「ポジティブな精神状態を保つのは簡単じゃないわ！」

「精神も体と同じ。彫刻のような体になりたければ、毎日、筋肉を鍛えて健康に気をつけないといけない。月に三十分しか体を動かさないで、脂肪分の多いものばかり好き放題食べていては期待通りの結果は得られない。精神も同じだよ。毎日、自分の考え方がネガティブになっていないか監視しないといけないんだ。ポジティブになれれば、恐怖心もコントロールできる。つまり、自分の夢を信じて、それを思い描いていれば、チャンスをものにできるようになる。マエル、あなたはすでにいちばん重要なことをした。自分の人生が優先すべき方向を決めたんだ。どこに向かえばいいのかわかっていれば、道を見つけるのも簡単だよ」

「ええ。でもうまくいっていないときに夢を信じつづけるのは難しいわ」私はため息をついた。

頭に線の入ったガンが二羽、頭上を飛んでいった。シャンティは驚き、ガンが遠ざかるのをしばらく見上げていた。シャンティいわく、この時期にガンを見かけるのは珍しいらしい。彼は話を続けた。

「もう苦しむのはごめんだと思うのなら、愛を望まないという選択もある。でも、そうすると愛に満ちた人生を優先することもあきらめなくてはならない。相手が違ったのだから、苦しむ内容だって毎回違っていたのでは?」

「もちろん違ったわ。でも、毎回、自分がどう振る舞っていいかわからなくなっちゃうの。私を辛い目にあわせる男としか出会ってない気がする」

「あなたはあなたが考えていることを引き寄せるんだ。傷つくのを恐れていては、誰もあなたの世界に入ってこれない。自分にブレーキをかけることで、自分自身を閉ざしているんだよ」

私は長いため息をついた。またもやシャンティの言うとおりだ。バリケードを築いているせいで、私は人生を肯定できないでいる。それを認めたくないから言い訳を探し、夢を忘れるために仕事に没頭していたのだ。

「理想の人生を送るにはどうすればいいの？」

「さっき言ったように、精神状態を変えればいいんだ。つまり、考えの一つ一つをコントロールして、その考えが人生の目的に沿ったものかを確認するんだ。脇道に逸れていたら、すぐに正しい道に軌道修正する。過去の辛い別れを忘れる必要はない。過去から学ぶことはあっても、過去にこだわるのはやめること。目標をしっかり視覚化するんだ。誰かと出会うことをいちばん優先したいのなら、どんなタイプの人がいいか、その人といっしょにどんなことをしたいか、自分はどんな人生を望んでいるかといったイメージをもつ。足早に近づいてくる出会いをネガティブな考えに邪魔させないと心に決めて。目標さえ決めればそのほかのことは流れに任せればいい！」

私はリュックの中の水筒を探しながら、自分が理想の男性と手をつないでセーヌ川沿いを歩いている光景を思い描き、二人の生活のあれこれを具体的に想像してみた。いろいろな場所へ出かけてロマンティックなディナーを楽しみ、二人で笑いころげ、体を重ねる……。すると、心が穏やかなぬくもりで満たされた。シャンティは岩の上に座り、私を感傷的な妄想にふけるままにさせてくれた。私はシャンティの隣に座ると、水をひと口飲み、こう打ち明けた。

「わかってきた気がするわ」

「いま、どんな気分？」

「幸せよ」

「あなたのなかをエネルギーがかけめぐっているのを感じる？」

「ええ、とても穏やかな気分。締め付けられていたものから解放されたような気分だわ」

「そう、その状態にできるだけ近づこうとするんだ。いま感じている充足感をじっくり観察し、自信をなくすたびにその状態に戻るんだよ」

私は胸がどきどきし、高揚しているのを感じた。脳が何も言ってこないのも驚きだった。もうあれこれ考えるのはやめよう。すっきりした気分だ。鎖が一本ずつほどけていくようだった。

仲間たちがやってきて、私たちから数メートル離れたところで待っている。シャンティが立ち上がる。私も立ち上がると、さっきまでとは違う力が湧いてきた。気持ちが軽くなり、自然と穏やかな笑顔になった。ほかの四人も微笑んでくれた。私は胸を高鳴らせながら、彼らと歩きはじめた。

グマールが私の肩をぽんぽん叩くと、軽くお辞儀をして優雅な動作でお先にどうぞと道を開けてくれた。しばらくはグマールと並んで歩いた。グマールは家族の写真を見せてくれた。子どもが三人いるそうだ。これまでの二十四時間で、あくまで傍観者だったグマールが目を合わせてくれたのは初めてだった。彼はとても感受性が豊かな人のようだ。

今度はティムが私の前を歩いている。ティムは、この特別な時間をみんなでいっしょに過ごせるのが幸せという様子で、途中の農場で見かけた子ヤギのように飛び跳ねながら登っていく。私が感じている幸せは四人のボディガードにも伝わっているらしく、チームの雰囲気が早くも変わりはじめていた。シャンティは唇に微笑みを浮かべながら静かに最後尾を歩いている。ときどきシャンティがついてきているか確かめたくて振り返ったが、そのたびに彼はウインクをして応えてくれた。

遠くから、鈴の音と蹄の音が近づいてきた。脇腹に大きな売り荷をぶら下げたロバのキャラバンが縦一列になってやってくる。キャラバンを率いている青年は次々と声を出してロバを誘導している。ロバは不安そうな目をしたまま私たちとすれちがった。キャラバンが行ってしまうのを見届けてから、私はシャンティと並んでまた登りはじめた。

「決めたわ。パリに戻ったら精神状態を変える努力をしてみる」

「どうしてフランスに戻るまで待つの？」

「それはね、シャンティ、私が誰かと出会うのはここじゃないからよ！」

「どうして？」

私は大きな声で笑った。

「だって恋する相手よ」

「わかってるよ！　未来のことなんて誰にもわからないじゃないか。いまだけが現実なんだよ。幸せになりたい、夢をかなえたいと思うなら、〝あとで〟なんて言ってたら駄目だ。いますぐに変わらないと。チャンスや出会いにオープンになろうよ。人生は〝いまこの瞬間〟の連続なんだ。無駄にしてしまった一秒は二度と取り戻せない、失われた一秒なんだよ」

シャンティの口調はいままでとは違っていた。彼の自信に満ちた言葉に疑いの余地はなかった。これまでの私は、無意識のうちに目標に向かうことを後回しにしていたから、間違った方向へ進んでいたのだ。でも、どうすればいいの？　私の疑問を察したのか、シャンティが言った。

「何かを習慣づけるには二十一日かかるって知ってるかな？」

「三週間あれば変われるってこと？」

「そういうことじゃないよ！　一秒後だって変わることができるんだ。でも、新しい習慣が古い習慣に代わって無意識にできるようになるまでに、ふつうは三週間かかるんだ」

「でもどうやったら考え方を変えられるの？　気づかないうちに、いつもの考え方になっちゃうのよ。そういうときに気づけるように助けてくれない？」

「僕はあなたの頭のなかに入ることはできない。そもそも、人間の脳内では毎日六万の思考が渦巻いているんだ。だとしたら、すべての考えをコントロールできるわけではない。だけど、偉そうに不満を漏らす反対派の指導部の連中を少しずつ黙らせることはできる。ネガティブな考えは変化にブレーキをかける最大の敵だ。『現実的じゃないから試してみるまでもない。前にやってみたけどうまくいかなかったじゃないか。時間の無駄だよ。なんの役にも立たないし。誰かを信じるなんてやめたほうがいい。結果はわかりきっているんだから』なんていう言葉が頭の中で聞こえても、耳を傾けたら駄目だ」

私はうなずくしかなかった。シャンティに頭のなかを覗かれたような気がした。

「そういうネガティブな考えが僕たちにどれほどの影響を与えるか想像したことはない？　そういう考えが人生を〝一時停止〟させてしまうんだよ」

「一日に生まれる六万もの考えのなかからどれが悪い考えかを区別するってこと？　でももしそれができなかったら、悪い考えをどうやって追い出せばいいの？」

「たとえ取るに足らないものでもネガティブな考えをするたびに、それをやっつけられるようなポジティブな考えに置き換えてみるんだ。そして、ポジティブなほうを重視する。たとえば、朝起きて雨が降っていたら、まずどう思う？」

想像したら、すぐに心の声が漏れた。「また雨か、最悪……！」シャンティが微笑んだ。

「そうやって、その言葉がどれほど幸せを妨げているかに気づかないまま一日を始める」

「そうね。でも天気は変えられないでしょう？」

「そりゃそうだ！　だからこそ精神状態を変えるんだよ！　水は命の源だよ。雨が降ったら森や芝生や花や畑や道路の浄化にどんなにいいことがあるか、思い出して。そうすれば、天気への不満は消えて、恵みの雨に感謝するようになる。幸せを感じて、あなたの心のバランスを保つのに必要なサイクルに守られていると感じるはず。周りの環境と調和した状態で一日を始めることができるんだ。家を出るときに攻撃的な気分だと、ものごとの感じ方も変わってしまう。だからこそ、人生の正しい道をたどるためには、つねに思考をコントロールする訓練をしなくてはならないんだ」

「悲観的にはなりたくないけど、一日に六万もの思考を区別するなんてとても無理！」

「うしろの山を見て。朝見た山の景色とは違ってるでしょ？」

私は歩いてきた道を振り返って驚いた。

「僕たちは一歩一歩ここまで登ってきた。一つ一つ考えながら前に進めば、思ったよりずっと遠くまで進んでいることに気づくはず。そもそも、一日に考えることの八十パーセントは昨日考えたことらしいからね」

「少し希望が湧いてきたわ！　毎日毎日悪い考えを消去して、さらに悪い考えをつくりださないようにすれば、いずれはいい考えだけになるってわけね！」

「そういうこと！」

これまでと同じくらいすばらしい景色のおかげで、私はなんとかデュラリ峠まで登ることができた。そしてつかの間、渓谷を見下ろすように張り出した仏塔《チョーテン》にもたれかかり、背を丸めて段々畑を耕している農民たちを眺めた。それから私は、お昼休憩までずっと考えつづけた。

農家に分けてもらった野菜の煮込みと米で昼食をとり、シャンティが午後の登山の開始を告げるまで、私たちは満腹のまま太陽の下でくつろいだ。

私はこれまで、無意識の考えが頭のなかで絶えずざわめいていることにまったく気づいていなかった。頭を横切るイメージを、新しいポジティブな考えに置き換えようとしてみた。そういう考えをイメージとして繰り返し思い描き、穴からネズミが出てくるのを待ちかまえるネコのように、ネガティブな考えが生まれてくるところを取り押さえようとした。だが、待てば待つほどネガティブな考えは出てこない。ところが意識するのをやめたとたん、さまざまな場面が次から次へと頭をよぎった。パリで私を待っている書類の山、ロマーヌの病気、私の人生の目標。仕事が私のなかで幅を利かせはじめ、仕事を放り出してネパールに来てしまった罪悪感も覚えた。

もしロマーヌが治らなかったら、もし誰も私を愛してくれなかったら、もし一人きりで生きていかなくてはならない運命だったら、もし……、もし……。

そんな考えはシャンティによって中断された。シャンティがいまこの瞬間の現実に引き戻してくれたのだ。

「眉間に皺を寄せているところを見ると、あなたの心がネパールから離れてるのかな？　思考がいかに心を閉ざしてしまうか、わかったんじゃないかな」と言われたのだ。

「不思議ね。ネガティブな考えを観察しようとするとちっとも表れない。でも警戒を緩めるとすぐに無意識の考えに支配されちゃう。あなたが檻から出してくれるまで、ネガティブな思考による恐怖と想像が入り混じってたわ」

「とても重要なことを理解したんだね。いま起こっている出来事と向き合っているときは、いまこの瞬間を生きている。だから、チャンスを逃すことはない。反対に、ネガティブな考えにとらわれたとたんにそこから発する不安とともに過去や未来に連れていかれてしまうんだ」

「どんなきっかけでネガティブになるのかがわからないの。まるで催眠術にかかったみたいに、過去の奴隷になってしまうのよ」

「無意識の考えを意識するようになればなるほど、そういう考えにとらわれなくなる。しっかり観察していれば、堂々めぐりの苦しみから抜け出せるんだ。最初は数秒間でいい。毎日少しずつ意識する時間を長くしていけば、最後には自然とそのプロセスができるようになるよ」

「でも、さっきもシャンティが中断してくれなかったら、その考えに閉じ込められたままだったわ。一人で抜け出すにはどうすればいいの？」

「僕が自分の考えを変えようとしたときは、目安をもつことにしたんだ。たとえば、ドアを通るたびに、意識することに集中してみた。初日の成功率は十回に一回だったけど、だんだんとできるようになった。一時間ごとに携帯電話のアラームを設定して、そのたびに意識しようとするのもいいかもしれないね！」

私はすぐに携帯のアラームを設定した。風変わりな音のリストから昔ながらの〝ゴング〟の音を選ぶと、シャンティたちはげらげら笑った。私にとって、考えを変えることはゴングで始まる壮大な戦いのようなものだ。だけど、前向きなままでいよう。一つずつこなしていこう。落ち込んでいるどころの話じゃない。

日が暮れはじめたころ、ランドルンに続くなだらかな下り坂に差しかかった。これまでの渓谷の斜面とは違う風景のなか、段々畑に沿って降りていく。山の平らな部分には階段がつくられ、農民が粟やキビを鎌で刈っては柳で編んだ背中の籠に投げ入れている。段々畑の上のほうはすでに刈り取りが終わっているようだ。別の農民たちは、これから箕《み》にかけて籾殻と穀粒を分けるのか、大きな布の上に刈り取った穂を並べていた。私は、しゃがみ込んで手際よく篩《ふるい》を動かしている女性の前で立ち止まり、数分間眺めていた。

仲間たちがふたたび歩きはじめたので、急いで追いついた。それから一時間、農民たちの様子を横目で見ながら石でできた道を降りていった。すると美しい空の下、今晩宿泊する村が見えてきた。

目の前には七千メートルを超えるアンナプルナの南峰とヒウンチュリがそびえたっている。その山々の美しさに登山の辛さがやわらいだ。私は神秘的な夕暮れの景色に思わず見とれた。村々を取り囲む森は霧に覆われ、山々の頂だけが岩のあいだに張られた神秘的なベールから突き出している。空を染める黄土色のかすかな光は、曲がりくねった渓谷の暗さとは対照的だった。

ロッジの入り口の前には、丸い青銅製のボードと同じく青銅でできた小さなフィギュアがいくつも置かれ、ニシャールがその外側に座り込んでロッジの主人と〝対戦〟していた。ティムが心配そうに勝負の行方を見守っている。シャンティがやってきてルールを説明してくれた。「バグ・チャルというネパールの伝統的なゲームだ。『バグ』はトラ、『チャル』は動くという意味。ネパールではポピュラーなゲームだよ。ほら、ボードに五本の縦線、五本の横線が引かれていて、ほかにも斜めに線が引かれてるだろう？　ニシャールの持ち駒はヤギ二十個、相手はトラを四個。ニシャールは、ヤギが動きをブロックされないようにしながらトラが動けないようにしなきゃいけない。トラは囲まれないようにしながら、チェスのようにマスを飛び越えてヤギを捕獲する。駒を交互に動かしていって、四つのトラが動けなくなればヤギ側の勝ち。反対に二十個中五個のヤギを捕獲したらトラ側の勝ちだ」

そのゲームは一見単純そうだったが、すぐに綿密な戦略が必要だとわかった。でも今晩は勝負の結果を見届けられそうにない。疲れと筋肉痛で私の体は鉛のように重かった。おいしい夕食のあと、私はすぐに眠りについた。

※6　ネパール特有のキビと米の蒸留酒。

吊り橋

「いつだって、やってみるまでは不可能に見えるものだ」

ネルソン・マンデラ

朝起きて体を動かしたとたんに激痛が走った。寝ても治らないひどい筋肉痛に加えて、ベッドの寝心地は日を増すごとに悪くなっていく。今日のベッドは、ボトムの代わりに木の板が置かれ、その上に薄いマットレスを敷いただけ。この調子でいくと野外で地面に寝かされる日も近いだろう。いったいどんなことになるのか！

痛む腰をさすりながら、朝食をとるためにホールに向かった。夜明けの光の下に冷たい夜が逃げていく。シャンティが外の岩の上にあぐらをかいて座っていた。数分後、シャンティはいつものように愛想のいい表情でホールに入ってきた。温めるために激しく腕をこすりながら、かじかんだ唇のまま、私に「よく眠れた？」と聞いた。体じゅうが痛くていますぐ寝直したいけど、あのベッドで寝るくらいなら立っていたほうがましだと答えると、シャンティは「朝食を食べ終えたら、出発前に少しストレッチをしよう」と言った。

出発してすぐは上り坂だった。気力をなくしかけたが、仲間たちに励まされて自分のリズムをつかむことができた。それにアンナプルナの山頂の美しさが身体的な辛さをやわらげてくれた。上り坂は一時間以上続いた。シャンティが言っていたとおり、体が温まってくると筋肉がだんだんと動くようになった。だが、それもある地点までだった。その光景を前にして、私は呆然と立ちつくした。足ががたがたと震えはじめる。シャンティのほうを振り返ったが、言葉が出てこない。目の前には、百メートルほどの長さの吊り橋があった。足がすくみ、高所への恐怖が湧き上がってくる。血の気が引いて、もう少しで気絶しそうだ。シャンティは気分の悪そうな私の様子に気がつき、冗談を言った。

「どうしたんだ、マエル？　モディ・コーラ川を渡るのが怖いなんて言わないでくれよ！」

高さ五十メートルの穴だらけの橋の上を歩くなんて想像もできない。体がこわばり、心臓の鼓動が早まり、足元の地面が崩れていくような気がした。シャンティは小走りでやってくると、私を岩の上に座らせた。

「高いところが怖いの。パニックになるのよ。こんな橋を渡るのは無理。ほかの道はないの？」

「ないと思う。ここを渡らないと渓谷に行けないんだ」

ティムがこちらを見ていた。それからぴょんと跳びながら、吊り橋の二本の綱のあいだに身を投じた。連結部分がたわむせいで、吊り橋が二重にも三重にも見える。いまや四人に見えるティムが即席のトランポリンの上で笑っていた。私を安心させようとしているのか、大きな声を上げて跳びはねている。

「ここまでよ、シャンティ。引き返しましょう」それ以外に選択肢はない。だが、戻ると決めた私の横で、シャンティはあきらめた様子ではなかった。シャンティは手で合図してティムが跳ぶのをやめさせると、私たちのほうに戻ってきた。

私の傍らに膝をついたシャンティは、何が怖いのかと優しく問いかけた。「説明できないけど、高いところに行くとくらくらするの。どんなに先に進みたくてもあの橋は渡れないわ」私は引き返そうと決めて、立ち上がった。シャンティは私の目を見て言った。「よくわかった。でも僕たちはあきらめないよ。恐怖は主観的なもので、過去の経験から来ているんだ。ティムが橋の上で遊んでいるのを見ただろ？　ティムにとって吊り橋を渡るのは楽しいことなんだ。でも、あなたにとっては死の危険を感じるほど怖いことなんだね！」

向こう岸の土手からくぐもった鈴の音が近づいてきた。若いネパール人が棒を使って、不安定な吊り橋の板の上に水牛と牛の群れを追い込んでいる。両脇に食料の袋をぶら下げた牛たちが一列になって進んでいる。群れが吊り橋に差しかかった。牛たちの動きによって橋がまた二重に、三重に、さらに四重に見え……切れて落ちるのではないかと怖くなった。たっぷり五分間、私は息をのんで橋を見ていた。牛二十頭と牛飼いの青年の命が、二本の綱と、絡み合わさった数枚の板と、綱と板をつなぐ網だけにかかっている。細い吊り橋が、牛の重みで右へ左へ、そして上へ下へと揺れていた。橋が落ちるところなんて見たくない。先頭の水牛がこちらにやってきた。牛はずれていた足板を踏みはずしたものの、すぐに体勢を立て直して歩きつづけた。牛飼いの青年の声に追い立てられた牛の群れは、ついにこちらの岸にたどりついた。牛が岸へ到着するたびに、首につけられた鈴が規則正しく大きな音を立てた。私たちが端によって道を譲ると、こんなところで立ち止まっていられないとばかりに一頭一頭先へ進んでいった。

橋が落ちるかもしれないと考えるとまだ震えはおさまらなかったが、ひとまず牛たちが無事に渡り終えてほっとした。私以外の四人はリラックスした様子で辛抱強く待っている。シャンティが私のほうに手を差し出した。

「恐怖がいかに架空のものかを試すときだ。さっき見たとおり、あの吊り橋はかなりの荷重に耐えられる。牛の群れは何年もここを通っている。たわんだり、形が変わったりするだけで、橋は落ちたりしないんだ！　あなたは頭のなかで最悪のシナリオを想像するようだけど、それは勝手な想像にすぎない。まったく現実ではないんだ」

「たぶんね。でも私の気分が悪くなるのは現実よ！」

「夢のなかと同じことだ」

「夢なら悪夢よね！」

「眠っているあいだは夢で見ている映像ほどリアルなものはないと思える。体は感情に反応し、恐怖を前にすると緊張して、心臓の鼓動は速くなり、呼吸も浅くなるだろう。でも、目が覚めれば、脳に与えられた信号で安心感が生まれ、ストレスのかかった状態から抜け出せるんだ。いまも同じだよ。いま、あなたは想像の悪夢のなかで身動きが取れなくなってる。でも、現実はまったく違う。わかる？」

「理解はできる。でも、怖いという気持ちのほうが強いの。いくら動かそうとしても体が動かないのよ」

「パニックから抜け出すには、体を落ち着かせて、ネガティブな考えをコントロールしないと。まずは深呼吸から始めよう」

シャンティはそう言うと深呼吸を三回繰り返した。胸いっぱいに空気を吸い込んで、最後の最後まで吐き出す。私にも同じことをするようにと言った。一度目はうまく吸えなかったが、二度目は深く、三度目は胸を開いて大きく息を吸うことができた。「その調子だ！　じゃあ、グマールの肩につかまってあとをついていくんだ。グマールが足を置いたところに足を置いて、僕の声に意識を集中して。僕はすぐうしろにいるから」

シャンティはグマールと二言三言交わすと、ニシャールとティムに荷物といっしょに待っているように頼んだ。グマールが私の前に来た。私は言われたとおりに立ち上がるとグマールの肩に手を置いた。グマールが進み、私は震えながらグマールの靴だけを見てついていく。シャンティは私のうしろから両肩を支えてくれていた。「いい調子だ」橋の上に二歩踏み出すとシャンティが耳元でささやいた。「そのまま続けて。深く息を吸って、ゆっくり吐くんだ」私が呼吸に集中できるように、シャンティがおおげさに息を吸っているのが聞こえた。シャンティはそれを何度か繰り返した。一歩、また一歩。震える手でグマールの肩をぎゅっとつかみながら、彼のリズムに合わせて歩く。進むにつれて、橋の床板の隙間が大きくなっていく。板のあいだから下を見た。心臓がバクバクして、筋肉がこわばった。

その緊張が伝わったのか、シャンティは私が立ち止まらないように私の肩甲骨を押した。「悪夢から抜け出して、マエル。何も起こらないから！　目を閉じて、息を吸って。足に意識を集中して立ち止まらないで。外側から何が起こっているのかをよく観察して、感情に引き戻されちゃ駄目だ。さあ、もう一度息を吸って！」

目を閉じた私は、もはや自分では何もコントロールしていなかった。グマールに引っ張られ、シャンティに押され、まるで貨車のように機関車についていくだけだ。私は彼らと一体化している。

そのことがつかの間、私を安心させた。するとグマールが大声を出した。目を開けると、グマールは向こう岸から吊り橋までやってきた一人のシェルパに、そこで止まっていてくれと合図をしていた。私たちがいるのは橋の真ん中で、いちばん揺れる場所だ。下を見ると岩のあいだを蛇行している急流が目に入った。ふたたびパニックが襲って、足元がふらふらしてきた。シャンティが、どんな考えからも〝脱出する〟ように私に命じた。「僕の声を聞いて！　海の真ん中で船に乗っているところを想像して。前の船に追いつこうとしているところだ。風が強く吹いていて、船は波に揺られている」

私はその情景を思い浮かべ、安定するように足を少し開くと、バランスを取り戻した。必死に船の舳先を思い描く。海がよく見える舳先は私のお気に入りの場所だ。すると、足が一人でに動きだした。シャンティに促されて目を開けると、もう対岸の地面の上にいた。シャンティがにっこりした。「よくやった、マエル」

呆然としてシャンティの顔を見る。汗でじっとり濡れた手をゆるめると、筋肉の緊張がとけていった。血がふたたびめぐりはじめて、呼吸が規則性を取り戻していく。ニシャールとティムが拍手しているのが遠くに聞こえた。二人は巧みに橋の上を走って、あっという間にこちら岸へやってきた。止まっていたシェルパがこちらに合図して、歩きはじめた。だが、すぐにまた立ち止まると私のところまで戻ってきて、チベット語で何かをささやいた。それから橋板から橋板へと進んで、また牛の群れを追っていった。

私は問いかけるようにシャンティを振り返った。「彼はこう言ったんだ。『恐怖があなたのドアをノックして、あなたにそのドアを開ける勇気があるのなら、ドアの向こうには誰もいないとわかるだろう』」私は微笑んで、橋の上を揺れながら遠ざかっていく青年を見つめた。

私たちはまた歩きはじめた。もとの感覚を取り戻すまでに数分かかった。足はまだがくがくと震え、体を支えるのが難しい。シャンティは私の隣を歩いている。私は足元の石だらけの道を見つめた。

「感情をコントロールするのは難しいわ」

「簡単ではないけど、コントロールのしかたを学ぶことはできる。恐怖心は思考から生まれるんだ。定期的に意識するエクササイズをすれば、感情に振り回されずに操れるようになる。何が起きているのかよく観察すれば、パニックになっている自分のなかの子どもの部分をなだめることもできる。僕たちはみんな、自分のなかに眠っている子どもと、大人になった自分、この二つのあいだでなんとかバランスを取っているんだ。恐怖に直面すると、子どものほうが強くなって、冷静に判断できなくなる。自分のなかの大人が冷静さを引き戻すために安心できる言葉を見つけるまで、ネガティブな感情にとらわれてしまうんだ」

「どうすれば、その二つを見分けられるの？」

「子どもは恐怖のなかに生きていて自立していない。両親に見守られて育つからだ。注目してもらえないと見捨てられたと感じるのも子どもの特徴だね。他者からの愛を求め、他者を愛することを知らない。だからいつも子どもの心の周りで問題が起こる。子どもの怒りは傲慢さによって引き起こされる。一方で、大人は自分一人で息をして、冷静でいることができる。大人は、苦しみを感じてもそれは自分自身がつくりだしたもののせいだと自覚できるんだ。同時に、自分のなかにその解決策を見つけることもできるんだよ」

「でも、恐怖で何がなんだかわからなくなったときには、どうやって別の状態に移るの？」

「自分の置かれた状況を見きわめて、それを良し悪しで判断しないこと。自分のなかの子どもが強くなったときは、死ぬまであなたといっしょにいるよと説明して、子どもを安心させてあげればいい。あなたに悪さをする人は放っておかないからと約束するんだ。自分のなかの大人は、子どもを導くための準備ができているって説明してあげるんだ」

シャンティの言う子どもと大人のイメージはとても説得力があった。まさしくその二つの状態が私の日常の土台にある。

勾配が少し緩くなったものの、まだ上り坂はきつかった。だが、恐怖で縮こまっていた筋肉が少しずつほぐれてきていた。吊り橋を渡ってからすべてが楽になったような気がする。次の休憩はジヌ・ダンダ村だ。いつものように、ニシャールとティムが先に行っていた。まだ十三時なのに、二人は荷物の紐を解いていた。

「今日はここまで？」

「ああ、テラスで昼食はどうかな。それから少し休憩しよう。よければ、降りたところに温泉があるから、午後はそこでゆっくり過ごそう。どう？」

「最高！　でも、どうしてこんなところに温泉があるの？」

「不思議なことに、ヒマラヤのこのあたりでは温泉が出る。地球内部から出てくる熱エネルギー、つまり地熱があるんだ。地殻の岩の温度が上がって、そのあいだに水が入り込むと、熱い岩で水が温められる。そうやって、ジヌ・ダンダの間欠泉ができたんだよ」

ロッジの女主人が挨拶にやってきた。その足元で、四、五歳くらいの二人の男の子が走りまわっている。メンクーという名の女主人と握手した。すると男の子たちは母親の足のうしろに隠れ、そっと私を観察した。私がウインクをすると、二人は声を上げて笑い、家の中に走っていった。しかしすぐに、二人とも家から出てきて、一人がつぶれたボールを私に差し出した。もう一人は、大きな二つの石で即席のゴールをつくったかと思うと、いつでも来いとかまえた。グマールとティムが、面白そうにこちらを見ている。私のサッカーレベルではこんな〝強そうな〟少年たちにはとても歯が立ちそうにない。グマールとティムに助けを求めると、二人は歓んでオーケーしてくれた。そこに、イギリス人観光客のカップルがさらに加勢しにやってきた。これなら試合ができそうだ！

二十分後、メンクーが試合終了を告げにきた。メンクーのもっているトレイには熱々のダル・バートがのった四枚のお皿が並び、私たちの食欲を刺激する。シャンティが、若い二人のイギリス人を食事に誘うと、二人は喜んで同じテーブルについた。彼らは数か月間の研究休暇《サバティカル》を取って、ロンドンから瞑想をしにやってきたらしい。シャンティは興味津々で彼らの話を聞き、彼がすでにマスターしていそうな瞑想について、さらなる知識を得ようとしていた。その二人のイギリス人、ニックとアビーはシャンティと話せてとてもうれしそうだ。私はというと、三人の悟りを開いた人と昼食をとっている気分だった。

「あなたの斬新な価値観には驚きましたよ」ニックが言った。

「斬新ですか？　いま話した教えは、昔ながらのものですよ」とシャンティはにこやかに答えた。

「じゃあ、ネパールの外に広まっていないだけなんですね！」

「よければ、今日の夕暮れどきに、お互いのエネルギーを結びつけてみませんか？」

イギリス人の二人組は二つ返事でシャンティの誘いを受けた。そして、三人が私をじっと見た。

きみはどうする？　とでも言うように。私は気まずくなり、もごもごと口ごもった。

「瞑想はまったく知らないから……。三人の足を引っ張りたくないし」

「簡単だよ！　瞑想に特別なスキルなんていらない。そこにいるだけでいいんだ。いっしょにやろうよ！」

「うーん。でも、誰が葉っぱとウイスキーを用意するの？」

重い沈黙が流れた。別の言い訳を探していると、ニックがきっぱりと言った。どうすれば瞑想に参加しないですむか、私は冗談よと言って、気まずさを取りつくろった。どうすれば瞑想に参加するってことでオッケーだね！　十八時にここに集まろう」そう言うと立ち上がり、私の返事も待たずにアビーとともに行ってしまった。私はあ然としてシャンティを見た。

「無意識の考えを追い払うのを助けてほしいって言ってたよね。この経験はきっと役に立つ。奇抜に思えるかもしれないけど、やってみて」

「うまくやるには、あっち側の人たちの惑星に降りたたなきゃいけないなんて言わないでよ！　シャンティ、気を悪くしないでほしいんだけど、この手の修行はあなたたちに任せるわ！　私は宇宙に頭を送り込むより地面に足をつけたままのほうがいいの」

私は無意識に携帯をチェックした。相変わらず電波は入らない！「安心して。瞑想するのに別の世界に入り込む必要なんてないから。ただ、あなたの世界を広げてみようって言ってるだけだ。いったいほかに何が起こるっていうんだ？」シャンティはそう言うと、私の携帯を指差した。「その時間に別の用事があるとでも？」この男は私を説得する術を心得ている。いらいらさせられることも多いが、彼に惹かれているのは認めざるをえない。私はギブアップした。「そうね。別に用事があるわけじゃない。わかった。今晩行くわ！」

　今夜泊まる部屋も、昨日や一昨日と同じくなかなか厳しい部屋だった。寝るための支度をしてから、庭の日射しの下で一時間うとうとした。ふと、兄弟の弟のほう、ヤンニの泣き声で目を覚ました。走って転んだらしい。ヤンニはお兄ちゃんに助けてもらって立ち上がった。涙をぼろぼろ流していたが、母親のメンクーは気にしていない。怪我の具合を確かめるために、私はヤンニを抱き上げて膝にのせた。ヤンニはされるがままにしている。服は泥で真っ黒になっていてヤンニの衛生状態がよくわかった。ヤンニは垢だらけの手を私に見せて、どんなに痛かったかを訴えた。だが、彼の手は転んだときに地面についた衝撃で赤くなっていただけだった。私はポケットからティッシュを出して、ヤンニの鼻水をティッシュで拭くとともに、鼻くそをふんと鼻から出させた。

　兄のほうはすぐ近くで、私の動作の一つ一つを見ていた。小さいころ、私が手の平に怪我をすると母がいつもしてくれた話をヤンニに話して聞かせた。「おばあさんの飼っている雌鶏がここに卵をうみました」ヤンニの小さな親指を握って「一番さんがそれを見て」次に人差し指を取った。「二番さんがそれを拾って」ヤンニが中指を差し出した。「三番さんが料理して」次は薬指だ。「四番さんがそれを食べ」そして最後に小指を取って内側に折り込み「ちっちゃな小指はもう何もないから、お皿をぺろぺろなめたとさ」と手のひらを小指でぺろぺろとなめるように動かした。二人はじっと私を見つめていた。おそらくひと言も意味はわからなかっただろうが、その節回しが気に入ったようだ。私が話しはじめたとたんにヤンニの涙は止まり、話し終えるころには二人とも満面の笑みだった。子どもたちは走っていった。

　シャンティは穏やかな表情で私たちを見ていた。「温泉はここから歩いて三十分だ。少し入りたいなら、そろそろ行こう」

パリでは、どんなに短い距離でもタクシーを使っていたが、いまや自分が別人に思える。また歩くと聞いても、ちっともいらいらしないのだ！　ティムとグマールもいっしょに来たが、ニシャールは休んでいたいと言って来なかった。ティムはゴム草履を履いたまま、山に沿って続く道の石の上をぴょんぴょんと跳んでいく。グマールはそんなティムを視界の片隅でつねに見守っている。シャンティはそんな私たちを楽しそうに見ながら、いちばんうしろを歩いた。温泉まではゆうに一キロ、険しい下り坂が続いた。帰りはここを登るのかと思っただけで憂鬱になった。

「行き帰りの労力に見合う温泉だといいけど。帰り道は大変そうだから」

「カルペ・ディエム！」

シャンティが今度はラテン語で言った！　カルペ・ディエムは「明日を気にせず今日を楽しめ」という意味だ。

「どうしていまから帰りの上り坂の心配をするの？　それはあとで考えることにして、これから待ち受けるものを楽しみにして」

「それもそうね……。ポジティブでいなくちゃね！」

「それだけじゃなくて。やるべきは、いま経験していることを大切に思うことであって、あとで経験することを想像することではないんだ。いま足元にある道、風に踊る木々、僕たちに微笑みかける生き物と楽しく過ごそう。あちらこちらに目を向けて。静寂のなかに生まれる歌に耳を傾けて、さまざまなものが混ざり合った匂いを吸い込んで、歩くリズムに合わせて筋肉を緊張したり弛緩させたりして、自分の心が愛に満たされるのを感じよう」シャンティの言葉で私の五感は刺激され、胸が高鳴った。「そこにこそ幸せがあるんだよ、マエル！　幸せはどこか遠くではなく、いまこの瞬間にある。いまここで経験していること以外に現実的なものなど何もないんだ」

私たちは川のそばへやってきた。亀裂の入った山肌から湧いた熱いお湯が、岩を削ってできたいくつかの直方体の大きな浴槽に流れ込んでいる。そのうちの一つでは、手をつないだカップルが見つめ合い、ささやき合っていた。二人は、世界には自分たちしかいないといった雰囲気で、その安らぎの空間を楽しんでいる。

シャンティが温泉の管理人と少し言葉を交わした。管理人は私たちに、下の大きな浴槽に入る前に、まずは天然石鹸で体を洗うように促した。五本の太い竹を流れてくる一メートルほどの高さの滝がシャワーの代わりだ。ティムとグマールはすぐにオーケーし、気がつくとショーツ姿でもうお湯の滝の下にいた。シャンティもすぐあとをついていった。三人は岩の下に並んで、長いあいだ体をこすっていた。不揃いの下着を着けていた私は、一瞬、温泉に入るのをあきらめようかと思ったが、三人の気持ちよさそうな様子を見ていると羞恥心を忘れてしまった。

頭の上を流れる熱いお湯が積もり積もった埃を流してくれる。もつれた髪の毛が温泉の豊富なお湯でほどけていった。私たちのために予約されていた浴槽に四人で入った。浴槽のなかを泳ぐと、毛穴という毛穴にお湯が入り込むのを感じた。なんて幸せなんだろう！

シャンティは、浴槽の隅で仰向けに浮いていた。うとうとしているようだ。数分後、こっちにやってきた。

「眠ってたの？」

「いや、自分の心の望むままにしただけだよ。なんでも試してみないとね。横になって、耳を傾けるだけでいいんだ」

私も試してみた。水面に浮かんでバランスを取るのは難しかったが、ティーンエイジャーのときに従兄と海で板になるゲームをして遊んだのを思い出した。あのとき、いちばん長く浮かんでいたのは従兄だった。ここは海水ほど浮力がないので難しい。それでも何度かチャレンジしているとバランスが取れるようになった。心の声に耳を傾けてみたが、何も聞こえてこない。そもそも何を聞いたり感じたりすればいいのかよくわかっていないのだ。疑わしくなって立ち上がり、シャンティに「あまり効果がないみたいだけど」と言ってみた。だが、シャンティは「無理に浮こうとするのではなくて、体が自然とバランスが取れるようになるのを待って」と答えた。

もう一度やってみよう。肺に思い切り息を吸い込むと胸が水面に出た。何かしようとしなくても足もついてきた。私の体は呼吸のリズムにしたがって沈んだり浮かんだりを繰り返す。また耳をすましてみたが、鈍い音のほかは何も聞こえなかった。私はまた立ち上がった。

「バランスは取れたけど、まだ何も聞こえない」

「音を聞こうとするのではなく、ただ、体の外と同じように、体の内側の音を感じるんだ。あなた自身の観察者になっているとイメージしてみて。浴槽の縁に座ってエクササイズをしているあなた自身を見ているところを想像するんだ」

変なことを言うものだ。シャンティは少しおかしくなったのかと思ったが、好奇心から続けてみることにした。めげずに試していると、仰向けの状態で水平になれるようになった。軽くなった体が浮いている。筋肉も緩んでいる。私は自分の内側に入っていくために目を閉じた。自分の呼吸の音が聞こえる。肺が膨らんで、そして空になっていく。生まれたときからずっとこうして息をしているんだと気がついた。酸素がまずは胸に、そのあとで肺胞を通って血液のなかに流れていくのを感じる。赤血球によって心臓まで運ばれた酸素が脳と身体の残りの部分に分配され、いくつもの血管に分かれた動脈を通り、細胞にまで酸素が到達する様子を思い描いた。血漿が二酸化炭素を肺に運び、その二酸化炭素が排出され、肺がまた酸素で満たされるところをイメージした。三十五年間、私の体はこうやって一人で働き、呼吸するたびに奇跡を起こしてきたのだ。私が、自分は最高の知性を備えていると信じ込んで、朝から晩まで、煩雑な書類をこねくりまわしているあいだもだ。

突然、私の脳が沈黙し、何も考えなくなった。すると喉のあたりにあった上げ蓋が開き、初めて自分はこの体の中に宿っているという感覚を覚えた。そのとき、奇妙なことが起こった。自分の体と水との境目がわからなくなったのだ。自分が山の精気と混ざり合い、そこに融合していく。自分という存在があらゆる方向に広がっていくのを感じた。右に、さらには左に広がるにつれ、その存在は私の体の上や下にある背景を貫き、地球の中心まで行くと、今度は地球の反対側から飛び出し、宇宙に溶け込んでいく。自分を取り巻くすべてのものと一つになっている気がした。自分のなかにこんな力があるなんて感じたこともなければ、想像すらしたことがなかった。もはやこの永遠から戻ることはできない。すると、すべてのイメージが消えた。心臓の鼓動がはてしなく響いている。まるでそれ以外のものは何も存在しないかのように。

私は怖くなって、勢いよく立ち上がった。シャンティが微笑みかけている。彼にはわかっていた。いま感じたものをシャンティに説明したかったが、言葉が出てこない。シャンティは、動揺している私の目をしっかりと見つめ、こう言った。「頭や言葉ではけっして語ることができない。心だけが経験できることだからね」それを聞いて、私は我に返った。

「私は夢を見てたわけじゃないわよね？　宇宙と溶け合ったような気がしたんだけど。そんなはずないわよね。標高が高い場所にいるせいで、おかしくなったのかな？」

「いや、夢じゃない。あなた自身がすべてになった。さっきあなたは、根源に、つまりあなたが経験している愛につながったんだ」

「やめて、怖がらせないでよ。何を言っているのかさっぱりわからない」

「それは、またもやあなたが理屈で考えようとしているからだ。僕が説明したことは理屈でわかることじゃない。あなたが体験した調和を感じて。さっき、気分は悪くなった？」

「いいえ！　逆よ。なんとも言えない力を感じたわ！」

「無限の大きさを味わったんだね。頭のなかの声を黙らせれば、どんなときでもさっきみたいな原初の状態を味わうことができるんだよ」

「それって、神様についての話？」

「どう呼ぶかは自由だ」

「私はね、神様とか、人生に立ち向かう勇気のない人たちが惹かれていくものは何であれ信じてないの」

「どうして信じているとかいないとかが必要なのかな？　感じるんだ！　経験すればいい！　そうやって何かの名前をつけることによってあなたは限定しようとする。僕が説明しているものは全能で、無限で、永遠なのに」

私がたったいま経験したことは、これまでに経験したどんなものにも似ていなかった。浴槽の中で感じた充足感は未知の喜びを与えてくれたのだ。

気がつくと、温泉に浸かっているのは私とシャンティだけだった。ティムとグマールはロッジに戻ったようだ。空気が来たときよりひんやりしている。私は体を拭いて服を着ると、恐れていたロッジまでの上り坂を軽々と登った。先ほどの経験のおかげで、私のなかに、そして私の周りに生命を感じることができた。私はただ、ここにいる！

「真の自由には、エゴの独裁体制とエゴに付き従う感情からの解放が必要だ」
マチウ・リカール

ロッジに戻ると、ニシャールとティムが洗濯物を干している横でニックとアビーがリュックを背負った男性と話していた。男性の長い足は筋肉質でよく日に焼けている。こめかみのあたりに白髪が少し混じっているところを見ると四十代だろうか。

家から子どもたちが駆けてきて、彼の首に飛びついた。男性は大きなリュックを下ろして二人を左右の腕に抱え、ぐるぐると回した。子どもたちの笑い声が弾けた。男性は二人を地面に下ろし、手を合わせてメンクーにお辞儀をすると「ナマステ」と挨拶した。それから、足にしがみついている子どもたちの頭を撫でた。ニックがシャンティと私に手を振った。シャンティが男に近寄って、自己紹介をする。彼はプレゼントを受け取るようにシャンティを迎え入れた。

「会えてうれしいよ。マッテオだ」それから、マッテオは私に手を差し出した。太く均整のとれた眉毛が、自信に満ちた茶色い瞳をいっそう強く見せている。高い頬骨と頬のあいだの鷲鼻に、真ん中にくぼみがある角張った顎の上にバランスよくのったきれいな形の唇。誰もがうっとりとしてしまう顔立ちだ。埃まみれのショートパンツ姿というヒッチハイカーのような恰好にもかかわらず、並外れた風格がある。面長の顔はほっそりとしているが、数日間伸ばしっぱなしの髭と高い身長のおかげでたくましく見えた。彼に見つめられて私は固まった。握った手の温かさに手の感覚がなくなった。こんな感情は久しぶりだ……。私の目をじっと見たまま、マッテオはささやいた。「名前を聞いてなかったね」

英語は流暢だが、巻き舌気味の〝R〟の発音でどこの出身かすぐわかった。イタリアだ。よく知っている国だが、数年前、イタリアのおかげでひどい目にあった。恋愛の痛手を思い出し、急に現実に引き戻された。私はさっと手を引いた。「名前なんてどうでもいいでしょ！」

兄弟の上の男の子が、私が離した男性の手をさっと握り、ヤンニが反対の手をつないだ。子どもたちはマッテオの手を引いてロッジに入り、彼の部屋まで連れていった。私の部屋の隣だ。あ然としている周囲の人々の視線をよそに、私は踵を返した。

するとアビーに捕まった。彼女はシャンティとニックにもこっちに来ないかと言った。「十八時十五分よ。空が赤くなってきた。そろそろ始めない？」瞑想の約束をしていたことをすっかり忘れていた。とてもそんな体験に付き合う気分ではなかったのだが、シャンティの手前、行かないわけにはいかなかった。私はあぐらをかいて、三人と輪になって座った。シャンティが私に説明した。

「簡単だよ。ただいるだけでいい。あとは何もしなくていいんだ」

だが、そのうちに私は、みんながずっと沈黙していることにいらいらしはじめた。三人は何に集中しているのかわからないが、一メートルほど先の地面をじっと見て、一ミリも動かない。私は座り心地が悪くて、ごそごそと体を動かした。ただただ時間を無駄にしているだけの気がする。あと数分したら抜けようと決心した。私が抜けても誰も気にしなかった。三人は瞬き一つせず、そのまま瞑想を続けていた。

部屋で一時間過ごしたあと、夕食までのあいだにストーブのそばで暖まろうと食堂に降りていった。食堂では、シャンティがマッテオと話し込んでいた。シャンティに手招きされたが、気づかないふりをした。アビーは本を読んでいたが、私が声をかけると本を置いて、いかにこの旅に感激しているかを語りかけた。私は上の空でアビーの話を聞いた。

メンクーが食事の準備ができたのでテーブルへどうぞと言った。テーブルの上には、十数種類ほどの料理が並んでいる。シャンティが私のために、マッテオのそばに席をとっておいてくれた。そのことにまた腹が立った。私は夕食のあいだじゅう自分の殻に閉じこもっていた。マッテオがいくつか私に質問をしたが、話が続かないように短く答え、急いで食事をかき込んだ。

頭痛がした。私は疲れていることを口実に、みんなに挨拶をして席を立った。それから外の空気を吸いに出た。検知器をあちこちに向けて金を掘り当てようとする人のように、電波をなんとかキャッチしようと、携帯電話を手にあちこちうろついた。相変わらず圏外だ！　低い椅子に座ると空が見えた。無数の星が山々を照らし、空に浮かぶ三日月は新しい月のサイクルが始まったことを告げていた。

そのとき、マッテオがロッジから出てきた。彼はまっすぐにこちらにやってきて、お茶の入ったカップを私に差し出した。私はいらつきながら、それを断った。するとマッテオは「ここに置いておくよ」と言いながら、苦いお茶を私の足元に置いた。「今夜は冷えるから。そのうちに飲みたくなるかもしれないよ。おやすみ」

マッテオはそれ以上何も言わず、ロッジに戻っていった。彼が行ってしまうと、戸口から私たちの様子を見ていたシャンティがやってきた。

「どうしてそんな態度を取るんだ？」

「頭が痛いの！　それに……一人でいたい気分なのよ！」

「一人でいたいというより、怒っているように見えるけど」

「イタリア人は軽薄だから嫌いなのよ。信用できないわ。三年間ミラノで働いてたからよく知ってるの。嘘をつくのがあの人たちの文化なのよ。ちっとも約束を守らないんだから！　どうすればモテるかしか考えていない女たらし。そういうメンタリティが気に食わないのよ。ああいう人といっしょにいて、時間を無駄にしたくない。ただでさえ時間を浪費しているのに」

シャンティは、私が怒りのままに毒づくのを黙って聞きながら、山々が空に溶けていくのをじっと眺めている。やがて闇から視線を逸らさずに、私の腕に手を置いて話しはじめた。「白人女性が買い物を終え、セルフサービスのカウンターでスープを買い、あるテーブルについた。そのテーブルの上にトレイを置くと、スプーンを取ってくるのを忘れたことに気がついた。彼女はカウンターにスプーンを取りに行った。席に戻ると、黒人男性がスープボウルの前にいて、彼女のスープの中にスプーンを突っ込んだ。『なんて図々しいの！　でも悪い人じゃなさそうだから……。ここは穏便にすませよう！』

『ちょっと失礼』彼女はスープを自分のほうに引き寄せながら、そう言った。男性は何も答えず、ただ満面の笑みを浮かべている。女性はスプーンでスープを飲みはじめた。すると、男性はボウルを少し引き戻し、テーブルの真ん中にくるようにした。そして今度は自分のスプーンを突っ込んで、スープを飲みはじめた。彼の仕草とまなざしがあまりに優しそうなので、彼女もそれ以上は何も言わなかった。そうして二人は代わりばんこにスープを飲んだ。彼女はすっかり面食らった。怒りというよりも驚きのほうが強く、なんだか秘密を共有したような感じさえしていた。

スープが空になると、男は待っていてというジェスチャーをしてフライドポテトを山盛り持って戻ってきた。男はテーブルの真ん中にポテトの皿を置き、どうぞという仕草をした。彼女は誘いを受けて、二人でいっしょに食べた。食べ終わると、彼は立ち上がってゆったりと会釈をし、初めて言葉を発した。『ありがとう！』彼女はしばらくぼうっとしていたが、そろそろ行かなきゃと思い立った。そして、椅子の背にかけていたバッグを探した。バッグがない！『しまった！ さっきの黒人はやっぱり泥棒だったんだ！』

あの男をつかまえて！ と叫ぼうと思ったそのとき、隣のテーブルに、手つかずで冷たくなっているスープのボウルが置かれているのが目に入った。そのテーブルの椅子には、自分のバッグもかかっていた。スプーンが置いてないトレイも」

シャンティは黙った。まだ遠くを見たままだ。

「とてもいい話。でも、なんの関係があるの？」

「あなたは、黒人なら誰もが貧しくて泥棒だと思う？ イタリア人ならだれもが軽薄でろくでなし？ フランス人は誰もが同じ性格なの？」

「違う。もちろん違うわよ！」

「じゃあ、どうしてマッテオにあんな態度を取るんだ？」

「マッテオを見ていると嫌な思い出がよみがえってくるからよ」

「優先順位にしたがって生きたいなら、精神状態を変えて、過去に引きずられてはいけない。過去を未来に投影するんじゃなく、新しい出会いを迎え入れないと。初めて会った人としてマッテオを見るんだ。いままで出会った男性やイタリア人は忘れて。心の声を聞いて、心のままに行動して。前にも言ったと思うけど、エゴにだまされないようにするんだ。心を強く動かす人物は、エゴにとっては敵かもしれない。マッテオに特別な何かを感じたのかい？」

「全然！　言ったでしょ、あの手の男を避けてるだけ」

「じゃあどうして、有益な情報を得られるかもしれないのに、話すことまで拒否するんだ？　楽しい時を過ごせるかもしれないのに。マッテオは別に、あなたに結婚を申し込んできたわけじゃない。ただ飲み物を持ってきてくれただけだ。マエル、彼はあなたと仕事をしていた男でもなければ、あなたを裏切った男でもない。あなたとともに過ごして、あなたを傷付けた元恋人でもない。マッテオはマッテオであって、他の男ではないんだよ」

「そんな熱弁するほど、マッテオのことを知ってるわけ？」

「彼をどんな人物かは自分で見てみればいいよ。イタリア人としてではなく、あなたの心をときめかせた人物としてね。時間をかけて知るだけの人物だってきっとわかる。おやすみ、マエル。また明日」

　シャンティは寝に行ってしまった。私は一人、しばらく星空の下にいた。だんだんと寒くなってきたので、結局、部屋へ戻った。悩みの種のマッテオの部屋の前を通ると、カーテンから明かりが漏れていた。まだ眠っていないようだ。シャンティの言うとおりだ。マッテオを見ていると胸がどきどきする。彼は私に何も悪いことはしていない。それどころか、親切にしてくれたのに、さっきの私の態度はひどかった。

彼の部屋のドアの前で立ち止まった。謝りたかった。やっぱり、無理！　そんなことしなくていい。男なんてもうたくさん！　私は大急ぎで自分の部屋に駆け込んだ。マッテオの部屋の前にいるのを誰にも見られなくてよかったと思いながら。

＊

「マエル、朝食の準備ができたよ。出発は三十分後だ！」

朝起きていちばんに感じたのは筋肉の痛みだった。寝袋から手を出して、腕時計を探した。もう七時半！　太陽は私の目覚めを待ってくれなかった。大きく息を吸い込むと、とんでもない寒さにもひるまず、えいっと寝袋から起き上がった。服を何枚も重ね着して、部屋を出る。隣の部屋のドアは開いていた。そっと中を覗いてみたが、もう誰もいなかった。荷物もない。食堂に降りても、マッテオの姿はなかった。庭まで走って出てみたが、誰もいない。

シャンティがやってきた。

「よく眠れた？」

「彼はどこ？」

「誰のこと？」

「マッテオよ！」

「マッテオなら、日の出とともに出発したよ。二十分くらい前に」

「どうしてもっと早く起こしてくれなかったの？」

た。

「どうして僕が起こさなくてはいけないの？」

いらいらが頂点に達し、怒りが爆発した。

「だって……もういい！　シャンティは何もわかってない！」

テーブルに一人で座ると、メンクーがたっぷりの朝ごはんを運んできた。でもお腹が空いていない。胸が苦しく、胃が鉛を飲み込んだように重い。シャンティがコーヒーを持って、私の隣に座った。

「僕に腹を立てているのは、犯人探しをしているからだ。あなたのエゴが不満の理由を受け入れられないんだ」

「はいはい……また精神修養のレッスンね！　おあいにくさま、私は怒ってません。私のエゴのことなんて放っておいて、今日のルートのことだけ考えて」

「そのとおり。そんなことを言わせてるのはあなたの傲慢さだ。僕にはどうでもいい。そんなことで僕も時間を無駄にしたくはない。じゃあ、出発は十分後だ。外で待っているから」

シャンティは立ち上がると、ニシャールとティムが荷物を紐で縛るのを手伝いに行った。激しい怒りが込み上げた。私は立ち上がって怒鳴り散らした。「そうやって、逃げるのね！　あなたもほかの男たちと同じ腰抜けだわ！　自分が責任をとらなくちゃならなくなったとたんにいなくなるのよ」シャンティは閉まりかけたドアから頭だけ出して、楽しそうに言った。「おっと……間違えたようだ。傲慢さじゃなくて怒りがまだいたんだね！」ニックとアビーはちょうど部屋に入ってきたところで、私とシャンティの応酬を見て怯えていた。

奥歯をかみしめて怒りに震えていると、ヤンニが私に絵を手渡した。大きなハートで結ばれているカップルの絵だ。私はベンチにへたり込み、ヤンニを抱きしめた。ヤンニは膝の上に座って、ネパール語で何か言いながら私の手を握った。昨日私がお話を聞かせながらしたのと同じように、私の指を順番に折っていく。そして、子どもにしかない魂の純粋さがこもった瞳で私をじっと見つめた。攻撃的な気持ちが落ち着き、涙があふれた。私がヤンニを強く抱きしめているあいだ、上の男の子は黙って隣に立っていた。

ニックとアビーに、あんな行動をしてしまった失礼を詫びて別れの挨拶をすると、二人とも「よい旅を」と言ってくれた。子どもたちといっしょに出口まで見送りにきたメンクーは、ぎゅっと私を抱きしめて、耳元で何かをささやいた。意味はわからなかったが、私はその言葉を心に留めた。

私はメンクーの目を見てお礼を言った。ここの人たちはほとんど何も持っていないように見えるが、実はいちばん大切なものを持っている。私のような知らない人にも寄り添い、静けさ、忍耐、寛容、思いやり、まなざし、優しさ、許し、愛など、すべてを与えてくれた。それなのに、私は最悪なイメージを残して去っていく。言い訳したかったが、言葉が見つからない。ただただ恥ずかしかった。

今日の先頭はシャンティだ。私はうつむいてあとをついていく。私のうしろにはグマールがいる。子どもたちとメンクーに挨拶がしたくて振り返った。兄弟は私に大きく手を振ってから、また遊びはじめた。メンクーは長いあいだ私たちを見送ってくれた。背中にメンクーの優しさを感じながら、私は最後にもう一度彼女に手を振った。

今日の道は急な上り坂から始まった。朝の寒さと登山の辛さからほとんど会話もない。いつもの朝と同じく、疲労のたまった脚がだんだん温まってきた。シャンティの足跡を一つ一つ踏みしめて進んでいく。息が切れて、体は重く、チームの雰囲気も暗かった。出発以来シャンティはひと言も話しかけてこない。朝食のときの私の態度が彼の忍耐の限界を越えてしまったのだろう。でも、シャンティだって少し怒りっぽいところがあるじゃない？　あんなに怒ることはないのに！

考え出すと止まらなかった。ロマーヌとは相変わらず連絡がとれていないし、奇跡のメソッドの存在を知っている人もいない……。いまだにメールも見られず、私の生活のいちばん大事な部分についての知らせをまったく受け取れていない。なぜネパールに行くなんて言ってしまったんだろう？　こんなところまで来るなんて、どうかしていたとしか思えない。そろそろ帰るべきじゃないだろうか？　私は同意してもらいたくて、シャンティのほうを見た。でも、シャンティは山のほうを見ていて、私には気づかないようだった。

登り坂はチョムロン村まで続いた。標高二千メートルを越えたとティムが教えてくれた。私は遠くの村を見ながら黙々と歩いた。答えのない問いが次々に頭をよぎる。息苦しい。シャンティはむすっとしたままだ！　私が何をしたっていうの？　話し合うのを避けて逃げたのはそっちじゃない。そのとき、シャンティがニシャールとティムに向かって口笛を鳴らし、止まれと合図をした。そして何種類かのドライフルーツを出して自分の分をつかみ取ると、袋ごと私に差し出した。そして、私たちから数メートル離れたところの、山を正面から眺められる平らな岩に座った。明らかに怒っている。何がそんなにシャンティの気分を害したのか思い出そうとした。私の頭に真っ先によみがえったのは、私を傲慢呼ばわりしたときのシャンティの馬鹿にしたような顔だった。私は、ドライフルーツをくちゃくちゃと嚙みながら、シャンティと同じ岩の上に座った。

「怒ってるの？　出発してからひと言もしゃべってないけど」

「自分とは合わない感情に付き合う時間がないだけだ。傲慢さにとらわれた人と話すのはあまりに疲れるから。そういう人は、どんな状況でも、とくに自分が間違っているときにかぎって、自分が正しいと思い込もうとする。悪いけど、話がしたければ誰か別の人としてくれ」

「わかった。私のプライドはとりあえず脇によけるから。いま、私はあなたに話してるのよ」

「じゃあそれを証明してくれ！　たとえば、僕に謝るとか」

その言葉に私はむっとして、ため息をついた。

「ごめんなさい。これでいい？」

「いや、あなたと話すつもりはない！　まだ傲慢さがそこにいるじゃないか」

「シャンティ、子どもじみた真似はやめて！」

「エネルギーを無駄にしたくないんだ。以上！　あなたのエゴの独り言を聞いてみて。僕を今日のルートに集中させてくれ」

「ああ、こんなつまらないことで怒らないでほしいわ」

シャンティの表情が曇った。私は立ち上がって、「お好きにどうぞ！　機嫌が直ったら戻ってきてちょうだい。私だってエネルギーを無駄にしたくないから」そう言って、シャンティから離れた。ところが、シャンティは私を追ってきた。

「ほら、そこにまだ傲慢さがいるだろ。そうじゃなきゃ、真剣に謝るはずだ。マエル、あなたは今朝言った自分の言葉に毒されてる」

「私にハグもされたくないってことでしょ！　ごめんなさいってさっきあなたに言ったわよね。一人ですねていたいなら、ふくれっ面を直してから戻ってきて」

「感情の奴隷になっているあなたと話すくらいなら、黙っているほうがいい。あなたのエゴは大喜びしてるだろうね。あなたがエゴに注目すればするほどエゴは大きくなる。あなたには、もはや状況を直視する力もない。エゴに支配されているからね。マエル、あなたは自分のエゴに扉を開けてしまった。そして、エゴがなだれ込んできて、その扉をまた何重にも閉め直したんだ。大事なことから逃げてエゴが育つのを放っておけば、すぐにエゴの中毒になってしまう。その証拠にほら、自分の呼吸を感じてみて。浅くて、速くて、胸が苦しいだろう。じきに、怒りを誘っていっしょに踊りはじめるはずだ。エゴは自分の存在意義を保つために犯人を探そうとする。あなたを救うもっともいい方法は僕が黙ることだ。エゴが疲れて、あなた自身が目覚めるのを待ってるよ。もちろん、あなたが栄養を与えれば、エゴはより強くなるけどね。そうなってしまうと、戦うのも難しくなるだろう。だけど、あなたが自覚したとたんにエゴは消える。闇に光が射し込んだときのように。エゴは脆いんだ。マエル、もしもあなたに冷静さが少しでも残っているなら、エゴのフィルタを取り払って、もう一度さっきのことを振り返ってみて」

そう言うと、シャンティはまた先頭に立って歩きはじめた。グマールが続き、そのあとを私がついていく。ニシャールとティムが最後尾だ。太陽のおかげで寒さはやわらいでいた。黙ったまま、私は考えた。昨日から息が苦しいのは確かだ。血管が締め付けられているような感じがする。胃が痛くて何も食べたくない。でも、目の前の真実を見なければ。昨日、私はあんなにひどい態度をとったのに、どうして、今朝マッテオは私を待ってなきゃいけないんだろう？　シャンティもそうだ。私はシャンティに何も頼んでいなかった。それなのにどうして、マッテオを引き止めてくれなかったことで彼を責めたりしたのだろう？

私は、前を行くシャンティの腕を取った。「ごめんなさい。あんなひどいこと言うべきじゃなかった」シャンティはただウインクで答えた。謝ったとたんに、お腹の緊張が解けていった。胸が開き、呼吸も深くなっていく。「パーティーは終わったようだね！」シャンティが意味ありげに言った。私は恥ずかしくて口をとがらせた。「そう、あとに残ったのは、割れたグラスと空のボトルとカーペットの穴とひどい臭いだけ。行き過ぎた感情は苦い後味を残すみたい。何時間もね」

シャンティは同情してこう言った。

「神聖なるどんちゃん騒ぎだったってわけだ！　後片付けを手伝おうか？」

「それはありがたいわ。どこから手をつければいいのかわからないくらいめちゃくちゃだから」

「周りの景色を見ることから始めよう。正面がアンナプルナの南峰、いまいる場所はヒウンチュリ、右に見えるのがマチャプチャレ。雄大な景色を楽しんで呼吸して！」

シャンティは深く息を吸い込んで目を閉じた。私も真似をした。「もう一度」シャンティがさっきよりも大声で言う。「山々のエネルギーを深く感じて。それから、肺を空っぽにしながら辛さを外に出してしまおう。山々の広大さを吸い込んで、不満を吐き出す。山々の清純さを吸い込んで、怒りを吐き出す。さあ、もう一度吸って、吐いて……」

シャンティのテンポに合わせてどんどん深く呼吸をしていった。冷たい空気が鼻腔、喉、気管支、血管に入り込んでくるのを感じる。まるで山々の力が私の緊張を穏やかな力に変えてくれているようだ。

「吸う空気が吐く空気と同じくらいきれいになるまで、完璧な人生にいらないものをすべて吐き出してしまうまで、呼吸を続けて」そのうちに、吸う空気と吐く空気が変わらなくなった。「皮膚の毛穴から酸素が入って、体じゅうをめぐるように。山も木々も空も宇宙も全部吸い込んで……吐いて」

私は、怒りを鎮めるその力が、まるで麻酔をかけるように私に入り込んでいるところをイメージした。すると昨日のように、周りにあるすべてのものと一体化する感覚に陥った。目を開けると、心は静寂で満たされていた。シャンティは地平線を眺め、ニシャールは少し高いところでタバコを吸っている。グマールとティムは、寝転がって日光浴をしている。

「気分はどう？」

「空っぽよ！　スイッチオフ。なんて説明すればいいのかわからないけど」

「何も言わなくていい、ただ感じればいいんだ。温泉のときのように、いまこの瞬間、脳を黙らせている瞬間を味わうだけ。過去でもなく、未来でもなく、自分を殻に閉じ込めようとする考えを遠ざけたんだ。本来の姿に戻るためにね！」

「でも、ふだんはいちいちこんな風に呼吸できないわ」

「マエル、あなたはこの世に生まれてきた瞬間から呼吸している。ある瞬間に集中すれば、自分を締め付けるものから自分を解放することができるんだ。意識の範囲を広げ、抱えている問題とは別のものを迎えいれられるだけのスペースをつくってあげよう。このエクササイズは、脳の興奮状態を鎮めるのにもいいんだ……。さあ、あなたがようやく目覚めたから、散らかりっぱなしの現場を少しきれいにしないとね」

私たちはまた、登りはじめた。私とシャンティが先を行き、すぐうしろを三人がついてくる。シャンティが説明した。

「初めて会った日に話したように、人間の根本にあるのは愛と恐怖の二つの感情だけだ。同時に二つを感じることはできない。愛の状態は自覚しているときにだけ、味わえる。その状態になると、人は心によって動かされるようになる。心があなたの動作の一つ一つを決めるんだ。エゴにはもはや主張する余地がない。反対に、頭で考えること、つまりメンタルが力を取り返すと、それはあなたを過去や未来へ引きずり込む。そこはエゴの王国、恐怖ゾーンだ。エゴは自らが制御不能なものに怯える。だから、さまざまな戦略を練って、あなたを行動させまいとする。エゴにとって変化は怖いものなんだ。昨晩、体験したでしょう」

「ちょっと待って！　よくわからないんだけど、昨日は、過去にとらわれているとも、恐怖を感じているとも思わなかった」

「頭脳はとても巧妙で、そうと気づかせずにあなたを眠らせることができるんだ。昨日のことを思い出して。温泉に浮いたとき、どんな感覚だった？」

「信じられない感覚だった。自分のなかにすばらしい力があるって感じたわ」

「そう、あのときあなたは体と魂と心の声を聞いたんだ。メンタルやネガティブな考えは口を閉ざしていた。それからどうなったか、思い出して？」

「ええ！　とても元気が湧いてきた。行くときに恐れていたあの坂道も、帰りは思っていたより楽に登れたわ」

「そこでもまた、いまその瞬間を味わっていたんだ。見つけたばかりのバイブレーションに包まれてね。そしてエネルギーに満たされていた。ところが、ロッジに戻ったとたんにすべてがひっくり返された。頭で考えることが主導権を取り返して、疑念の渦のなかにあなたを引きずり込んだ」

「そう、ロッジに戻った瞬間にね」

「もっと正確に言うと？」

「もう覚えてない。混乱してたし」

昨日、ロッジに戻ったときのことを思い出そうとしたが、なんの映像もよみがえってこなかった。ただの黒い穴だ。「わからない……。ニックとアビーとの瞑想でいらいらしていたんだと思う」私がそう言うと、シャンティがいきなり立ち止まった。

「メンタルの力と策略を観察してみて。あなたは自分に役に立つかもしれないことをぼやかそうとしてる。エゴはあなたに口を封じられるのを恐れてるんだ。僕があなたの記憶を整理しよう。主権が変わったのは、マッテオに会ったとき。おそらく恋に落ちるのを恐れたから。メンタルが主導権を取り戻し、過去の傷に浸らせ、心が登場する隙を与えないようにしたんだ。だから、失恋の記憶やイタリアでの仕事で裏切られたことを思い出してしまった。でも、それはエゴの計略にすぎない。あなたはマッテオからの微笑みも、会話も、お茶もすべてを完全に拒絶した。あなたの心は温かい信号を送っていたのに。彼と目が合うたびに胸が強く高鳴っていたのにあなたは無視することを選んだ」

「違うわ……ううん、そのとおりね。でも頭が痛かったのよ。それに、もうよくわからない、シャンティ……」

「頭痛は内面の葛藤の結果だよ」

シャンティは私に逃げ道を与えなかった。私が逃げ出さないように私の目をじっと見たまま、目の前に真実を突きつけた。「マッテオは、オープンで思いやりがあって、彼自身でありつづけた。

でも、あなたは頑固な態度をとりつづけたよね」私はうつむいた。シャンティは私の顎を持って顔を上げさせた。「最後まで聞いて！」打ちひしがれた私は、抵抗しなかった。「朝起きたとき、後悔していた？　マッテオがいなくなってあなたの心は泣いていたはずだ。だけど、エゴにとって攻撃は義務のようなものだ。怒りと傲慢というその武器はかわすのが難しい。エゴは外に犯人を探した。エゴが自分が間違っていたなんて認めると思う？　絶対に認めない！　だから、あなたに解決策を提示した。悪いのは、あなたを不快にさせたマッテオだ。あのイタリア人はさよならも言わずに去っていったじゃないか！　あなたは彼に腹を立てた。でもそれだけじゃ足りなかった。もう一人犯人を見つけよう。そして、マッテオが出発する前に自分を起こしてくれなかったと僕を責めたんだ。でも、現実はまったく違う。悪いのはたった一人だけ。外に犯人を探してもなんにもならない。悪いのは、あなたのエゴなのだから。そして、エゴに自分の人生を思うままにさせたあなたも共犯者なんだ」

シャンティの言葉があまりに的を射ているので、なんと言っていいかわからなかった。「マエル、あなたの人生の目標とメンタルのあいだには深刻な問題がある。あなたは、心の声を聞いて優先するものを決め、出会いも経験も、これから起こることはすべてその方向に進まなきゃならない。その流れに抗えば、あなたの人生はひどい悪夢になる。でも、もし人生を受け入れて信じることができれば、あなたの夢は一つまた一つと実現していくと気づくはずだよ」私は目をこすった。

「ああ！　もう一つ悪い知らせがある！　これからチャンスが訪れるたびに、エゴがそれを拒否するのを見過ごすと、いくら自分の望みを大事にしたくても、毎日はどんどん辛い状況に陥ってしまう。解決策は二つ。心を黙らせて人生の目標を変えるか、メンタルを黙らせて望みどおりの人生を送るか。どうしたい?」

「もうよくわかんない! もっとゆっくり考えさせてよ。私はどうせ落ちこぼれなんだから! もっと優しくしてくれてもいいじゃない!」

「あなたを労わるために話しているんじゃない。助けようとしているんだ。さあ、どっちを選ぶ?」

私はため息をついた。

「そりゃあ、優先したいもののなかで生きていきたいわよ。でも、どうやってメンタルを黙らせればいいわけ?」

「いまこの瞬間を生きればいいんだ。それが、メンタルを鎮める唯一の方法。温泉で体験したみたいに、自分の考えていることと抱いている感情を観察するところから始めればいい」

「でもこんな状態で、建設的なことなんて何一つできない。いくら心の声を聞きたいからって、いちいち温泉のお湯に浮く時間なんてないし」

「休めとは言ってない、聞けって言ってるんだ。自分の思考や自分の行動や自分の言葉を意識するようになれば、人生はなりたい自分に合わせて、違う方向に進んでいくはず。自動操縦はやめて、自分で手綱を握って同じ過ちを繰り返さないようにするんだ」

シャンティの言っていることはわかるが、何から手をつければいいのかがまったくわからない。シャンティにとっては当たり前のことなのだろうが、彼が説明してくれたことをうまく消化できないのだ。まず自分の考えを観察するのは難しそうに思える。きっとコントロールできない。すると、シャンティが私を安心させるように言った。「数時間でコントロールできるようになるわけじゃない。考えや行動や言葉を観察する訓練をすればするほど、それが普通の習慣になっていくんだ。最初は一日に数秒、それから数分、そうやって続けていけば、最後にはどんなときも意識して生きられるようになる。そうして幸せの意味を見つけることができるんだ。それこそが、瓶の中に置いた三つの大きな石の一つを通してあなたが決めた目標だったよね？」

希望が不安を消し去り、私は深い悲しみを感じながらも自信を取り戻した。

「すてきな出会いを逃してしまったのかな？」

「もうメンタルが戻ってきたようだね。そんなふうにネガティブに考えて、がっかりすることなんてないのに」

シャンティの言い方が私の気分も明るくさせた。彼は、私が打ちひしがれるたびに、笑顔を取り戻させてくれる天才だ。

「でも、それが真実でしょ」

「どんな真実？　あんなに説明したのにまだわかってないようだね。いま標高二千三百六十メートルのシヌワ村にいて、景色が壮大で、僕たちは元気で幸せで……お腹が空いている。それだけが真実なんだよ！」

シャンティは私の肩に腕を回した。「ここだけの話、マッテオはそこまでイケメンじゃなかったし、そんなたいした男じゃなかった。そのうえイタリア人だし……逃したとしても、たいして落ち込むもんでもなかったって！」私は腹の底から笑って、シャンティといっしょにマッテオをこき下ろした。シャンティは少し真面目な口調になると、こう続けた。

「あなたがもしこの先マッテオと再会することがあっても、何も邪魔するものはないよ。安心して」

「ヒマラヤで、どうやってまたマッテオを見つけるっていうの？　エベレストの頂上でラクダを探すみたいなものじゃない！」

「まあそう考えないで！　人生を信じよう。自分が望むものをつくりだして、あとは宇宙に委ねるんだ！」

名刺

「あなたがたは無意識のうちに、体、人種、信仰、思想といった多くのものを自分のアイデンティティだと思い込んでいる」

ジャック・コーンフィールド

その日の昼食は若い夫婦の家に招かれた。山々の正面に置かれた木のテーブルにつくと、アンナプルナの南峰とヒウンチュリとマチャプチャレの雄大な景色が広がっていた。山々のふもとには渓谷があり、その谷あいには小さな家々が集まっているのがかすかに見えた。

私は、モモ※7と呼ばれる野菜の餃子をいくつかと付け合わせの米、デザートにバナナを食べた。シャンティも同じメニューを選んだ。私たちが昼食をとっているあいだ、ニシャールとティムは斜面に横になってうとうとしていた。グマールはずっと厨房にいた。午前中の遅れを取り戻さなければならないので、そんなに休んではいられない。今夜の宿まで、まだ三時間歩かなければならない。

食べたあと、少しだけ仮眠をとり、出発した。イバラとシダが両脇に茂っている蛇行した道を進んでいく。まずは熱帯雨林の中を標高にして千メートル以上も登り、その後、五百メートル下ると今度は竹林があった。厳しいルートで、私にはとても話す余裕などなかった。だが、ほかの四人は私のリズムに合わせながら楽しそうに笑い合い、ときどきすれちがうシェルパたちとも言葉を交わす。シェルパたちはとんでもなく重そうな食料やソーダ缶や枝の束が入った大きな積荷を背負っていた。私は自分の体を運ぶだけでもやっとだというのに、彼らは自分の体重と同じくらいの重さの荷物を運んでいるのだ。

午後になると穏やかな気温になり、午前中より登りやすくなった。定期的に、道のところどころに石でできた小さな仏塔が建っているので、そのたびに少し迂回しなくてはならなかった。仏塔のてっぺんからマントラが書かれた旗が空に向かってたなびいている。まるで頭上から私たちを守ってくれているようだ。マチャプチャレの二つの頂もちらりと見えた。

私たちがバンブーロッジの村を通ったときは、ちょうど地元の学校が終わる時間だった。路地は制服姿の子どもであふれていた。私たちの前方には、小麦粉と粟の袋を背中にのせたロバの群れが歩いていて、そのうしろをついて村を横切る石の階段を進む。右手に私たちが泊まるロッジが見えてきた。ロッジのテラスからは渓谷の絶景が見渡せる。村の建物はどれもずんぐりしていて、石の壁、屋根は屋根板で覆われた山型だった。ネパールの高山地域ではどの家もこの建築様式だ。私たちのロッジは、そうした家々の一つにもたれかかるように建っていた。木造で、あとから建て増しされたようだ。

ニシャールは、私の部屋のドアの足元にそっと荷物を下ろした。建物は二階建てだが、私の部屋は一階だった。これまでの経験で慣れっこになっていた私は、夜になって外が真っ暗でももう驚かなかった。荷物を解いて寝床の用意をした。それから下にニシャールがいるのが見えたので、私も景色を楽しみにテラスに下りた。ニシャールはベンチに座っていた。ベンチのうしろには四方を木の板で囲ったカウンターのある小さな店が見える。新聞を売っているキオスクを横に長くしたような感じだ。ニシャールは遠くを眺めながら紙巻きタバコを吸っている。私は数ルピーを取り出すとネパールのビール《ゴルカ》を買って、ニシャールに渡した。ニシャールは喜んで受け取ると、隣に私が座れるようにしてくれた。私はタバコを勧められたが断った。四年前に禁煙して以来、タバコはやめていた。

太陽が傾き、地平線に柔らかな光が広がっている。いつもの晩と同じように、呆気に取られて見つめる私たちの前でレーザーを交差させる太陽の最後のショーが始まると、時間が止まってしまう。ニシャールは《パイロット》という名のネパールのタバコを三十ルピー分買い込んだ。計算すると、ひと箱二十五サンチームくらいだ。私は明日のためにお菓子を買った。それから二人で埃っぽい道を登ってロッジに戻った。

シャンティが今夜のメニューを教えてくれた。モモの入った野菜スープとオムレツ。十五分くらいかけてシャワーを浴びてから、シャンティのいるテーブルに戻った。目の前が山だ。席につくと、すぐに夕食が運ばれてきた。私の導師《グル》ともいえるシャンティと話をする夕食の時間が私は大好きだった。シャンティに「気分はどう？」と聞かれた。私は内面の大きな変化を感じていた。これまでの自分の指標はすっかりなくなってしまった。これまでの私はこの先で何が起こるのだろうといつも怯えていたが、シャンティのおかげで、自分自身に正面から向き合えるようになった。仮面を脱ぎ捨てたのだ。いままでは外に対して武装していたが、もう武器は必要ない。実際、これまでの私の知識は私を助けてくれなかった。自分が弱く感じられ、全身がだるかった。でもシャンティと話すことで、自分を根底から変えることができた。目の前にある黒い穴が怖かったのだと、私はシャンティに打ち明けた。

「奈落の底とか、他の恐ろしいものとかが問題なんじゃないんだ。ただ、自分を取り戻すためにあなたを邪魔するものを取り除けばいい」

「旅を始めてから、私はずっと弱虫なの。自分じゃ何一つコントロールできない。自分はしっかり者だと思っていたけれど……ここではまったく逆よ！」

「あなたはここで感じるのとは違う価値観のなかで生きてきたからね」

私は手をこすり合わせて、はあっと息をかけた。

「こんなに厳しい気候条件のもとでは、自分が思ってもみなかった蓄えを使わざるをえないんだ。山々の力強さは、人間がいかに小さい存在かを思い出させてくれる。でも、あなたがいちばん驚いたのは、あなた自身も気づいているように、ここで出会う人たちの反応だよね。ここでは、あなたの思考や戦略や防御のメカニズムは通用しない。だから、あなたはどうしていいかわからなくなった。人間は幼いときから、自らを守る鎧をつくりだすものだ。そして自分の本質的な欲求を忘れ、教育や社会から期待される地位によってその鎧をさらに磨きあげる。西洋社会では、理解し合うこと、認め合うこと、力、感謝、愛といったすべての仕組みの基礎となる価値は、お金だ。何かがあったときのあなたの反応もこの要素に左右される。でも、ヒマラヤではそれが通用しない」

私は両手でスープのボウルを包んだ。シャンティは揚げたモモにかじりついた。

「マエル、あなたは社会的に成功するようフォーマット化されている。教育も欲望も考え方も物質的な豊かさにもとづいているんだ。あなたが何かを好きな理由は、それがあなたに利益をもたらすからにほかならない」

「ずいぶんと短絡的な言い方ね！」

「尊重されるかどうかはその人の銀行口座の預金額しだい。愛情すらもお金と切り離されていないから、あなたたちはこれまで積み上げてきたものを少しでも失うことが怖くて怖くてしかたないんだ。恋愛関係でも同じこと。家や車や買い物といった物質的な計画を通してしか夢を見ることができない。年長者から学んだり、信頼の大切さを子どもに教えたり、他人と比較するのではなく友人と何かを分かち合ったり、そんなことにもはや時間を割こうとはしない！　あなたがたの価値基準は資産にもとづいている。見返りを求めず、他者に何かを与えることなどもうありえない。もっとひどいことに、自分が何者であるかということを自分の生活水準と混同している。肩書き、住んでいる地区、財産、出身地、名前、仕事、人間関係と自分を結び付けて、そういうものを通してしか存在しない。あなたたがあなた自身である、つまり一人の人間であることで愛されるとは考えてもみないんだ。ヒマラヤでは正反対だ。お金がなければ、つましく生きる。生き抜くために、人生に意味を与えてくれる先祖代々伝わる宗教的な価値観を守る。一時的な欲求と向き合っているから、贅沢に溺れる機会もない。エゴを肥大させるようなものは何もないから、思いやり、連帯感、楽観主義、親切、単純な喜びが大きくなるんだ！」

「たしかに、ここでの出会いは、私たち西洋人は少し間違った道を歩んでいるって思い出させてくれるわ」

　私はため息をついて重い口調になった。

「その弱さについてうまく説明できないけど、私は本来の自分を見つけるべきだと思う」

「あなたはこれまで行動と計画にもとづいて人生を築いてきた。あなたの脳は、自分が得られる利益を中心にあらゆる状況を先取りするために複雑な計略を練ってきたんだ。つまり交渉して、お金を稼ぐために。まさにエゴにとっては独壇場だ。でもここでは、誰も何もあなたに買ってあげることができない。たとえ多くの人が買ってあげたいと思っても、ここには必要なお金がないからね」

「ここで何かを売ってお金を稼ごうなんて考えもしないわ！」

「おそらく、それが問題なんだ。あなたは日に日に全身を覆っていた鎧を脱いでいる。ここでは、その鎧は重すぎて身につけられないから。その鎧は、他者のエネルギーや視線や愛情を引き寄せるためにあなたが備えたメカニズムでもある。あなたの言葉に聞き入る人たちの会議を仕切るとき、誰もが欲しがる車を運転しているとき、とても美しい服を着て輝いているとき、あなたはほかの人の注目を浴び、欲望をかきたてていると思わない？」

「でも、物質的な喜びは別に不健全なものじゃないわ」

「たしかにそのとおり。でも、あなたは自分自身と自分が手に入れているものをもはや切り離せなくなっている。だから混乱が起きるんだ。人々があなたに抱く愛情は、あなたの成功、あなたが代表しているもの、あるいはあなたと知り合うことでその人が手に入れられる利益、そういったものに関連しているのかもしれないということも、もはやわからなくなってしまっている。あなたが活躍している社会では、物質的に成功していない人でも自信をもてていると思う？　僕は思わない。そういう人が必死に居場所を求めても、社会はそれを与えてくれない。富を手に入れた人たちもけっして安心感を得られないという、いわば社会のパラドクスだ。そういう人たちは、愛情を貯め込もうとして、つねにもっとたくさんのお金、もっとたくさんの力、もっとたくさんの感謝、もっとたくさんのことを求めるからね。外から見て裕福そうなら、それだけで友情を受け取ることができるんだ」

私はしぶしぶ同意せざるをえなかった。シャンティは、何かを失うことへの恐怖が辛さを生み出すと考えている。相手に期待しながら、相手のいいところを吸収しているとだけ思い込んで、相手から悪いものをもらっていることには気づいていない。私はまたもや、こちらが言葉を失うような話ができるこの男の知恵に、黙って耳を傾けていることに驚いていた。「では、どうしてあなたはそんなに自分が弱いと感じているのか？　それは自分を守るためにエゴがあなたの目の前に置いた仮面が一枚一枚剥がされているからなんだ。その弱さを受け入れてこそ、自分が誰なのかを知ることができる。そうやって鎧を脱ぎ捨てて裸になっても、もはやあなたは弱くはならない。反対に、もっとも大切なことを見つけられる」シャンティの言葉に私の心臓がドキドキした。その言葉は私を動揺させたが、まったくもって正しかった。

「これまでの私の人生では、すべてがコントロールされて計算されていた。それを手放していまこのときを受け入れて鎧を脱げってこと？　そんなの無理よ！」

「自分が何者かを隠すことができるほど大きな鎧なんてつくりだせないんだよ。すでにあなたは王様の服をすべて身につけているじゃないか。どうして、ありのままの自分を堂々と見せないんだ？　捨てられたり、孤独になったりすることを恐れないで。世の中の人はあなたのちょっとした人間らしさを愛しているのだから。あなたが弱さと感じているものは、やがて力に変わっていく。鎧をすべて脱ぎ捨て、さらに分厚い仮の衣装を取り去れば、いちばん大切なことだけが残るはずだ」

部屋に戻った私は、シャンティとのやりとりをまとめて、紙にメモをした。

新しいまなざしでいまこの瞬間を味わうこと。

恐怖と愛という二つの感情だけが存在すると気づくこと。

私たちの苦しみの唯一の犯人は私たち自身である。

ネガティブに見えることは、おそらくそうではない。

優先するものを選び、自分の考えが無意識に自動操縦されずに、優先順位の方針に沿っているかを確認する。自然と求めるものがやってくるのを観察する。

パニックになったときは、自分のなかにいる子どもを安心させること。

心が発するメッセージとエゴが発するメッセージを見分けること。

表面しか守ってくれず、最後には自分を息苦しくさせる鎧を取り去ること。

自分の本質に立ち戻る。

本当の自分自身のままで軽やかに飛び立つこと。


標高が上がっていくにつれて、夜の冷え込みは厳しくなる。二千メートルを超えると気温は氷点下だ。

その夜は、さっきメモに書いた、あるいは自分のものにしたばかりのリストをマントラのように唱えながら眠りについた。

※7　小麦粉でできた正方形の生地でつくるチベットの餃子。蒸すか油で揚げて食べる。

切り取られた現実

「私たちは物事をありのままには見ていない。自分に合わせて見ているのだ」
アナイス・ニン

その朝は、現実に戻れたことにほっとしたものの、重い頭で目が覚めた。夜じゅういろいろな悪夢にうなされていたのだ。仕事を失う夢、子ども時代の思い出、そして、ある日突然病気を宣告される夢。こんなに寝苦しいことはめったにない。暗い雰囲気に寒さが拍車をかける。私はベッドの上にあぐらをかいて、頭を少し動かして首と上半身をストレッチした。以前のように体の節々が痛む段階は過ぎたようだ。いつものように息を止めて着替えをし、まだしーんとしている食堂を横切って、凍てついた外の空気を吸いに外へ出た。

ヒウンチュリの向こうに日が射し込んでいた。日が昇り、沈むたびに、太陽は私に大きな喜びをもたらしてくれる。昨日、ちょうど日の出が見えそうな高さの平らな岩を見つけた。岩を目指して登っていく。するとシャンティがいた。彼も同じことを考えていたようだ。大きな山に向かって坐禅を組むように座り、手を膝の上に置いて魂の静けさのなかで祈っていた。私は音を立てないように近づいて、その横に座った。マチャプチャレとその周りを囲む山々が、刻一刻と色を変えていく。

私は腕時計に目をやった。天体は遅れることがない。けっして一分たりとも遅れないその正確さに、深い敬意を表したくなる。明るいオレンジ色の球が私たちの顔を照らす。唯一無二の美しい景色が私たちのなかに入り込み、今日最初の日光が私たちを暖めてくれる。シャンティは振り返って微笑んだ。私も反射的に微笑み返した。それから長い沈黙のあと、シャンティが穏やかな声で、「今日の目標は？」と聞いた。その質問に驚いた私は少し考え込んだ。

「この旅の目的地にたどりついて、例のジェイソンに会って、ロマーヌのために探しに来たメソッドを受け取りたい。あと、ヒマラヤ山脈でいちばん高い十三の山の絶景が見えるってグマールが教えてくれたから、早くそこに行ってみたい。ここまで頑張ってきた成果よね。そう思わない？」

シャンティは考え込んでいるようだった。

「そうは思わないの？」

「大事なのは、そこまでの道のりだけだと思う。結果はたいてい、そこまで歩んできた道に比べれば取るに足りないものだから」

シャンティにいまこの瞬間について教えてもらってからというもの、私は短いスパンで満足感が得られる、これまでとは違う源を探してきた。

「シャクナゲの森があるって聞いたの。そこを通るのも楽しみ。シャンティ、あなたの今日の目標は何？」

「目標はたった一つ、毎日同じだよ。幸せになることだ」

「で、幸せになれてるの？」

「そうなろうとしてるよ。幸せは一つの精神状態。僕は、自分の考えにとらわれてしまわないように気をつけてる。新しく始まったこの一日を楽しんで、今日という日が僕たちにくれるすばらしいサプライズを受け入れられるように心を開いてるんだ」

「そういえば、あなたについて一度も聞いたことがなかった。結婚は？」

シャンティはいたずらっぽい目で私を見ると、問いかけるように眉を上げた。私は赤くなった。するとシャンティは声を出して笑った。数日前、シャンティに同じ質問をされたときの自分の反応を思い出した。

「ちょっとからかっただけ。僕に興味を持ってくれてうれしいよ。なかなか会えないけど、子どもが三人いる。結婚もしている。でも……正直なところ、ネパールでの結婚はカースト制度に関わるんだ」

「結婚相手が決められてるってこと？」

「ああ。家系の名誉を守るためにね。僕のカーストはバラモン※8だ。僕にとって重要なのは、子どもたちが自分の人生を選択できるように、必要なものを与えることだよ」

「初めからガイドだったの？」

「違うよ！　最初はポーターだった。そのあとポーターのリーダーになって、ポーターをしながら英語を学んで、ガイドの資格を取った。こうして、いまは幸せに暮らしてる！」

シャンティは腕時計に目をやった。朝食の時間だ。シャンティのお腹が鳴ったので、私たちは笑った。雄大な景色と、シンフォニーのように響くシャンティの言葉によって私は再生し、幸せを感じた。お腹が空き、体も冷えきっていた私たちは、〝朝のフルコース〟を食べた。食事を終えると、朝の冷気がまだ残っているにもかかわらず、「出発しよう」とシャンティが言った。

歩き出すと顔や頬や唇に北風が当たり、感覚がなくなっていく。少しでも外に出ている部分の肌を覆ったが、寒さに涙が流れた。シャンティが振り返って励ましてくれた。やがてシャクナゲの森に入り、風が当たらなくなった。まるで芝居の大道具のように景色がめまぐるしく変わる。絡み合った木が頭上でアーチをつくっている小道に出た。木々の梢が風を防ぐ自然の障壁になっている。珍しい光景なので、何度もメディアで取り上げられているらしい。歩くだけで楽しかった。

「着いたよ！　シャクナゲの森。ほかにこんなところあるかい？」

「え、どこ？　何も見えないけれど！」

「周りは全部シャクナゲだよ。この低木はすべて……」

「え……冗談でしょ？　花はどこ？」

シャンティが笑いはじめた。「花は春にしか咲かないよ！」その言い方が癪にさわった。私ががっかりしたことに気づいていないようだ。冬のシャクナゲの森は期待はずれだった！　私たちは黙々と土の上を歩いた。花の時期を逃したのが悔しかった。シャンティは立ち止まった。下を見下ろせる石の上に座り、私にも横に座らないかと言った。

「想像と違った？」

「ええ。花を眺めるのを楽しみにしてたのに。でも、いまは春じゃないから」

「花を見るのに季節などない。見せてあげよう」

私はいぶかしそうな表情を返した。するとシャンティはにこっと笑って、絡み合ったつるのなかに入っていき、花を探しはじめた。私も真似してみたが、何も見つからない！　シャンティの目に何が見えているのかもわからない。シャンティは一点を見つめると、ある方向を指差した。そして、

「サーモンピンクの花があるよ。その横にはラッパの形をした真っ赤な花もある」と言い出した。

私はぎょっとしてシャンティの顔を見つめた。彼はさっきと同じところをじっと見ている。彼の指差すあたりを注意深く観察したが、相変わらず何も見えない。

「マエルの真正面に、ほら」

「からかってるのね！」

私は腹が立って、石から立ち上がった。するとシャンティは私の手をつかんで無理やり座らせた。そしてきっぱりとした口調でこう命じた。「若い枝をじっくり見てみて。薄い緑色がだんだんと茶色っぽくなり、年とともに白髪混じりになっていく。枝に残っている細い楕円形の葉も観察して」

「ほんと！　葉っぱ、たしかに見える！」

「どのくらいの大きさ？」

「さあ……十二か十三センチってとこかしら」

「そうだね。天気がいい日には明るい緑色なんだ。冬になると色が濃くなって赤く変わることもある。ほら、あそこの葉みたいにね。夏の終わりには花芽がつき、それが丸くなる。花芽は寒い季節でも見られるよ」

そのときやっと、私はたくさんの芽があることに気がついた。

「目の不自由な人はよく、目が見える人より感じ方が鋭いと言われる。目を閉じて。見せてあげるから」

「でも、目を閉じたら真っ暗。何を見せられても見えないわよ！」

「言うとおりにしてごらん！　フクシアの赤い花を思い描くんだ。直径五センチくらい、広口のじょうごか細い鐘みたいな形で、びっしり集まってブーケになっている」

シャンティは私がイメージできるようにそこで少し間をとり、それから、開花するようすを言葉で描写していった。「ほら、もっと近くで見て。茎の近くでは五枚の花びらがもつれ合い、花びらは胚珠の入った子房を守っている。中央には柱頭があって、周りでは明るいピンクの雄しべが揺れている。そこから明るい黄色い花粉が風とともに雌しべに運ばれる。無数の花粉が見えるね」

そこまで言うと、シャンティは口をつぐんだ。その描写は驚くほど細かく正確で、開いているうちに私の目の前で芽が次々と開いていった。緑と茶色だった葉と木が、シャンティが描写したとおりに贅沢な花びらのブーケに変わっていく。こんなにすばらしいものは見たことがなかった。そもそも花をこんなにじっくり見たこともない。私はシャンティに向かって微笑んだ。「すごいわ！」

私たちは花が咲き乱れた森を見ていた。鳥のさえずりが空想の春の森をさらに際立たせてくれた。次々にざわめきが近づいてきて、まもなく鳥たちのオーケストラが光景を引き立てる。ときどき頭上を吹く風が、断続的にコンサートに参加するために厚いシャクナゲの枝をかき分けていく。天然のプロジェクターである太陽が、絡み合った枝のあいだに射し込んでいく。シャンティが私の足をとんとんと叩いた。デュラリに向けて出発する時間だ。

さっきまでとは、精神状態がまったく違っていた。胸は感情であふれている。いまこの瞬間を味わった充足感に包まれ、地面を踏む足までもが軽く感じられる。しばらく誰ともすれちがわずとも、その充足感からくるエネルギーに背中を押されて歩きつづけることができた。一時間以上経ったとき、滝に差しかかった。初めての吊り橋を経験してから一日に二、三本は吊り橋を渡らなければならなかったので、いままでは吊り橋に対するとてつもない不安を鎮め、コントロールできるようになっていた。それでも、板から板へ飛び移りながら前を行くティムの足跡の上を用心深く踏みながら進んだ。

峡谷の上にある細い道を登りながら、シャンティの花の描写がいかに細かく正確だったかと、私の目の前に花を出現させた方法について考えていた。「すばらしい体験だったわ。シャクナゲをとても細かく描写してくれたから、まるで本当に花がそこにあるようだったわ！」

「そこに存在していなかったのにと言いたいのかな？　あなたにとっての『現実』って何？」

「触れるものが現実に存在しているものでしょ！」

「じゃあ、考えは現実じゃないの？　波動はどうだろう？　バイブレーションや、感情や感覚は？」

「ええ、現実に存在しているわ！　さっきの花は存在していないのに、私が想像したから表れたのよね」

「いや、間違いなく存在していたんだよ！　あなたが見たんだから、あなたの現実のなかに存在していたんだ」

「違うわ！　本当にあるように思えたけど、実際にはない。シャンティもわかってるでしょ！　なんで突然、そんな嘘を言うの？」

「夢を見たことはない？　悪い夢でもいいよ。夢を見てるときには、ほかの現実は存在しない。吊り橋を渡るのが怖いと話したときのことを思い出して。あのとき、あなたは恐怖を抱き、吊り橋が切れて落ちる光景を見たよね。きついランニングをしたあとに、汗びっしょりで飛び起きた経験はない？　誰かに攻撃されたあとで、突然心臓がバクバクして恐くて震えてしまったことは？　そういうときには、現実が夢となって表れるんだ。どちらの症状も、まるで起きているときに経験しているのと同じように表れる。違うかな？」

「ええ、そうよ。でも現実じゃないわ」

「現実かどうかは、その状況の認識のしかたによって変わる。真実も現実も、過去の経験や教えられたことのフィルターを通してつくりあげられる。天気を予測するのと同じなんだ。朝起きたときに空が灰色で、土砂降りだったら、あなたはなんて言う？」

「二日前なら文句を言ってただろうけど、いまはポジティブでいられる。灰色の空も楽しめるわ！」

「ほかは？　たとえば太陽については？」

「雨が降ってるから太陽はないわ！」

「太陽がないのに、なんで真っ暗じゃなくて明るいんだ？」

私はシャンティの最後の質問に微笑んだ。シャンティが言わんとしていることが、わかりはじめた。

「もちろん太陽はある。でも、いま私がいる場所からは見えない」

「そうだね。部屋の窓からは見えない。でもたとえば、雲の上を飛ぶ飛行機に乗っているとしたら、たとえ土砂降りであっても太陽はあなたをまぶしく照らしてくれるよね？　ある状況を前にしたとき、自分のいる場所を動かないでいると、現実を全体的に見ることは不可能なんだよ」

そこまで言うと、シャンティは休憩を取ろうと提案した。そして仲間たちを輪になって座らせると、私に携帯電話を貸してと言った。「電波をキャッチできないから、役に立たないわよ」私はすかさずそう答えると、リュックから携帯を出した。確かめてみたが、バッテリー残量は少なく、やはり電波は入らない。それでもシャンティが手を差し出すので、携帯を渡した。シャンティは私たちの輪の真ん中に来るように、石の上に携帯を立てて固定した。それから四人に、電話をよく観察して、自分の位置から見える様子を描写するようにと言った。

トップバッターは、携帯をうしろから見ているグマールだ。シャンティが、グマールの言葉を訳してくれた。「メタリックグレーで、十センチ×五センチくらいの長方形で左上に黒い丸があって、中央にはリンゴの絵がある。下のほうには数字の入った文字が並んでいる」次はティムだ。ティムの位置からは側面しか見えない。「丸みのある棒状のものが見えるよ。長さは十センチくらい。上のほうに三つボタンがあって、そのうち二つは同じ大きさだけど、もう一つはもっと小さい」携帯の画面の正面に座っていたニシャールの言葉もシャンティが通訳してくれた。「縦が十センチ横が五センチくらいの黒い長方形だ。周りの縁は白く、下には銀色の円があって、上の方には黒い横線がある」私も見えている部分の特徴を挙げた。

全員が話し終えると、シャンティが話しだした。「もし別の人に、自分に見えているものにもとづいて携帯電話を説明してくださいと言ったら、また別の描写のしかたをするよね？　でも、どちらの描写も嘘をついてるわけじゃないよね？」全員がうなずいた。「誰か一人が正しくて、ほかの人は間違っていると思う？　要するに、その人がいる場所によって見え方は変わるんだ。真実というのは、僕たちの見方を超越しているということを覚えておかないとね」シャンティは私のほうを向いた。

「では、さっきの四人の説明を全部合わせることで、一度も見たことがない人にも携帯電話について完璧に教えてあげることができるだろうか？」

「できない。説明を全部合わせても、携帯の便利さや役割を理解させるには十分じゃないわ」

「そのとおり。一人一人が細かく描写をしたにもかかわらず、携帯電話が持っている潜在能力を伝えるにはまったく足りないんだ」

私は携帯を見つめた。シャンティのたとえはわかりやすい。いくつかの事実を足したとしても部分的なことしかわからない。三次元では、そのものを正確には定義できなかった。完璧に把握するにはすべての要素を知らなければならないのだ。

「真実をとらえていると思っているときも、自分が見ている真実は幻想が生んだ思い込みなのではないかと注意しなくてはならないんだ」

「つまり現実は、私たちが認識しているものとはおそらく違うってこと？」

「まさに。自分自身の判断力をつねに疑ってかかることだ」

道は険しく、草木もしだいにまばらになってきた。登るにつれて息が苦しく、ペースを落とさずに息を整えなければならなかった。筋肉にも疲労がたまってきた。頭のなかにいろいろな考えが浮かんでは消えた。この旅の話をしたいのに連絡がとれないロマーヌについて、シャンティとその教えについて……。シャンティの知恵に私は心を打たれていた。それから、マッテオの姿を思い出して胸が締め付けられた。惜しい男を逃したかもしれないという不思議な感じがした。その考えを追い払って、シャンティが教えてくれたポジティブシンキングに戻ろうとした。彼の言うとおり、未来がどうなるかはわからない。だからこそ、できるだけよいことを思い描こう。たぶん、運命がまた私たちを引き合わせてくれる。もしマッテオと再会できなくても、別の人と出会えるはず。ポジティブな考え方が作用しはじめたことがわかり、私の口元はほころんだ。

ようやくデュラリにたどりついた。身体的に辛い一日だった。朝から吐き気がして、それがどんどんひどくなった。日に日に標高が高くなるにつれて、気温も下がり、今日は夕方の時点ですでに氷点下だった。今日もこれまでと変わらず必要最低限のものしかないが、それで十分ともいえる部屋だ。木の板の上にマットレス、天井から垂れた裸電球、かごが一つ、ヒマラヤ山脈に面した大きな窓……。荷物をいくつか整理して、日が暮れる前に熱いシャワーを浴びた。シャワーは追加で二ドルかかるとロッジの主人にあらかじめ聞いていたが、茶色がかった熱いお湯を浴びるのは気持ちよかった。しかし、服を着たとたんに温度差で体調が悪くなった。胃がむかむかし、舌のあたりが酸っぱい。これは吐く前兆だ。気分が悪い、とても悪い……。私はトイレに駆け込んだ。

しばらくトイレで苦しんだのち、どうにか部屋に戻った。筋肉が痛くて立っているのがやっとだ。私の敏感な体はがたがたと震えはじめた。腹痛がひどく、腸は痙攣し、息切れがする。高山病にかかったのだ。いまいるところは標高三千二百メートル、いままでいちばん高いところを一日じゅう歩いて、私の体力は限界に達していた。どうやったらこの限界を乗り越えられるというのだろう？　高い山々とこれ以上戦うのではなく、むしろ、降参して山を降りるべきだ。いまにも倒れそうで、もう気力もない。

するとノックの音がした。答える力もなかった。頭のてっぺんから爪先まで苦しい。ノックが何度も聞こえ、シャンティだとわかった。小さな声でうなるように「どうぞ」と答えた。寝袋の中で縮こまっている私を見て、シャンティは驚いた。

「どうしたんだ？」

「気分が悪い。完全な高山病よ！」

「よくあることさ！」

「高山病って言ってるの、わかってる?」シャンティは笑いだした。

「何がそんなに面白いのよ!」私はとげとげしい口調で言った。

「ごめん、ごめん。怒らせるつもりはないよ。あなたじゃなく、自分のことを笑ったんだ! 人間は、反射的に自分の外に問題を探そうとする。僕もどこか痛いと、つい同じことをしてしまうよ」

「何が言いたいのかわからないけど、今夜はあなたの話を聞く力はなさそう」

体の節々が痛み、筋肉がこわばっている。目を閉じて、私が一人になりたいと思っていることをシャンティに察してほしいと思った。ところが、シャンティはこっちにやってきて、低い声で言った。「あなたが苦しんでいるのを放っておくわけにはいかない。あなたのメンタルが、あらゆる変化に逆らっている。あなたが優先したいものと恐怖のあいだで揺れ動いている葛藤に体が反応しているんだ。どんな辛さに耐えているのか、体の声を聞いてあげて。無理してすべてをコントロールしようとしないで、体に表現の場を与えてあげよう。体はあなたのパートナー、良き友だ。調子が悪くなればあなたに知らせてくれる。あなたのメンタルが〝誤った〟思い込みにとらわれて、心が反対のことをさせようとするとき、メンタルと心のあいだにある体があなたに問題発生と警告してくれるんだ。今夜はその内なる戦いをただ受け入れて! 体をだましつづけないこと。高山病に耐えられなくなるから。体が発している繊細なメッセージに耳を傾けて。メンタルには、メンタルが得意としている分野で活躍してほしいんだと言い聞かせて、安心させてあげる。つまり、心が選択したことを実行するんだ。それぞれが役割をはたせば、あなたの人生のもっとも美しい交響曲を演奏できるようになるから」

それから部屋を出ていったシャンティは、ハーブティーを持って戻ってきた。そのお茶を私にひと口飲ませると、私の額を撫でて「無理しないで、マエル！」とささやいた。しばらくすると、シャンティは部屋を出ていった。いつものようにシャンティの言葉が私のなかで響いた。すべてがよくわかったというわけではないが、彼が言ったとおり、自分の内的葛藤は感じていた。私の体は私に問題発生を知らせてくれる味方なのだろうか？　こんな体調なのに自然に元気になるとはとても思えない！　シャンティが親切にもってきてくれた苦いお茶を何口か飲んだ。三千メートル以上の場所で過ごす初めての夜だった。私はあっという間に眠ってしまった。

＊

翌朝、目が覚めるとすっかり元気になっていた。驚いたことにどこも痛くない。まるで二十四時間眠ったような気がする。時刻は六時二十分、ちょうど夜が明ける時間だ。冷え切った洋服を着込んで、ロッジの若い主人が薪ストーブで沸かしたお湯で淹れてくれたコーヒーを一杯飲むと、寒空の下に出た。

いつもの朝のように、シャンティがいた。自分の世界に集中し、宙を見つめている。太陽の最初の光がマチャプチャレとアンナプルナを明るいオレンジ色に染めた。黄色、赤、紫のグラデーションが空を彩る。空からまっすぐ降りている光とは対照的に、蛍光色に染まった雲が水平方向に動いている。日中の光の色は毎日同じなのに、日の出は毎日違う。今朝は、あらゆるものがゆっくりと自信に満ちあふれたようすで、すべてがきちんと計画され、永遠を感じさせるような動きで日が昇った。私はその穏やかな日の出に応じるように呼吸に集中した。山にさまざまな色が反射し、目の前でその色が鮮やかさを増していく。木々は葉を揺らして私に挨拶し、風が私の頬を撫でた。宇宙のダンスに誘われ、私自身もここでは女優になる。頭は穏やかで静寂のみを求め、体はリラックスし、涙があふれて止まらなかった。

ふと、自分がこの広大なハーモニーにおける一つの完璧な存在であるという奇妙な感覚を抱いた。故障していた古い時計が、完璧なメカニズムでふたたび動き出したかのようだ。それぞれの部品が正しい場所にぱちりとはまり、どの部品も正確な時間を刻むために時計の動きに貢献している。うまく動いていないところが一つもないか、自分自身を点検してみる。エネルギーは体じゅうにみなぎり、痛みもない。それぞれの部品によって力あふれるすばらしいチームができあがっている。自分を取り巻くものすべての完璧さを通して自分の存在全体を貫いているこの宇宙の一部であることに、満足と幸せを感じた。一秒一秒、私自身が周囲の色に合わせて成熟していく。太陽が顔を出した。確かなリズムで、太陽はその瞬間のすばらしさに貢献している。なんという奇跡！

私の体の無条件の働きは私の意識の表れだ。どうしてこんなに何年も、本当の自分とは違う生き方をしていたのだろう？　まったく見返りを求めないこの愛以上に美しいものなどないのに。愛を受け取っているにもかかわらず、私というちっぽけな存在は、その存在がつくりだされた意味を考えもせず、自分を大切にしてこなかった。このもっとも重要な点を放ってきたことが恥ずかしい。名門校で何度も表彰されていた私の頭は、それまでの支配的な立場をすばやく降りた。私はそんな自分の頭をこう言って慰めた。

「私とあなたが持っているもので、できることをしてきたってことよ！」

「ええ、でも心が表現してくれるなら、そのほうが話が早いですよ」

「でもそのためには、心にチャンスをあげないと」

「居場所は与えられるものではなく、自分でつかむものです！」

「あなたは自分の立場を取り戻そうとしているのね。じゃあ、心の言い分も聞いてみましょうよ」

私の心臓は、同じリズムで打ちつづけながら、こう言った。

「私はマエルもマエルの頭も、一度も置きざりにしたことはありませんよ。どんな行動をしてもどんな決断をしても、たとえ私が賛成していないときでも、私はつねにそこにいました」

「じゃあどうして何も言ってくれなかったの？」

「言おうとしたけど、あなたが私よりも大声で話をしていたから。カオスのなかでは私の声は聞こえないですから」

今度は体が頭に向かって話しかけた。

「あなたが心と反対の方向に行ってしまいそうになったら、私はあなたに警告しました。でも昨晩のように、警告だとわかってもらうためには、強行手段を取らなくてはなりません。それがあなたを落ち着かせるために私にできる唯一の方法なのです」

「つまり、すべて私のせいというわけね！　みんなそうやって私を非難するんだ！」と頭が声を荒げた。

「犯人探しをしているわけではありません。あなたがエゴの影響下にないときにはどれほど重要な務めをはたしているのか、私たちはみんな知っています。私たちには頭が必要なのです！　頭と体のそれぞれが自己実現するためには、協力して働かなければなりません」

頭は説き伏せられて、それ以上は何も言えなかった。太陽が景色のなかに居座り、シャンティと私の目の前に美しい絵画を仕上げていく。満ち足りたこの状態を変えたくなくて、私はなかなか動けなかった。
するとポケットの奥で携帯電話がぶるぶると震えた。ついにバッテリー切れだ。

※8　インドとネパールに根付くカースト制度の最高位。

「憎しみへの唯一の答えは愛である」

ディルゴ・ケンツェ・リンポチェ

今朝はだらだらしたかったが、目標を達成したいという気持ちのほうが強かった。チーズ入りオムレツ、ポリッジ、はちみつをかけたパンケーキ二枚、ドライフルーツというたっぷりした朝食をとってから、私たちはロッジを出発した。今日は、マチャプチャレ・ベースキャンプと聖なる山のアンナプルナを通る、この旅のクライマックスだ！　斜面は切り立っている。標高にして九百三十メートル分を登るとシャンティが教えてくれた。

午前中、きつい山道を登り、標高三千六百メートル地点に着くと、五十代のフランス人夫婦に出会い、いっしょに昼食をとることになった。ネパールに来てから初めて会ったフランス人だ。すると政治の話になり、彼らが極端に排他的な人種差別主義を支持しはじめたので、うんざりしてしまった。私は遠慮せずに自分の意見を二人に伝えてから、少し離れた草の上で横になって日向ぼっこをしているシャンティの隣に寝ころがった。そして彼にその話をした。

「あんな馬鹿げた意見、聞くに堪えなかった！」

「そういう議論をするとエネルギーが減っていくって思ったことない？」

「いままで意識したことはなかったけど、今日は間違いなくエネルギーを無駄にした気がするわ！」

「自分に何かが不足しているという思いから生まれた態度はエネルギーを失わせる。あの手の人たちは、自分の根源を見つけられていないから、注目を集めることで他人の酸素を横取りしてエネルギーを回復させるんだ」

「そうよね！　そのうえ腹も立ったから、へとへとよ」

「悲観的な人、ネガティブな人、他人に自分の考え方を押しつける人、どんな意見にも反論する人、あるいは自分自身を犠牲にする人は、他人のエネルギーを奪いとる。彼らは恐怖に駆られている。だが、そういう状況に陥らないようにすることはできる。注意していればいいんだ。そういう行動は見分けがつきやすいし、何よりあなたの体がすぐに反応するはず。こわばったり、痙攣したり、強いストレスを感じたりしたら、エネルギーが奪われているってことだからね」

「そういう状況になったら逃げ出すほうがいいってことはない？」

「自分のエネルギーが十分でないときは逃げるのも一つの解決策だ。でも僕なら、相手をすぐに非難するのではなく、まずは観察し、それから思いやりのある考え方を相手に伝えるように努めるね」

「私にはとても無理。相手を殺したくなっちゃうもの！」

「落ち着いて。誰でもそう思うのは同じだよ。でも、怒りは私たちをちっとも楽にしてくれない、ただの空しい感情だ。自分自身と調和して初めて幸福になれる。思いやりのある考え方だけが怒りの攻撃から身を守ってくれるんだ」

「だからって、いつも黙って聞いているわけにはいかないでしょ。誰も反論しなかったら、あの人たちはずっと地球を汚染しつづけるのよ。あんな攻撃のしかたは我慢できない」

「彼らは自分に何かが足りないことに苦しんでいる。恐怖を感じると、人間は自分の身を守ろうとしたり、他人を攻撃したりする。彼らへの見方を少し変えただけで、彼らの発言はどれもあなたに対する発言ではないと気づくのでは？　あなたはそこにいたから標的になったにすぎない。相手があなたでなくても、彼らの態度は変わらないよ。初日にすれちがった運転手みたいにね。覚えている？　今日のあなたは、彼らの標的にされたにもかかわらず、そうやって充足感のなかにいることができている。思いやりのあるエネルギーを発することで、自分の身を守ったからだよ」

「私には、反論しないでいるのは難しいわ」

「自分が攻撃の的にされていると思ったら、誰だってそれは難しいことだよ。相手の恐怖心を観察することで標的にされているという思いから抜け出せたら、相手に感情移入ができる。自分の精神状態を意識すれば、力がみなぎるはず。大切なことは、自分が正しくあろうとすることではなくて、他者と関係を保ちつづけようとすることなんだ」

「まあ、たしかに、ついつい自分の主張を押し通そうとしちゃうわ！」

「それは多くの人が抱えている問題だよ」

「そうね……とにかく、やってみるけど……。でも、どうすれば相手に嚙みつかないですむの？　そうなりそうなときには兆しがあったりする？」

シャンティに促され、エクササイズをするために私は体を起こした。「目を閉じて、五回、深呼吸して。そして『苦痛』という言葉について考えてみて」シャンティは一分間黙った。「この言葉を三回繰り返して、そこで得られる感覚に浸ってみて。どんなふうに感じるか、説明してくれる?」

私は少し間をあけてから、口を開いた。「体が硬直して、顔がぴくぴくして、心臓の鼓動が速くなった。肺が閉ざされ、筋肉がこわばり、汗も出てきた……」私がすべて言い終えるまで、シャンティは黙って聞いていた。「じゃあ今度は『充足』という言葉について考えてみて。三回言ってみて」私はまたしばらく考えてから、自分の感覚を言葉にした。「体が軽くなった気がする。まるで存在してないみたい。緊張感が解けて、呼吸がゆっくりになった。光が射してきた気分。幸せで、すばらしいエネルギーに満たされていく感じがする」私はその感覚をじっくり味わいながら言葉にした。

「言葉には、ある状態を別の状態に変える力と働きがあることがわかったかい? つまり、体が硬直すると、次の瞬間、それを意識してしまう。そんなときでも、あなた自身とあなたが話をしている相手の両方に対して思いやりのある考え方をもつことができれば、相手がどんな行動に出ようと充足感を得ることができるよ」

「私たちを窮地に追い込むようなしつこい相手を前にしたら、それは難しいわ」

「何度も言うけど、それはすべて、あなたがどんな目標をもつかによるんだ。自分が正しくあることより調和のなかにいたいと思ったら、それは僕たちがさっきやってみたことと同じくらい簡単だとわかるよ」

さっきのろくでもない愛国者《コン・パトリオット》たちとの会話を思い返した。……おっと、まずい! 悪口はやめよう。同郷人《コンパトリオット》との会話を思い出した。つい私の意見を押しつけて、彼らの考え方を変えようとしてしまった。

「精神状態を変えれば、あなたのエネルギーは強大な力を引き寄せることができるんだ」

「考え方によってってこと？」

「そう、初めはそこからだ。愛で満たされた根源はすべて、そういうゾーンにまっすぐに連れていってくれる。音楽、芸術、自然、笑顔があるゾーンにね。心の奥からの欲求である考えが生まれたら、奇跡が起こる。宇宙全体は、奇跡を実現するのに必要な要素をしかるべき場所に配置しているからね」

「ネガティブな感情から脱したくても、私にはできないのよ。宇宙が助けてくれると思う？」

「ああ。あなたの望みと心の望みが一致していることを言葉で正しくはっきりと言い表せば助けてくれるよ」

「待って、やってみるから！　『もう他人の負のエネルギーに影響されたくありません』」

「第三者に口出しされないようにするのに加えて、いま自分がどうしたいかをはっきり断言するといい。たとえば、『私は完璧な充足感のなかにいます。この状態を変えられるのは私だけです』と言ってみるとかね」

「でも、その宣言が適切かどうかは、どうすればわかるの？」

「そこが第三の重要なポイントだ。自分の望みを口に出したときに体がどんな反応を示すのかをじっくり感じてみること。満ち足りた感じがすれば、その願いは実現する。反対に、体がなんだか落ち着かないのなら、あなたの奥底での望みと言葉が一致していないということになる」

　私はもう一度、同じことを口に出して言い、自分のなかで何が起こるかを観察した。心から大きな喜びが湧き出てきた。そのようすを味わった。

「もう一つ、気になることがあるの！　自分の考えがネガティブになってしまう瞬間に気づけないことよ。自分がいらいらしているってわかるのは、いつも誰かと話したあとなのよ。どうすれば、もっと早く気がつけるの？」

「僕は自分を観察するように心がけている。自分の行動をつねに意識できるようになるには、一秒一秒の積み重ねが必要だ。静かに、自分を裁いたりせずに、少し引いたところから、自分の置かれている状況を俯瞰して眺める習慣をつけるんだ」

「眺めるっていったい何を？」

「すべてだよ！　自分の挙動をチェックするんだ。大声で話しているか、それとも落ち着いて話しているか？　相手に優しい言葉をかけているか？　それとも攻撃的になって自己弁護をしているか？　自分が発しているエネルギーはどんなふうか？　もう一つ大切なのは、自分の体の声を聞けるようになること。〝苦痛〟と〝充足〟という言葉で練習したときに抱いた感覚を憶えておいて、いまあなたの体がどんな状態かをできるだけ観察するんだ。そうすれば、いま自分がどちらの状態かがわかり、意識的に望むほうの状態に身を預けることができるようになる」

「で、それが全部、自然にできるようになるわけ？　自分の言葉をすべて分析しなくてはならないなんて……」

「初めは、無理やりにでもそうしようとする必要があるけれど、何度も繰り返していると、思いやりのある考え方をもつことが一種の麻薬みたいに効いてくる。どんな状況に置かれても成長のチャンスだと思えるようになるんだ」

「そうなるまで頑張ってみるわ」

「本当にそうなりたいなら、さっき説明したように自分がどうなりたいかを言葉で表現しないとね。たとえば、『いまから、私はポジティブな考えを言葉で表します。私が生み出すのはポジティブな考えだけです。そういう考えと私の体が調和していると感じます』というのはどう？」

私はにっこりすると、その魔法の呪文を唱えた。すぐに心地よさを感じた。出発する前に、先ほどのフランス人夫婦に「よい旅を！」と言って握手をした。二人は面食らったような顔をしていた。

午後の最初のルートはとてもきつかった。酸素が薄くなるにつれ、周囲の生物も少なくなっていく。もう話をする余力もない。秋の色にあふれていた光景は二色刷りの景色に変わった。石ころだらけの道の黒色と山頂の白色のあいだには、灰色の幅広い濃淡を帯びた世界が広がり、この標高で生きていくことの難しさを教えてくれていた。それ以外の色を見たければ、遠くの渓谷にまで目を移さなくてはならない。岩を削ってできた滝は凍り、恐ろしい雪だるまのような輪郭のイエティの顔をつくりだしている。二時間無心に歩いたが、歩く速度がだんだんと落ちて、ほとんど前に進めなくなった。標高四千メートルを歩くのは死ぬほど辛い。呼吸するたびに苦しく、ほんの少し体を動かすだけで息切れがした。

何度目かわからない休憩で、ついに私の体は動かなくなった。その場に座り込んだ。もう限界だ。シャンティが手を差し出してくれたが、「ここで死なせて！　これまでの人生でいちばん高いところにいるんだから！」と懇願した。

私は地面に倒れ込んだ。もう進めない。シャンティは、私の皮肉めいた言葉を面白がりながら、隣に座った。そして、私の耳元でこうささやいた。「あと四百メートルで着くんだ。歩けるだけの足をもっていない人、呼吸器や筋肉の病気に冒されている人、僕たちのようにここまで来ることを夢に見ていながら来られない人に、その四百メートルを捧げてみては？　どう？」

私はあ然としてシャンティのほうを振り返った。その言葉が私の胸に届いたのか、ロマーヌの顔、さらに別の二人の友だちの顔が浮かんだ。多発性硬化症に悩まされているサラと、事故で歩行障害を抱えているシリルの顔だ。私の気持ちがしゃきっとした。シャンティの言葉で、私のなかにこれまで自分でも知らなかった力が湧いてきたのだ。体を起こして、ふたたび歩き出す。私の大好きな人たち、いま私のそばにいたらどんなにいいだろうと思う人たちのことを考えながら。肺を広げて酸素を取り込み、脳に励まされながら、健康で丈夫な私の足を前へ前へと進めた。

一時間後、勝利の雄叫びとともに、私たちは僧院に着いた。ちっぽけであると同時に偉大な私が、ヒマラヤ山脈でいちばん高い十三山の真ん中にいる！　堂々たる山々のなかにいる私はちっぽけだが、ここまでたどりついた自分はなんと大きいのだろう。すばらしい光景に見とれていると、四十代くらいの男性がいちばん大きな建物から出てきて、大股で私たちの前にやってきた。そして、手を差し出して自己紹介をした。「ジェイソン・パーカーです。マエルだよね？」

選択　二つの扉

「自分の周りに変えたいと思っているものがあるなら、
まず自分のなかでそれを変えるところから始めなさい」

ガンジー

ジェイソンのアメリカ風の英語は耳慣れたシャンティのアクセントとは違っていた。ジェイソンとシャンティは長く抱擁を交わした。それからしばらく見つめ合った。

「仕事はどう？」とシャンティが聞く。

「うまく行きそうだ。友人が手伝ってくれることになったんだ。詳しくはあとで話すよ」

「急患が出たからここに来たって聞きましたけど？」私は少し心配そうに、ジェイソンに尋ねた。

「たちの悪い風邪が流行って診察が必要だったのだけど、たいしたことにならずにすんだ」

私はため息をついた。ジェイソンがカトマンドゥにいてくれれば、わざわざこんなところまで来なくてもすんだのに！　不安に駆られてさらに質問した。

「仕事って……ここでどんな仕事をしているんですか？」

「国境付近でさまざまな紛争が起こっているせいで、数百万のチベット人がネパールに逃れてきているんだ。そのストレスは、癌やそのほかの変性疾患などの重病を生んでいる。僕たちは、病気の大きな原因の一つは恐怖心だと確信している。それで、逆の作用を及ぼす心理状態に変えることによる治療法を確立しようとしているんだ。患者が自分の考え方や行動を変えることを学ぶと、免疫システムに明らかな改善が見られることもわかったんだ」

ジェイソンを非難したくなかったので何も言わなかったが、私は思わず嘲けるような笑みを浮かべてしまったようだ。ジェイソンはそれを見逃さなかった。「僕は懐疑的で理性的な研究者だが、西洋医学には限界があると認めざるをえない。だから合理的には思えないかもしれないが、西洋医学とは別の仮説を立ててその限界を乗り越えなければならないんだ。そんな馬鹿な、と思われるかもしれないけど、実際そうした仮説が、補足的効果、場合によっては西洋医学より効果的な成果を挙げているんだ」と言った。

それでも私は疑いを拭えなかった。あまりに突飛な話に思えたからだ。ちょっとした病気であれば薬草が症状を軽くしてくれることもあるだろうが、重い病気まで治せるなんて思えない。病気がどんどん進行してしまうかもしれない患者を、こんな夢想家に任せるのは危険に思えた。非現実主義者が時間を無駄にしているだけのこんな疑わしいメソッドには、さすがにロマーヌははまらないだろうと思った。私の友だちがこんなものを信じるはずがない！

「私がここまで登ってきた理由をご存じですよね？　私に渡すことになっている文書を持ってますか？」

「もちろん持ってるよ。夕食の席で渡すよ。でも、ひとまず休んだほうがいい。ミリアが部屋に案内してくれる」

ジェイソンの背後にいた女性が私に近づいてきた。彼女の強い光を放つ細い目は、同時に思いやりに満ちてもいた。

氷のように冷たい風で私たちはすっかり凍えていた。太陽がまだ高いにもかかわらず、気温は氷点下十五度。標高が高いせいで呼吸の浅さに拍車がかかるが、景色の美しさが寒さから来る不快感をやわらげてくれた。私たちは標高四千メートルより高いところにいて、これまで三千メートルも登ってきた山の頂に囲まれていた。ヨーロッパでいえば、モンブランの山頂にいるようなものだ。

ミリアは母親のように私の手を取ると、暖かい建物のなかを部屋まで案内してくれた。部屋にはすでに私の荷物が置かれている。簡素で小さな部屋からは、僧院の上に広がる全景が見えた。私はしばらく窓辺にたたずんで山を眺めた。それから、暖を取るためにミリアのいる食堂に行った。一台の薪ストーブが建物全体の恐ろしい寒さをやわらげてくれている。

食堂には、巨大な薪ストーブを囲んでU字に置かれた大きなテーブルがあり、その両側に木のベンチが置かれていた。それぞれのベンチには三、四人ずつのいくつかのグループが座っている。食堂に入ると、ミリアがドアのところまで迎えに来て、私の背中をさすりながら熱々のストーブの鉄板の近くに座らせてくれた。体が震え、歯ががちがちと音を立てている。ミリアからお茶を受け取って両手を温めた。カップの縁に紫色になった唇をつけて、熱い飲み物をすする。ニシャールと話したときと同じように、ミリアとの会話も手ぶりだけで十分に通じた。

そこへ、インド系の女性がやってきた。金糸の縁かがりがついた赤いチュニックとスキニージーンズを着ているが、豊満な体つきだとわかる。丸顔に濃く太いアイラインで縁取られた黒い瞳が印象的だ。完璧な英語で、「あなたもジェイソンの実験結果を知るために来たの？」と尋ねられた。

か？

私は答えた。「いえ違います。なんの話ですか？」

女性はミリアとチベット語で話しはじめた。私は罠にはまっているのではないだろうか？　疑わしい実験に夢中の夢想家たちのいる標高四千メートルのヒマラヤに迷い込み、いまだにロマーヌが言っていた文書も手に入れていない……。シャンティは、ネパール政府が不法滞在のチベット人を探していると言っていたが、政府が本当に取り締まっているのは違法な治療法なのではないだろうか？

インド系の若い女性はアヤティと名乗り、自己紹介した。「ミリアからあなたがここに来た理由を聞いたわ。あなたがいてくれて、お友だちはとても幸運ね。私は南インドのタンジャーブールの近くの小さな村に住んでいるの。あなたは？」

私はまだ警戒していた。ここを逃げ出すだけの状況はそろっていたが、アヤティの優しさは信頼してもいいような気がした。周囲を見渡すと、食堂には穏やかな雰囲気が漂っている。私もアヤティに自己紹介をした。

「不安そうに見えるけど……」

「実は、周りの人たちの言うことに少し違和感を感じているんです。その不思議な研究が、はたして本当に合法的といえるのかとか考えて……！」

するとアヤティが笑い出した。私は、その態度が場違いに思えて、暗いまなざしで彼女をじっと見た。彼女はまだ口元に笑みを浮かべながら、ごめんなさいねと謝った。「ジェイソンが進めている研究はきわめて合法よ。国から一部助成金も出てるほど。私自身もデリーで研究をしているのだけど、ジェイソンから驚異的な実験結果を知ってもらいたいからここに来ないかと誘われたの。ジェイソンは、周囲にあるものとつながることで、私たちの細胞の働きが変わり、充足感をつかさどる脳から出るホルモンを解放するということに気づいたのよ。簡単に言うと、私たちの日常は、恐怖と愛という二つの状態からできている。恐怖は盲目的で無意識の状態。愛は、意識的で無限でつながりがある状態。愛はいまこの瞬間においてだけ表現され、提供すべきものをすべてもっている。一方、恐怖は、過去や未来の喪失感の投影にがんじがらめにされている。恐怖は、実際にはメンタルがつくりだしたものにすぎず、実体はないのよ」数日前の体験のあとでは、アヤティの説明が真実だと認めざるをえなかった。

アヤティは続けた。「研究を進めるうちに、愛の状態にいられることができれば大半の病気の原因、つまりブロックされてしまっているエネルギーを解き放つことができるとジェイソンは気づいた。ここの僧院の上の棟にはもう何年も五十人ほどのチベット人が暮らしているの。中国人から迫害を受けてチベットから逃れてきた難民よ」

「でも、チベット人が追放されたのは一九五〇年代とか六〇年代じゃなかったでしたっけ?」

「ええ、たしかに始まったのは一九五〇年、中国の人民解放軍がチベット軍を攻撃したときよ。人々や僧院は蜂起したけれど、反宗教政策の圧力でチベット人は追い出された。それ以来、一九五九年にはインドに数万人のチベット人が逃れてきた。その多くは農業や牧畜を営んでいた人たちだった。インドでは、高山労働に適している人たちだと考えられて働かされたけど、病気や落盤事故で多くの人が命を落とした」

「で、一九八〇年に国境が開放されたのよね?」

「ええ、それによってチベット人が亡命した家族に会いに行ったり、仏教の聖地を訪れたりするためにインドへ行くことができるようになった。チベットに留まりつづけた人もいたわ。でも、胡耀《こよう》邦《ほう》※9の失脚以後、チベットの状況は悪化して、人々の流出がさらに進んだ。現在でも毎年二、三千人の難民がネパールやインドに安住の地を求めて、ヒマラヤを越えてくる。その三分の一が親のいない子どもで、旅の途中で命を落とすチベット人についてもたくさんの報告があるわ」

「それとジェイソンの研究がどう関係するの？」

「幸運にも生き延びた人たちは恐怖に蝕まれている。深刻な障害や重い病気にかかっている人の割合はとても高い。ジェイソンはそういう人たちに瞑想を提案したの。瞑想によって不安を取り除くことで〝安心できる状態〟に変われるようにね。すると、免疫機能が強まったのよ」

「本当に効果があったの？」

「ええ、驚異的な結果が見られたわ。軽い症状はすぐに消えた。深刻な病気のケースでも、二人に一人が通常の生活を取り戻すことができ、三人に一人は症状が改善したと感じていて、その後もその方法を続けている。それ以外の人たちは、まだ病気と闘いながら、道を探している。この治療法は、安心できる状態だけが病を治せるという原則にもとづいているの。私たちは、過去によって条件づけられた習慣にとらわれて、絶え間ない恐怖のなかで暮らしている。変化のプロセスには四つの準備段階があって、一つ目は、自分はいま目が見えていない状態なのだと気づくこと。反射的な思い込みに従って生きるか、それとも安心できる状態で生きるか、私たちには二つの選択肢があることを理解させるのよ」

私はもっと知りたくなった。この数日間で私の思考法は根底から変わった。シャンティと出会った日の夜に二つの状態という選択肢があると気づかされ、恐怖ではなく心の声に従ってシャンティについていくと決めたのだ。この数日で私が感じたことを、アヤティはジェイソンの研究を通して確信したようだ。彼女はこれから同僚に会いにいかなくてはならないけどジェイソンが送ってきたデータを見るかと尋ねた。そして席を立つと、ホッチキスでとめられた五十枚くらいの紙の束を持って戻ってきた。私は礼を言って、テーブルに座り、メモを取りながらそこに書かれていることを読んだ。

冒頭には、私がネパールに着いた日にマヤが教えてくれたことを発展させた内容が書かれていた。そういえば、シャンティもそのテーマにこだわっていたっけ？ 世界を発見していく子どものような新鮮な目で人生を観察すること。心が求めるものを目覚めさせ、恐怖心が誘う無意識の思い込みに従って行動しないこと。ジェイソンは、恐怖による行動原理を――〝安心できる状態〟に対立するものとして――〝反射的思い込み〟と呼んでいた。それは説明できない普遍的法則にもとづいているが、しょっちゅう表れることがある。

たとえば、誰かに何かをあげるとき、反射的思い込みは、その行為を足りなくなる恐怖に結びつける。他者に与えれば自分の分が減るからだ。そうなると、できるだけ他者と分かち合わないようにすることで、いらないものをどんどん溜め込んでしまう。この思い込みは物質的なものだけでなく無形のものにも当てはまる。そうやって些細なことで自分を見失い、時間がないという幻想を抱くようになる。一方、持っているものを手放すまいとすると、結局いまもっているものにこだわるので、エネルギーの循環が断ち切られてしまう。

私はふと自分の部屋を思い出し、ファイルをめくる手が止まった。私の部屋は不用なものだらけだ。クローゼットは服であふれているのに、実際には四分の一も着ていない。平日のほとんどの時間は仕事をしていて、スポーツジムでリラックスする時間はほんのちょっと。他人にはほとんど時間を割いていない。だけど、自分以外の人のために時間を使うには一日はあまりに短い！

もう一度、ファイルに目を落とした。反射的思い込みは、いま持っているものを失うのではないか、決して満足できないのではないか、自分よりも多くを所有している隣人が羨ましくなるのではないかという新たな恐怖心をもたらす。反対に安心できる状態は、与えれば与えるほど自分の人生が豊かになると断言する。与える幸せは何ものにも代えがたい。愛は自分の分を減らさず、むしろ増やしてくれるとともに、けっして分断させない。時間、笑顔、富を分かち合えば、宇宙の無尽蔵の源に到達できる。つまり、安心できる状態は豊かさにもとづき、自分自身のなかに生まれてくるものであるのに対して、反射的思い込みは足りなくなることの恐怖にもとづいていて、外的な残りものによって育つのである。

私は、自分の前には二つの扉があるとわかった。そして絶えず、どちらの扉を開けるかの選択を迫られている。愛に到達できる扉か、恐怖のプリズムのなかに自分を閉じ込めようとする扉か。そのどちらかだ。

ミリアが魔法瓶を持ってテーブルを回り、空になったコップにお茶を注いだ。笑いかけるとミリアは私の頬をそっと撫で、親指を立てて、元気？　と聞いた。私はうなずき、感謝を込めて手を握った。ミリアは、数メートル離れたところに座っている隣のグループにお茶を注ぎに行った。私は続きを読んだ。

ジェイソンいわく、こうした自覚をもつまでは、自らをコントロールしているエゴに導かれ、無意識に動いてしまう。エゴに支配された状態では、二つ目の扉に気づくことができない。なぜならエゴの影響下では個人主義以外の選択肢がないからだ。

そこまで読んで、よくわからなくなった。続きを読めば明らかになるのだろうが、まずエゴの働きをきちんと理解しておかなくてはならない。世界は危険であるが、エゴが守っているおかげでその危険な世界を生き抜けていると思い込ませることでエゴはアイデンティティを保っている、とジェイソンは指摘している。そのために、エゴは独自のルール、防御と攻撃のメカニズムを確立し、恐怖のなかに私たちを閉じ込める。さらに、私たちの日常に足りていないものを捏造し、その幻想のなかに留まるほうが外よりも快適だと説得する。エゴは私たちを窮屈な世界に押し込め、窒息させる。その結果、有害な外の世界に対する強迫観念からネガティブな考えが増殖し、偏った現実をつくりあげる。エゴの武器はぶれることがない。エゴにとって他者は厄介の種なのだ！ 自分を被害者に仕立てあげ、最初に通りかかった人にその罪を押し付ける。「私が不幸なのは、あの人のせいだ」「あいつと会わなければ、あいつにこんなことを言われるまでは、あいつにあんなことをされるまではすべてがうまく行っていたのに……」という具合に。

自分を守るのは外の出来事のせいであり、自分の攻撃は他者からの攻撃に対する反応にすぎないと主張しながら、エゴは立場をどんどん強くしていく。エゴの防御手段として特徴的なのは、非難と糾弾である。エゴは、自分の利益になる人以外に対して愛に生きる理由など存在しないことを正当化するためにその武器を使う。エゴにとって、友人の輪に入る唯一の方法は何かをもっていくことであり、さもなければその輪から排除される。エゴは人を裁き、おとしめ、感情をもてあそぶ。エゴは相手を愛すべき人かそうでない人か、つねに色分けする。相手が基準を満たしていなければ、その評価を下げることで相手を罰する。無条件の愛は、エゴにとっては脅威だ。なぜなら、そういう愛の状態を前にしたら、エゴは消えていくしかないからだ。だからこそエゴは、自身を消滅させる二つ目の扉に私たちがたどりつかないように、私たちを束縛し、扉から引き離し、麻痺した状態に置こうとする。

私は自分にも防衛メカニズムがあることは自覚していたが、選択肢があるとは気づいていなかった。目の前にどんな扉が開かれているのか見えていなかったのだ。ここでジェイソンは、二つ目の扉は一つ目と正反対の世界をもたらすと書いている。彼は、私たちは相互のつながりを理解してこそ初めて幸福になるという仮説から出発している。つまり、私たちは互いに切り離されているように思えるかもしれないが、実際には切っても切れない関係にある。

私には、その選択肢を理解するのが難しかった。恐怖と愛の二つの扉を思い浮かべてみたものの、愛の扉が何を意味しているのか、はっきりとは理解できなかったのだ。だが、続きを読むと驚くようなことが書かれていた。私たちは生まれたときからエゴのコントロールの下で生きているので、自らの状態を自覚するのは簡単ではないという事実が強調されていたのだ。だからこそ、現実は違うところにあると理解することから始めれば、エゴは幻想だと認めることができるようになる。それによって、エゴが守ることとは反対の方向に行ける。エゴに抵抗させずに、どうやってそれを受け入れさせることができるのだろうか？　エゴは、自分自身と自分にとって有益なものに応じた判断しかしない。エゴは私たちを、恐怖の扉にしか気づかないようにする恐怖の状態に留めようとする。そのことを知ったうえで、愛の扉が見えるよう一歩引いてみなければいけない。

二番目の愛の扉は、地球上のさまざまな人間の背後には唯一の共通性があると考えている。姿形は違えど、私たちは誰もが、同じ望みや恐怖や必要性とともに同じようなやり方で反応する。愛の扉があると気づくためには、エゴの眼鏡をはずし、いままで見えていたものは現実ではなく、エゴが見せたかったイメージにすぎないのだと気づかなくてはならない。

だから、変化のプロセスの第一の予備段階は、自分は二つの選択肢をもっていると気づくことだ。自己防衛、罪悪感、幻想、怒り、軋轢、対立、悲しさ、別離、個人主義、優越感、劣等感、過去の重圧、未来への恐怖、不足感、さらには病気という形となって表れる無意識の反応を自覚することができれば、安心できる状態の一体感、充足感、いま現在というリアルな一瞬、自分の行動の正しさ、心に導かれる自分のすべての言葉や態度を通して、違う生き方を選べるようになる。

ファイルの最後には、習慣を変えるためのエクササイズが勧められていた。

「これからの二十四時間、次の三つのことに集中する。

一、自分の考え、望み、意志を観察して、それが心から来たものなのか、エゴから来たものなのかを明らかにする。

二、自分が受け取りたいもの、たとえば微笑み、優しい気持ち、時間、話を聞いてもらうこと、理解すること、好きなものを分かち合うことなどを他人に与える。

三、私たちは相互につながっているのだから、他人に与えるものを観察して、自分自身にも同じものを与える」

三つのポイントを夢中で読んでいると、ジェイソンの足音が聞こえてきた。私がファイルに目を通しているのを見て、ジェイソンは私の意見を求めてきた。私は正直に困惑している気持ちを打ち明け、ざっくりとした意見を述べた。

「あなたは、私たちはエゴにコントロールされ、無意識に動いていると書いている。それは実際よくあるケースだと思うわ。私も怒りと悲しみの感情を前にして自分自身の殻に閉じこもってしまったことがある。あのときの私は、思い込みにとらわれて他人のせいにするというエゴのフィルターを通してしか行動していなかったといまならわかる」

「そのとおりだ。エゴは、自分はほかから切り離されているという幻想のなかでしか生きられないからね」

「いわば、私はずっと恐怖の扉を押しつづけていた。あなたは、私たちは相互につながっているという仮説を受け入れれば、恐怖の扉を出て愛の扉を通ることができると言っているわよね。あなたの表現では、愛の状態とか安心できる状態ね！」

「そこに至るためには、ほかから切り離されているという思い込みを捨てなくてはならない。僕たちは、周囲にあるすべてのものと一体化した唯一つのものをつくっているにすぎないんだ」

「どういうこと？　私は、あなたとも山とも木とも石ともテーブルともここにいる人たちとも、物理的に違う。私は唯一無二の存在で、あなたとは切り離されてる」

「本当にそうなのかな？　科学はこの問題について興味深いことを明らかにしている。僕たちの体は十兆個の細胞でできている。細胞は分化したり集まったりして、体の組織や器官をつくる。一つの細胞は分子の集まりで、分子自体は決められた順番で結合した原子の集まりだ。原子って何か、知ってる？　プラスの電荷をもつ原子核の周りをマイナス電荷の電子が回っている。面白いのはここからだ。機器の精度が上がったおかげで、原子核は原子の十万分の一の大きさだとわかった。つまり原子の九十九・九九パーセントは空だって結論づけられるんだ」

「つまり、原子は、ほほ百パーセントが空の、顕微鏡でしか見えないエネルギーということ？　じゃあ物質は原子でできてないの？」

「いいや、この世界にある有機物も無機物も全部原子でできているよ。二つの原子間の距離は割合でいうと地球と太陽の間の距離よりも離れている。人間の目からは物質は固体に見えるけど、顕微鏡で見ると空洞でできたエネルギーの塊にすぎないんだ」

　私は自分の周りのものについて少し考えてみた。テーブルが空洞でできているとは考えにくい。ましてや自分の体がそうだなんてありえない！　ジェイソンの言っているとおりだとすると、私たちは振動する大きな一つの塊にすぎない。そうなれば、実際、私たちはみんなお互いにつながっているということになる。

「物質について唯一確信をもって言えるのは、物質はいわば情報や考えが凝縮された断片だということだ」

「かの有名な$E=mc^2$ね？」

「そう、アインシュタインは、永久に振動しているエネルギーは凝縮された光であることを証明した最初の人物だ。現代物理学はこの証明を確固たるものにした。つまり、人間の体も考えも感情も、純粋な振動にすぎないんだ。その力がいかに強いものかを自覚していないために、僕たち人間に悲惨な影響を与えるネガティブな考えを生み出してしまう。この研究にもとづいて僕は、病気は調和がとれていない振動とみなされると気づいたんだ。考え方を変えれば、その振動も変えることができる。エネルギーは消滅しないが、絶え間なく形を変えている。僕たち一人一人が、自分の状態を変えられる力をもっているんだ。自分が発したものはすべて自分に返ってくるのさ」

「考え方で振動が変えられるの？」

「もちろんだよ！　僕たちはありのままの自分を引き寄せる。より高い振動域に進化できるようにするには、信念を高めるだけでいい。それが変化の準備段階の二つ目だ。体は自分のいまの状態を示す大切な指標。マエル、いまどんな気分？　ご機嫌で軽やか？　それとも、傷ついていて疲れている？」

私は、少し緊張はしているけど、気分はいいと答えた。だが、ジェイソンはだまされなかったようで、面白がって口をとがらせた。私はため息をついて、自分のいらだちを打ち明けた。

「いま説明してもらったすべての現象、丸ごとは信じられないわ。私は、新しいことを鵜呑みにできないタイプなの。それに複雑でよくわからないし！」

「僕も証拠を求めるタイプだ。だからこそ、きみにこのメソッドを試してほしいんだ。治癒の秘訣は認めることではなく、体験することだから」

「私は病気じゃないわよ！」

「いや、病気なんじゃないかな。じゃあ、ある種の人たちがそばにいると緊張したりこわばったりすることはない？　あるいは反対に、他の人といるとあふれんばかりの力を感じたりすることは？」

私は昼食のときのことを思い出した。反論するのにも疲れてきたのでその話をすると、ジェイソンからはこんな答えが返ってきた。

「きみは振動状態を変えることもできるし、エネルギーの少ない状態から抜け出して、より高い振動数を手に入れて生まれ変わることもできる。それこそが、エネルギー泥棒やバクテリアやウイルスに対して、免疫力を高める最善の方法だ。自分の精神状態を自覚すれば、自分の振動数を高められる。そうすれば、きみが発する振動数を測ることもできるだろう。きみの振動数はいまこの瞬間の充足状態に対応している。他人とつながっていて自分自身と調和がとれていればいるほど、きみの生み出す愛は強くなり、振動数も高くなる。そして、ただ一つのものに融合できたとき、振動数は最適になる。すべてが実現できるようになるのはその瞬間だ。きみは、可能性の際限のないフィールドに入ることができるんだよ」

私は置いて行かれている気分だった！　ジェイソンは、例のフランス人夫婦と昼食をとっていたときの私の充足度は十段階で表すとするとどのくらいだったかと聞いた。「充足度？　ほぼゼロよ！」と答えた。

「その人たちと話していたときに、きみが相手に発していた愛の強さも同じ尺度で測ってみたらどのくらいだろう？」

「私は微塵も愛を送ってなかった。なにせ絞め殺してやりたい気分だったから！　だからゼロ！　間違いないわ！」と答えた。

「じゃあ、そのことを忘れていまこの瞬間に意識を戻すために三回大きく深呼吸をしようか」

私はジェイソンのリズムに合わせて大きく息を吸って吐くことを三回繰り返した。

「さあ、いまの気分はどう？」

「ここに来てからのすべての変化に少し不安を感じてる。十段階で表すなら五か六かな」

「僕に対する好感度は十段階でどのくらい？」

答えにくい質問だ。ジェイソンは、変わるためのきっかけを見つけるために最善を尽くしてくれたが、私はまだかまえていた。正直に言ってくれていいとジェイソンが念を押すので、「五ぐらい、うーん六かな」と答えた。ジェイソンは「率直に答えてくれてありがとう」と言ったが、私の評価をあまり気にしていないようだった。「きみの疑問の一つ目は、きみの発した愛が充足状態と相関関係にあるか、だったね。誰かといて気分が悪ければ、きみがその人に向ける好意的な振動レベルは低い。際限のない空間に到達するためには、きみのエネルギーを高めなければならない。さっきの十段階でいう十だね。十に達するには一秒あればいい！　過去は過ぎ去っていて、もはや僕たちは過去を変えられない。でも、いまこの瞬間によって即座に行動することができる。そのためには、自分が発している振動や波動の状態を意識するだけでいいんだから」

私に言わせれば、ジェイソンもシャンティも、誰もが同じ話し方をしていた。これこそ宗派《セクト》ってやつだ！　それなのに、またしても私の好奇心が試されることになった。どうすれば自分の振動を意識できるのかと質問してしまったのだ。ジェイソンは、初めは好都合な条件に自分を置くことから始めるといいと答えてくれた。私たちはパーカーを着込み、最初に到着した大きな広場に出た。太陽が沈もうとしている。その美しさに息を飲んだ。山から山へと、唯一無二の光が金色とオレンジ色に反射している。私は、三百六十度取り囲んでいる凍てついた鏡に映る太陽の光を目で追った。到着時にすでに低かった気温が、この二時間で少なくとも十度は下がっている。だが、アンナプルナの僧院の特別な眺めが私たちを包み込んでいる。私はエクササイズのこともすっかり忘れていた。それほど心を奪われたのだ。心臓が力強く打っていた。

「いまの気持ちを十段階で表すとしたら？」

「十に近いわ！　私は見ている景色とつながっている」

「きみの振動数が変わったのを感じる？」

「感じるわ。幸せで、自分自身から計り知れないエネルギーがあふれてくる」

「メンタルを止めれば、反射的な思い込みは消え、この瞬間の真実だけが残る。言葉と言葉のあいだ、音と音のあいだの静けさ、闇のなかの光……そういったあらゆるものを意識するようになるんだ。僕たちは心の振動のなかに入っていくことで、現実に存在する唯一の感情、すなわち愛に溶け込むことができる。その状態からさらに高い次元、可能性の領域の次元に到達することで、望むものはなんでもつくりだせるようになるんだ」

私は不思議な揺らめきを感じた。自然とのこの一体感は、シャンティと温泉にいたときにも経験した。

「この振動数に達すると、きみの心から生まれる考えの共鳴力がとても強くなるので、きみの望みは、普遍的な知性、つまり、外見にとらわれない、統一されていると同時に際限のないその場所によって実現する」

ジェイソンが何を言いたいのかよくわからなかったが、私はたしかに、独特の喜び、私自身を超越した何かを感じていた。私には静寂が必要だった。人生がくれたこの唯一無二の贈り物をただ味わいたかったのだ。

太陽がアンナプルナ第二峰の向こうに沈んでいった。日が落ちて数分経ってから振り返ると、ジェイソンが先に戻っていくのが見えた。それでも私は、これほどまでの雄大さの正面の特等席から立ち去る決心がなかなかつかなかった。標高、目新しいもの、初めてのこと、寒さ、経験、それまでの生活との違い、ここで出会った人たち……。そうしたことに喜びを感じながら、ぴょんぴょん跳んで体を暖めた。辛抱強いシャンティは、私をここまで連れてきてくれ、信じられない世界を私に見せてくれた。それに気づかいのある登山の仲間たち、ほとんど何も持っていないのに私にすべてを与えてくれるネパールの人たちの温かい歓迎ぶり。ふと、自分の傲慢さのために遠ざけてしまったイタリア人の顔が浮かんだ。彼の顔を思い出すだけで、すでに速い心臓の鼓動がさらに速くなった。私は自分の無力さに直面していた。自分ですべてをコントロールできると考えていたのに、ここでは、すべてどこかに行ってしまった。自分があれこれ考えていたことまでもが！

花火のような色彩を前に、山々が完璧なシンメトリーで色調の陰影を映し出しているのをじっと眺めた。どんなに複雑なコンピューターのソフトでも再現できない色のパレットが、新しい次元に誘う。私は身動きできずにあ然としたまま、無限の美しさと一体になった。考えていたことは消えていき、ただここにいたい、夕暮れに身を委ねていたいと思った。景色と一つになった私の体が、光のリズムに、匂いに、飛んでいく鳥たちの羽ばたきに、木々に、石に、最上の絵画を構成するすべてのものに、反応する。いまこの瞬間の完璧さを前にして、時が止まったかのようだ。なんとも形容しがたい力がみなぎるのを自覚し、私は安心して身を委ねた。

私の脳が凍りついてしまったのだろうか？　夜の冷たさが服のなかに入り込み、太陽の最後の光が消えると寒さはいっそう強くなった。それでも私は、この特別な瞬間を中断したくなかった。空が暗くなっていく。すると、逆のコントラストが表れた。色たちが、無数の星が散らされた黒い背景に飲み込まれていく。

夢うつつの状態から覚めると、手も顔も凍えきっていて動くことができなかった。何年も宇宙で過ごし、たったいま地球に着陸したような気分だった。重くなった体は、麻痺した脳の指令にはや応えられない。私は立ったまま、しばらくじっとしていた。冷たい風が顔に痛い。そのとき、肩に温かい毛布がかけられ、驚いた。優しい声が私にささやく。「氷点下二十七度だよ。たしかにまばゆいばかりの景色だけど、凍死する前に戻ったほうがいい」

痺れた体を動かして振り返った。そのとたん、心臓が高鳴り、肋骨を激しく打った。すさまじいエネルギーが私を襲い、電流が走る。歓喜と同時に苦しみも感じた。超自然的な瞬間に恐怖が襲ってきたからだ。手が震えはじめた。私は、越えてはならない一線を越えてしまったのだろうか？ あちら側に足を踏み入れてしまったのだろうか？ 足の感覚がなくなり、めまいがする。私は言葉を失い、その場に立ちつくした。黒いパーカーに身を包み、ダウンのフードを頭にかぶったマッテオが私の前に立っていたのだ。

私は気を失った。

※9　一九八〇～一九八七年の中国共産党総書記。

絶対的単一性

「狂気とは、つねに同じやり方で行動しながら、違う結果を期待することだ」

アルベルト・アインシュタイン

何度も頬を叩いて私を現実に引き戻してくれたのは、シャンティだった。私はどうにか意識を取り戻した。食堂に寝かされ、頭から足まで毛布で覆われている。

「ここはどこ？　私、死んだの？」

「生きてるよ。でも、心配したよ」

「夢みたいにすばらしくて、とってもいい気分だった……」

私はその夜の見せ物だった。周りにたくさんの人がいて、目覚めた私に声をかけてくれている。体を起こそうとしたが、シャンティに止められた。私が探していたのはたった一人の人物だ。だが、そこにはいなかった。赤い毛布がかけられているのに気づき、そのなかに縮こまった。あれは幻覚だったのだろうか？　すごくリアルに感じられたが。

シャンティは近くに座ると、気分はどうかと尋ねた。「信じられないような体験をしたわ。宇宙とともに振動し、それから……それから、そのあとはもう何もなかった。ショートしたのよ！」シャンティに言わせれば、むしろ雷の一撃というべきらしい。

突然、アルミの水筒と毛布を手にマッテオが現れた。私が意識を取り戻しているのを見て、安心したようだ。マッテオは、湯たんぽ代わりの水筒を差し出してくれた。私はそれを受け取ってお腹に当てた。それから、毛布で私を包み、両手で私の腕をこすった。その自信に満ちた動作に私は驚いた。マッテオに触れられて私の心は燃え上がった。体はまだ硬直していたが、マッテオに身を委ねた。シャンティがにこにこしながら立ち上がり、意味ありげにこちらにウインクをする。それから、夕食を頼みに行ってしまった。周りにいた人たちも去っていく。マッテオが口を開いた。

少しからかうような口ぶりだった。「僕を避けるにしても変わったやり方だよね。こないだは逃げ出すし、今日は気絶するんだから。そんなに僕の気を引きたいの?」

私は恥ずかしくて口ごもった。「あのときはごめんなさい。なんであんな態度を取ったのか……ええと……あれは私自身じゃなくて……。高いところで、新しい体験ばかりで、寒かったし……それにあなたもあなたよ！　泥棒みたいにいなくなっちゃうんだから！」

「元気になったみたいだな。うれしいよ」

自分の傲慢さに気づき、そんなふうに言ったことを後悔した。私の〝イケメンのイタリア男〟は穏やかな声で続けた。

「申し訳なかった、あんなに朝早く出てってしまって。ジェイソンがここで僕を待っていたからね。でも、これでおあいこだね」

「あなたも彼らの説にすっかり染まっているの？」

「僕たちの誰が何に染まっているのかわからないけど、ジェイソンとはここ十年間いっしょに研究してきた。期待どおりの成果が出ている」

まったく信じられない。どうしてみんな、そんなふうに信じられるの？　落ち着いて、マエル！　これは、人生がくれた彼を知るための新たなチャンスなのだ。このチャンスをものにしないと！

「私にはついていけてないところがまだまだあって。そもそもあなたたちは、いったい何に夢中になっているの？　あなたたちの研究内容がよく理解できない。あなたは医者なの？　どんな経歴？　仕事の業績は？」私は、一つ一つの答えを待たず次々に質問した。マッテオに私のそばにいてほしかったからだ。

「かいつまんで自己紹介するだけでも、一晩じゅうかかりそうだ」

「大丈夫よ。時間はたっぷりあるから！」

私は幸福感に包まれた。マッテオは私の挑発的な表現に気づいたようだ。首を傾けてこちらをじっと見つめている。私は真っ赤になってしまった。困っている私を見て、「冗談だよ」とマッテオは言った。まったく、私らしくないったらありゃしない！　私は微笑んだ。それ以上は言葉に詰まってしまった。私たちは黙ってしばらく見つめ合っていたが、マッテオが優しい声で沈黙を破った。

「大変な一日だったんだから、夕食まで休んだ方がいい。明日、ゆっくり話そう」

「駄目、駄目、話を聞くわ！　あなたのことを聞きたいの……なんていうか……知りたいのよ……ええと、あなたの研究について……それから……」

私は少しおかしくなっていた。頬が熱く、胸が高鳴っている。私の考えなど、どこかに行ってしまったようだ。この男は私に対してあまりに大きな力をもっている。自分がどこにいるのかわからない。血圧が火事場のガスボンベ並みに高くなっている！　マッテオはまたにっこりし、いったい何が知りたいのかと尋ねた。

「どうやって、この発見に行き着いたの？」

「僕はミラノで医学の勉強を終えた。専門は脳科学。イタリアで二年間働いたあと、ニューヨークで大学病院の研究チームに入るチャンスがあった。そこで七年間、人間の体を支配しているエネルギーについての研究を続けながら、外科手術を手がけた。脳の働きとそれが脳の現実のとらえ方に与える影響に興味があったんだ。それによって、人間関係の問題のほとんどは説明できるからね」

私は注意深くマッテオの話を聞いていた。わずかに開いた口から見えるきれいに並んだ白い歯が、整った天使のような顔を完成させている。私はどうしようもなく彼に惹かれていると認めざるをえなかった。すると、ジェイソンが心配そうにこちらにやってきた。私が倒れたと聞いたのだろう。私を見てほっとすると、クラフト紙にくるまれ紐でくくられた文庫本サイズの包みを私に差し出した。

「きみの探しものだよ」

「これで全部？」

「ああ！　きみの手でロマーヌに渡してくれ」

「渡すから安心して！　このためだけにここまで来たんだもの！」

例のメソッドについてもっと知りたかったが、何も質問しようとしないマッテオの前でその話をするのはためらわれた。ジェイソンがどこまで話しているのかわからなかったからだ。私は受け取った包みをリュックサックにしまい、絶対に肌身離さず持っていようと心に決めた。そこにシャンティがやってきた。「顔色がよくなったね。夕食の準備ができたけど、何か食べられそう？」台所から漂ってくる香りが食欲を刺激する。私は恐る恐る立ち上がった。マッテオが私の手を取った。「そんなようすじゃ歩くのも大変そうだな。元気になってからでいいんだけど、僕もいくつか聞きたいことがある」マッテオの茶色い瞳に吸い込まれそうになった。彼の指の温かさが二人の距離をさらに少し縮めてくれている。マッテオがごくりと唾を飲むと、首に沿って喉仏が動いた。いまこの瞬間より大事なものなどない。そんな気がした。

ジェイソンは夕食をいっしょにとろうとアヤティを誘った。「もうアヤティと話したんだって？彼女は変化プロセスの準備の第三段階について、マッテオといっしょに研究しているんだ。人間の脳が現実をどのようにつくりあげるか、ある状況を前にしたときそれをどう理解して、どんな反応をするか、についてね」先ほどの気絶で自分がいかにか弱いかを見せてしまった私は、なんとかそのイメージを払拭したいと思った。そこで、研究内容についてもっと詳しく説明してほしいと頼んだ。

シャンティが野菜のスープを運んできて、私の右隣に座った。マッテオは私の左隣、アヤティとジェイソンは向かいにいる。シャンティが、私の体調を確認するように私に向かってうなずいた。マッテオもそれを見ている。私は、シャンティとマッテオにいままで知らなかった考え方ばかりで完全にはついていけていないと正直な気持ちを打ち明けた。一方で、現実は、もしかしたら自分が感じているのと同じではないのかもしれないと気づきはじめていた。私は少し考えをまとめてから、こう言った。

「ジェイソン、エゴにコントロールされている偏った現実についてのあなたの指摘を読んだわ。そのあと、物質とはエネルギーフィールドをつくりだす原子の集合体である以上、空洞からできていると説明していたわよね。それが証明されていることは理解したけど、それでも、私たちも含め、周りのものが全部、空洞でできているなんてなかなか想像できない。あなたのおかげで、夕暮れどき、私は自分がエネルギーの大きな一つの塊をつくりだしていると思うほど体が周囲と融合するのを感じた。考えを変えることで振動状態を変えられることも理解できたわ。それに、充足感と自分が発している愛とに相関関係があるのもわかる。どれもこれも私には新しいことばかりだけど、感動的な経験をしたことは認めるわ。それでもね、一つ疑問に思うことがあるの。だとしたら、私たちは現実を生きているの？　っていう疑問よ。現実だと思っているものは精神やエゴが見せている景色ってこと？　じゃあ、私は何を知っているわけ？」

「現実は複雑なのよ」アヤティが答えた。「ある状況を前にしたとき、人間は真実のほんの一部しか感じとることができないの。人間の視界にも、感覚にも、理解力にも、知っている次元にも、信仰にも、教育にも、すべて限界があるから。ほかにもいろいろな要因があるけど」

「携帯を使った実験を思い出してみて」シャンティが口をはさんだ。

アヤティが話を続けた。「研究室での実験で、被験者にある物体を観察してもらった。被験者の脳をスキャナーにつなぐと、脳の特定の部分が点滅するのが確認された。ここまでは驚くことではないわ。次に、その物体を隠して、被験者に先ほど観察したものを思い描かせる。そうすると、脳の同じ部分が光ったの。脳にとっては、実際に見ているものも思い出しているものも同じなのよ。同じ神経回路を作動させている。つまり、そこで、一つ疑問が生じた。では、私たち人間は現実を見ているのか？　それとも想像しているのか？」

「人間の脳は一秒間に四千億ビットの情報を処理するが、自覚しているのは、そのうちの二千ビットだけなんだ」マッテオも説明を始めた。「それらの要素は、周囲や自分の体や時間について教えてくれる。それでも僕たちは、自分を取り囲む世界のごく一部しか見ていない。ある物体は、僕たちがそこに意識を向けた瞬間から現実のものになるんだ。ここで現実に関する二つ目の疑問が生じる。現実を認識する方法は自分の知識と密接に結びついているのではないか？　僕たちはあるものを見ると、そのあとで記憶の鏡にそれが反映されていないかを見ようとする。たとえば、テーブルを見てごらん。テーブルの像は、まずは僕たちの瞳に届き、それから脳に届く。そして、これが本当にテーブルであるとみなすために、必要な知識を付け加える。実際にテーブルを見るのと、それをテーブルと理解するまでにはわずかな時間が必要なんだ。つまり、人間は見たものを直接的に感じとっているのではなく、あくまで解釈しているんだよ」

「つまり、知識や経験をもとに現実をつくりあげているのね？」

「そのとおり。でもそれだけじゃない。現実は感情にも左右される。まずは、脳がどのように働いているかを説明しよう。脳は神経細胞、いわゆるニューロンでできている。ニューロンは枝分かれして互いにつながり、神経ネットワークを形成する。その神経ネットワークは、情報を取り入れたり、その情報を僕たちに伝えたりするにつれて、どんどん洗練されていく。ニューロンの接点に考えや記憶がつくられるんだ。脳のなかのきわめて小さな部位、視床下部では、ペプチドと呼ばれる化合物が生成され、それが集まって、そのときどきに経験した感情に応じた神経ホルモンがつくりだされる」

「怒りとか、喜びとか？」

「そう、悲しみ、不満、満足感、快楽……。実際になんらかの感情を抱くと、それに応じて生成されたペプチドが血液のなかに放出され、対象となる細胞に運ばれる。一つ一つの細胞は、外に開かれた数千の受容体を備えている。体じゅうに運ばれた化合物が受容体に信号を送ると、情報がキャッチされ、細胞を変化させることができる一連の生化学反応が引き起こされるというわけだ」

「まるで細胞に意識があるみたいに？」

「まさしく。細胞は生きている。その受容体は細胞を進化させ、もっとも頻繁に感じる感情に応じて細胞をつくりかえる。考えや感覚は、この神経ネットワークで相互につながっている。つまり、脳はつねに建設中なんだ。届く情報に応じて毎秒毎秒変化する。そうやって、人間は外の世界の見方のモデルをつくっていく」

「つまり、いまあなたが話しているあいだも、私の脳は変わりながら新しいつながりをつくりだしているのね？」

「そうだよ。脳は記録して、そのテーマについての既存のモデルを補強することで、自身の構造を変えていく。さらに、脳は独自の知性を加えながら受け取った情報を処理する。話し相手によって関連する感情を解放するんだ」

「ごめんなさい。よくわからないわ」

「例を挙げようか。知っていると思うが、ぼくの名前はマッテオ、男性で、イタリア人で、職業は神経科医。この四つの基準とともに、きみの脳は過去の経験やいままで出会ってきた方法に応じて、いま受け取った情報に多かれ少なかれ説明を加える。いままでに会ったイタリア人や、同じ名前の人物、医療に対して抱いている嫌悪感、あるいは興味などに結びつけて考える。実際に、脳はインプットされた膨大な量の情報をすでに知っている情報と照らし合わせるんだ。僕の声の調子、手の大きさ、髪形、部屋の暖かさ、周囲の物音、その他、キャッチできるすべての情報とね。そうやって脳は、新しいデータに影響を受けるすべての図式を修正しつづける。情報があればあるほど、そのモデルは精巧になっていく」

アヤティは、ある状況に直面したとき、私たちは主観的な感情反応をそこに加えて処理しようとするので客観的でいるのは難しい、とさらに説明した。要するに、私たちは外の世界とは何かについてのストーリーを自らに語っているらしい。

「ということは、二人の人に同時に同じ情報を与えても、それぞれ既存のニューロンのモデルに従ってとらえ方が違うということね。どういう感情を抱くかも、それまでの経験によって違うのね」

私はここまでの話を私なりにまとめた。

「最後にもう一つ、重要なポイントがある」マッテオが言った。「いっしょに働く神経細胞は互いに協力する。つまり、毎日同じ行動を繰り返すと、ニューロンが人格を決定づけるような持続的な関係をつくりあげるんだ。たとえば日常的に怒ったり、苦しんだり、あるいはいじめられていると感じると、その神経ネットワークがさらに強くなってしまう」

「どうやってそれを止めることができるの？　自動的にそうなってしまうのは避けられないってこと？」

「そうじゃない！　人間には自分の心理的表象を壊す力もある。思い込みを変えることで、ほかのモデルに置き換えることができるんだ」

「協力しなくなった細胞は、そのうちに関係を失うのよ」アヤティが付け加えた。体内で化学的反応を引き起こすメンタルプロセスを断ち切るたびに、結びついていたニューロンが関係を壊しはじめるの」

シャンティが私に、チャパティの入ったバスケットを差し出した。私はその平べったいパンを一枚取って、マッテオに回した。そして少し考えてから、こう言った。

「一つ気になるんだけど……。周りのものと同じように私たちも空洞からできているとしたら、いったい私たちって何？」

「知的な振動エネルギーと定義できるんじゃないかな」ジェイソンが答えた。

「私がお馬鹿なだけかもしれないけど、あなたたちが話しているそのエネルギーについてもっと説明してもらえない？」

「安心して。すべてがエネルギーだと理解するまでに、僕だって十五年かかったんだから。物理学者たちでもそれを証明するのに数十年もかかっている！　量子物理学が空間の構成に新たな光を当てたのだって、二十世紀になってからのことだしね」

なんという幸運、なんという偶然！　私はネパールに来る飛行機のなかで、量子物理学の定義に関する記事を読んだばかりだった。ジャーナリストが書いた記事だが、量子物理学は限りなく小さなものを扱い、物理的システムのなかで働く基本的な現象を原子レベルで説明できると書かれていた。するとジェイソンが説明してくれた。十九世紀に認められていた従来の物理学では空間が空洞のみで満たされていると考えられていたのに対し、量子物理学では、空間は生きて振動していて知的であると証明しようとした。それはエネルギーフィールドといえ、そのフィールドが宇宙全体を統一することで、私たちは考えや感情や感覚で宇宙とつながることができるのだ。どれも私には信じがたい話だった。この次元が、それほどまでに自分から離れているとは想像できない。現実は、私にはずいぶん違って見える。

風が吹きはじめた。突風で窓ガラスが揺れる音がする。ニシャールとティムがあわてて食堂に入ってきた。二人とも雪まみれだ。嵐になるぞというニシャールの言葉にジェイソンが驚いて「どうやら来週までは待てなそうだな」と言った。

シャンティが外にようすを見に行った。窓ガラスを通して、空が暗くなり、星が分厚い雲で見えなくなっていくのがわかる。突風にのって大きな雪片が巻き上がったかと思うと地面を叩いた。穏やかだった僧院が、一転して戦場へと化した。

シャンティが戻ってきた。私は目で問いかけた。「風がおさまるといいのだけど、このまま続くと出発を遅らせなくてはならない。嵐がいつまで続くかわからないからね。普通は二、三日でおさまるけど」とシャンティが答えた。みんな顔を見合わせたが、その状況にがっくりしているようには見えない。おさまらなかったら……と私が言いかけると、「我慢するしかない」とジェイソンが答えた。ほかの答えを期待してシャンティを見たが、困った表情でこちらを見ただけだった。ここで数日間足止めされるなんてとても考えられない。私は仕事のことを考えるとパニックになり、呼吸が浅くなった。ポケットから携帯を出したが、電波は入らない！　するとシャンティが、私の背中をポンポンと手の甲で叩いた。「明日の朝になればわかるよ。必要な情報がないのだから、いま心配してもしかたない。問題があっても解決策は必ず見つかるよ。まあ、いまのところ、解決策はないけどね！」

私はネガティブな考えをポジティブな考えに置き換えてコントロールするという教えをさっそく実践することにした。パニックになっていたメンタルが鎮まっていくのがわかる。ミリアがやってきて、テーブルの真ん中にほうれん草のグラタンと串刺しのフライドチキンを置いてくれた。山に入ってからはめったに肉を食べられなかったので、とてもうれしい。私は冷静さを取り戻して、ジェイソンに尋ねた。

「ここまで変化のプロセスに関する最初の三つの段階を説明してくれたわよね？　一つ目は、いつなんどきでも恐怖の扉と愛の扉のどちらを押すか選択できると自覚すること。二つ目は、純粋なエネルギー、つまりすべてがつくりだせる空間やすべてが可能なフィールドとつながるために振動状態を高めること。三つ目は、人間とはなんなのか、どのように動いているのかを理解すること。で、最後の一つは何？　アヤティは四つの段階があるって言ってたわよ」

「四つ目については、江本《えもと》勝《まさる》博士※10の著作についての話をしたいな。夕食が終わったら、博士の驚異的な実験結果について教えてあげよう」

＊

中庭では、いたずら好きの風が雪を舞い上げていた。私たちは、隣の棟の廊下に駆け込むと、ジェイソンの研究室に向かった。ジェイソンは研究室のデスクの引き出しから分厚いファイルを取り出した。「日本の江本勝博士は、凍った水の結晶を撮影することで水の反応を観察するのに成功した。古代の人々が何千年も前から言ってきたこと、そして今日の量子力学によって検証されたこと、つまり、考えることは瞬間的に創造する力をもっているということを証明してみせたんだ。江本は、水のサンプルを氷点下二十度の環境に三時間置いて結晶化させた。それから、表面の細かな氷滴の輪の上に形成された結晶を高速で撮影した。すると、水の純度に応じて結晶の質とバランスに違いがあることがわかった。きれいな水では見事な結晶ができるのに対して、汚れた水やよどんだ水では結晶の形がばらばらでバランスが取れていない。江本はそこから、水の分子構造と、何が分子構造に影響を与えるかに興味をもった」

ジェイソンは、フラップフォルダのいちばん手前から何枚かの写真を取り出した。「江本は、メンタルな刺激を使って挑発的な実験を行った。その結果、水が非物質的な現象にも反応することがわかったんだ！　そして、暗視野顕微鏡で水の結晶を撮影した。その結果がこれだよ」ジェイソンはそう言うと、乱れた結晶の写真を見せてくれた。「これは藤原ダムの水の結晶だ。その後、同じ水に仏教僧に加持祈禱をしてもらった。それがこの写真だ」ジェイソンは二枚目の写真を出した。きれいな六角形のみごとな結晶になっている。私は写真をシャンティに回した。

「江本は新たな実験で研究を続け、さまざまな要素を試した結果、ほかのものより音楽や言葉の波動が水に大きな影響を与えることを証明した。撮影された結晶の形がそれを証明している。たとえば、江本は蒸留水にベートーヴェンの交響曲第六番『田園』を聞かせた」ジェイソンはそう言うと、驚くほど完璧な形の結晶の写真を見せてくれた。

「モーツァルトの交響曲第四十四番ニ長調、さらにはバッハの管弦楽組曲第三番などで実験を繰り返すと、結晶は言葉では言い表せないような美しさになった。さらに、水に優しい言葉をかけたときも、同じようにみごとな形になることがわかった」

「なんという発想なの！」アヤティが言った。「じゃあ、水にネガティブな考えを突きつけたらどうなるのかしら？　結晶の形が違うの？」

「そう、それが僕が見せたかったものだ。ほら！　水に憎しみや暴力的な言葉や不協和音を聞かせると、結晶の形は乱れて不均衡になったんだ。なかには形が壊れたり、部分的にしか結晶化しないものもあった。驚きだろ？」

その写真はたしかに衝撃的だった。江本博士は水を入れたボトルに「魂」「美しさ」「愛」などのメッセージが書かれたラベルを貼っている。結果は明らかだった。そういう言葉を聞かされた水の結晶は複雑で完璧だったのに対し、「醜い」「馬鹿」「悪魔」といった悪い言葉にさらされた水の結晶は醜く乱れている。ジェイソンが説明しながら次々に見せてくれる写真に、私はあ然とした。

江本博士はさらに実験を続けた。同じコップに、今度は水ではなく炊いた米を入れて実験を行った。毎日、お米に向かって〝話しかけた〟のだ。一つ目には思いやりのある言葉で感謝を伝え、もう一つには「役立たず」と声をかけつづけた。一か月後、ぞんざいに扱われた米のほうがずっと早くカビだらけになったという。信じられない話だ！

ジェイソンも最初は半信半疑だったらしい。「正直なところ、僕も信じられなかったよ！ でもグレッグ・ブレイデン※11の研究を見てみると、この結果は驚くことでもないとわかるんだ！ ブレイデンは、水滴に対する振動数の作用について明らかにした。高い振動数は調和のとれた形をつくりだした。音楽は波動の集合であることはすでに知られていて、音楽の影響は証明するまでもないよね。だけど、考えや言葉、人間、色、香り、芸術、読書などが人間に与える影響については、音楽ほど意識されていない」

「そうね、大自然のなかに浸ることと同じで、そういったことすべてが同じ力をもっているかもしれないわよね？」アヤティが言った。

「そうなんだ！」ジェイソンが答えた。

私はジェイソンに、その振動を病気の治療に使えないのかと尋ねた。ジェイソンによると、どうやら代替医療の分野では、数十年前からさまざまなタイプの病気の治療に生命エネルギーが用いられているらしい。振動数の低い何かが固化してできただけの腫瘍の場合には、高い振動数で溶解させることに成功しているという。驚くべき話だ。

「この発見の重要性がわかる?」とジェイソンが言った。

「その影響力がどれぐらいか全部はわからないけど、人間の体の大半が水でできてるってことは私も知ってるわ」

「そうだ。人の体の七十パーセント以上は水なんだ。だからこそ、江本やブレイデンの実験は興味深い手がかりとなる。振動波は水の分子の一つ一つに、つまり、私たちの体全体に影響を与える! 彼らの実験は私たちが説明できなかったことを証明している。考えや思いやりの力は調和のとれた行動を生みだす。これが、変化のプロセスを引き起こす四つめの段階だ。僕たちはこれらの発見に端を発してプロトコルをつくった。それは次のような仮説にもとづいている。第一に、科学のおかげで、固体であると思われていたものが空洞でしかないとわかった。第二に、人間の体の三分の二は水で、水の分子は酸素と水素からできている。酸素と水素はそれ自体が原子だが、その九十九パーセントは空洞だと判明した。水は考えに影響されて反応する。第三に、人間の脳は、どんな情報を送るか、どんな考えを抱くかによってつくりかえられる。僕が「考え」にこだわるのは、考えこそがこの問題の中心であり、恐怖と愛という二つの状態しか存在しないと気づいたからだ。僕たちが考えることの根っこはすべて、恐怖または愛にあるんだ。恐怖は、悲しみ、怒り、攻撃性、人体に恐ろしい影響を与えるその他の感情を引き起こす。反対に、愛の状態で生まれた考えは、体の調和、和解、統一、満足感を可能にする。だから、この二つの状態の自覚や、そこから派生する行動、健康と人生への直接的な影響などをもとにした治療プロトコルを考えたんだ」

変化のプロセスについてもっと詳しく知りたかったが、今夜はもう遅い。ジェイソンがまた明日にしようと言った。ジェイソンは研究室に残ったが、アヤティは寝に行った。私はマッテオとシャンティと食堂に行って、今日最後のお茶を飲んだ。

「変化のプロセスは誰でも経験できるの？」

「ああ、変わりたいと願っている人ならね」マッテオが答えた。「僕も変わるためには、自分が不幸だと自覚しなくてはならなかった。それを認めるのは簡単じゃなかったよ！　もちろん、変わる前だってつかの間の喜びはあったけど、持続的に振動させてくれるようなことは何もなかったからね」

「社会が求めているものがすべてそのプロセスにあるのだとしたら、誰も不満を言わなくなるんじゃないの？」

「そうなんだ！　以前の僕は求めているものを手にしていて幸運だったし、友人に囲まれ、恋愛もうまく行っていて、体も健康だった。でも、心の奥底で何かがうまくいっていないと感じていた。それが何かはわからないが、攻撃的なこの世界で自分がどこにいるかわからなかった。停滞した雰囲気に包まれていたんだ。その闘いのなかで、自分の本当の姿を見つけられなかったんだ」

「私もまったく同じ！　まさにそう感じてる。幸せだと思っても、一瞬で終わってしまう。うまくいかない状況や誰かに邪魔されたりすると、すぐに不快になる。そうした緊張状態から抜けることができなかった。私だって変わりたいの！」

「それなら、きみは準備ができているってことだよ。自分の人生を変えたいと思ったときに変化が始まるんだ。ひとりでに牢獄に閉じ込められてしまっていても、そこから脱出するという選択肢があると気づけば、あと必要なのは鍵だけだ。この続きは明日、ジェイソンが話してくれるだろう」

まぶたが重くなってきた。もっと話していたかったが、そろそろ部屋に戻ったほうがよさそうだ。シャンティが私のアルミの水筒に熱いお湯をたっぷり入れてくれた。「寝袋にこれをしのばせておくといいよ。夜は恐ろしく冷えるから」

マッテオは私を部屋まで送ってくれた。私の目をじっと見つめる彼の目は、私の魂まで読み取っているように見えた。疲れた体が思わず火照った。マッテオは私の手を取って私を抱きしめると、「いい夢を」といって頬に長いキスをした。私が部屋に入るまで、私たちは互いに見つめ合っていた。

氷点下まで下がった温度に耐えるため、服を何枚も重ね着してから寝袋に入った。薄い壁を通してマッテオの動く音が聞こえてくるのではないかと耳をすませた。マッテオのベッドは私のベッドのすぐ隣にあるはずだ。そして私は、彼のささやき声を聞きながら、眠りについた。

「おやすみ《ブォナノッテ》、マエル」

「おやすみ《ボンヌ・ニュイ》、マッテオ」

※10　日本の作家（一九四三〜二〇一四年）。横浜市立大学卒、代替医療博士。思想や感情が水に与える影響に

関する論文で知られる。
※11　グレッグ・ブレイデンの講演選集『When a Water Droplet Is Exposed to Sound Frequencies』、『Feeling Is Vibration』より。詳細な情報は、ブレイデンのサイト www.greggbraden.com を参照のこと。

いまから……

「信仰をもつとは、たとえ階段全体が見えなくても最初の一段を上ることだ」

マーティン・ルーサー・キング

　風はひと晩じゅう吹き荒れた。私は幸せな気持ちで目が覚めた。九時間眠ったにもかかわらず、体はまだ休息を求めている。カーテンの向こうを覗くとまだ雪が降りつづき、山々は濃い霧に覆われていた。毎朝のことだが、寝袋から出るのは拷問のようだ。だが今日は仲間たちに、とりわけ美形のイタリア人に早く会いたかった。ベニヤ板の壁に耳をつけたが、物音一つしない。まだ寝ているのだろうか？

　自分を奮い立たせ、寒さと闘いながら身支度をした。清潔だが凍っている服を着込み、食堂のシャンティのところに向かった。みんなすでに起きて、それぞれ働いている。シャンティがコーヒーのマグカップを持って、私の隣に座った。そして、隣の棟でジェイソンが待ってるよ、と教えてくれた。マッテオはアヤティと働いていた。急に食欲がなくなった。なんと、私は嫉妬している！

　風はおさまったが、道はまだ危険なままのようだ。明日、日が昇って視界がよくなってから出発したほうがいいのだろう。また雪が降ったらどうなるのだろう、と心配になった。シャンティが下り坂は通行不能だと教えてくれた。以前、その道を通ろうとして五十メートル降りるあいだに三回も滑ってしまったのだそうだ。「地滑りが起きたら、出発はさらに遅くなるかもしれない」シャンティはそう言いながら腕のすり傷を見せてくれた。

「怪我したの？　傷口を消毒しないと！」

「たいしたことない、ほんのかすり傷だ。天気予報によると、明日と明後日は雪が降らないそうだ。積もったばかりの不安定な雪の層は明日のうちに太陽が解かしてくれるはずだ」

「シャンティ、お願い、いっしょに来て。ジェイソンなら治療に必要なものを持ってると思うから」

　私がしつこく言うと、シャンティはしぶしぶジェイソンの研究室までついてきた。屋根も道も岩もすべてが純白の丸みのある雪の衣をまとっている。あたりはしんと静まり返っていて、山に響く音もまったくない。静寂を破るのは、私たちが雪を踏んで歩く音だけだった。

　ジェイソンは研究室で五人のチベット人と話をしていたが、窓越しに私たちに挨拶した。そのセッションは終わったようで、研究室から出てきた五人は私たちとすれちがうときに丁寧にお辞儀をしてくれた。ジェイソンは、学校で使うような椅子にシャンティを座らせた。シャンティの腕をアルコールで拭き、消毒用の軟膏を塗ると、こすれないように傷口をガーゼで覆った。それからくるりと私のほうに振り向き、よく眠れたかと聞いてきた。そして、シャンティの隣の椅子に私を座らせ、その正面で椅子を反対向きにして座ると腕を椅子の背に置いた。

「ええ……でも実を言うと、生まれて初めての体験ばかりで戸惑ってるの！　例のプロセスについてももっと知りたくてうずうずしてるわ」

「いいね！　じゃあすべてが可能なフィールドに入る準備ができているということだね！」

「変化へのフィールドでしょ？」

「そうだ。いまこの瞬間にある考え方によって創造が始まるんだ。僕たちは心の奥底で、自分の考えが鳴り響き、夢は遠くないと知っている。だけど多くの場合、夢を実現させるのは難しい。どうしてか？　それはね、エゴがブレーキをかけて、僕たちのやる気をくじくからだ。エゴの主張は理にかなっているように見えるので、疑念にかられてしまった僕たちは自分の願望を忘れようとするんだ」

「結局、そうよね……。人生には、やらなくちゃならないことがいくつかある。そういうものが夢の実現を妨げるのよ」

「そうじゃない！　エゴ以外は何も心が発している望みを妨げることなどできないんだ。エゴは交渉上手で、僕たちを〝エゴの言い分〟に引き戻す術を知っている。つまり、内的葛藤が始まる。『変えなきゃいけないとわかっているが、このまま続ける以外には選択肢がない。子どもたちに辛い思いをさせたくないし、夫にも迷惑をかけたくないし、あれにも、これにも……。それに、私は運がいいほうじゃないし、すごい才能があるわけでもない。きっとあきらめたほうがいい……』、あるいは、『自分の望みははっきりとわかっているけどもう遅すぎる』あるいは『まだ早すぎる……』という具合にね。変化には二つの段階がある。一つ目は、ものごとの見方を変えると決意すること！」

「見方を変える？」

「そう。僕たちは自分の教育や文化や経験から思い込みのシステムを構築し、それを強固なものにしていく。繰り返し聞いたフレーズをまるで真実であるかのように取り入れてしまう。たとえば『人生は辛く、不公平だ』『人生は戦いにすぎない』といったフレーズをね。そして、無意識に行動してしまう。未来に不安を感じながら、以前と同じサイクルを繰り返すんだ。僕たちのメンタルは、ずれた時間のなかに僕たちを投影してしまう」

「自覚したその瞬間にあなたは自由になるんだ」シャンティが口をはさんだ。「その空間では、過去の重みも罪悪感も未来への投影もないままに、新たな視線で決断が下せるようになるんだよ」

ジェイソンが続けた。「そのとおり。恐怖のプリズムから切り離して、他人や事実をありのままに見られるようになる。そうすれば、無意識の考えが止まり、いまこの瞬間とつながった夢に到達できる。単純な話だよ。思い込みから抜け出せば、プロセスが作動するんだから」

「思い込みって、たとえば？」

「たとえば『失敗が怖い』とか」

「でも……それは現実よ！　失敗が怖くない人なんている？　あなたは失敗したことはないの？」

「失敗はエゴの世界にしか存在しない。失敗は評価の源だからね。だが同時に、失敗は成長と学びを可能にする経験でもある。試練を受け入れてこそ、夢に到達できる。いまこうして人間が歩いているのは、先祖が何度も何度も転んだからだとは思わないか？　何度も転んだ結果、バランスをとれるようになったんだ。それは失敗ではなく、学習の当たり前のプロセスなんだよ」

「研究者が行きづまるたびにあきらめていたら、〝研究者〟という言葉自体が存在していなかったんじゃないかな」シャンティも言った。

「間違うことは成功に不可欠なんだ。間違ってはならないというプレッシャーから解放されれば、恐怖のバリアを越えて変化しはじめることができるからね。何度でもそのサイクルが再現されるんだ。そうすれば毎年同じ時期に同じネガティブなシナリオが繰り返されるなんてことはけっしてなくなるのでは？」

いい例が思い浮かび、私はにっこりした。

「私は毎年、一月上旬に風邪を引く。もう習慣なの。だから一月上旬に出かけるときは、いつもあらかじめ薬を持ち歩くようにしている」

「それは、きみが自分で創造したシナリオを生きているからだ。風邪をひく前から炎症を起こすところを思い描いてしまっているんだ。そうすると、本当に症状が表れる」

「そんなことない！　わざと病気になろうとなんてしてないわ！」

「わざとだなんて言っていないって。でも、きみは自分の思考システムにそのことを書き込んでしまったんだ。そのプロセスを繰り返さないためには、自分のメンタルをコントロールして思い込みにストップをかけないと。自分にいいと思えない考えが浮かぶたびに、それを追い出そうとするのではなく、正反対のイメージで打ち消すようにする。それから大声で言うことで置き換えるものを有効にするんだ。たとえば、去年風邪を引いたことを思い出したら、そして、今年もまた引くにちがいないと思ったら、その考えを考察しながらプログラミングし直すんだよ。すっかり治った自分を思い描き、『今年は健やかに一年を始めます。どんなウイルスにも邪魔させません。薬は引き出しにしまっておきます』と声に出してみるんだ」

「それだけでいいの？」

「そうさ。以前説明したポジティブな精神と同じことだよ」とシャンティが言った。

「きみの思い込みが、毎年、きみに風邪を引かせている。だったら逆方向への思い込みも効くと思わないか？　何かを固く決意すれば、それは手に入る。ポジティブなものを引きつけたいと思うなら、考えや言葉や行動をポジティブにするんだ。きみの周りにとんでもなく運のいい人はいない？」

「同僚に一人いるわ。その人にはいつも信じられないようなことが起こる。いつだってついてるのよ」

「その人が愚痴を言ったり、誰かを批判したり、非難したりするのを聞いたことがある？」

「彼はそんなことをする必要がないのよ。だって全部を持っているから！　愛する女性も、かわいい子どもたちも、やりがいがあって稼ぎのいい仕事も……。何かラッキーなことが起きると、いつも彼に関してよ。彼には文句をいう資格なんてないわよ！」

「自分が幸運だと信じている人ほど幸運な人はいないんだ。人間は誰だって、失望や辛さを感じるけど、幸運を引き寄せる人は人生に対してポジティブな態度で生きている。それは、誰もがもつことのできる好循環なんだ。何かに成功すると、自信をもつことができ、恐怖心が遠ざかり、さらにたくさんのことを試すようになる。それぐらい好循環なんだよ。同じように、誰もが過去の経験に育まれたネガティブな思い込みに閉じこもることもできる。恐怖は僕たちを麻痺させて、悪循環のなかで身動きがとれなくする。そうなると、僕たちは自分につきまとっているものを引き寄せてしまう。頭のなかにある考えが現実の恒常的なプロセスを始動させるんだ。僕はこれを引き寄せの法則と呼んでいる。人間は、自分のなかにあるものを引き寄せるんだ」

「その説がはたしてすべての人に当てはまるのかしら？　とっても優しい友人がいて、彼はいつも誰かを助けてくれるんだけど、彼には不幸なことばかり起きる。いま話してくれた引き寄せの法則

いまから……

があるのだとしたら、彼には平和と調和を手に入れる権利があると思うけど。でも現実はそうじゃないわ」

「引き寄せの法則は、考えと行動と心の奥からの欲求が同じ波動で並んだときに作用する。その友人が人の頼みを断れなくて義務感からそうしているのであれば、彼は自分の望みとは違う選択をしていることになり、魔法は効かないんだよ」

「どうして、彼はそんなことをするわけ？」

「たとえば愛されたいからとか。深い傷を抱えていて、自分が評価されるためには自分のやらなくてはならない仕事も忘れて他者を助けなくてはならないと思っているのかもしれない。その彼の行動は彼の夢と一致していると思うかい？」

「思わない。たしかに。そういえば彼はよく、自分は人に頼まれたらノーと言えない、それで奥さんともよく喧嘩になるって言ってるわ。他人の仕事を手伝って帰りが遅くなるので、奥さんと子どもに文句を言われるらしいのよ」

「彼が頼みを断れないからこそ頼まれる。そうやって結局、彼は自分自身のことを忘れてしまうんだね」シャンティが言った。

「プロセスを理解するのは簡単だが、実際にやってみるのは難しい。というのも、僕たちは無意識のことをすべて見分けることはできないからだ。だからこそ、自分の欲求や不満を直視し、自分の内なる声に耳を傾けることで、心の奥底で求めているものを引き寄せるために自分のエネルギーの均衡を図る術を学ぶことが大切なんだ。マエル、きみは本当にそれを望んでいる？」

「ええ、準備はできているわ。でも、どこから手をつければいいのかがわからない」

「最初は、まるで現実であるかのように自分が理想とする人生を思い描きながら、さっき自分に言い聞かせたことを声に出してみるんだよ。たとえば『いまから私は……』というフレーズから始めてみたら？」

私は立ち上がって、自分の考えていることをまとめるために窓辺に近づいた。外では雪が景色を止めてしまったようだった。ヒマラヤの真ん中で、私は心からほとばしる言葉を口にした。「いまから、私は人生を信じ、人生は私にチャンスをくれ、そのチャンスをつかみます。いまから、私は失敗を受け入れます。失敗は変化の一部だから。いまから私は、自分が思っていることを引き寄せます。もしも私がポジティブな考え方をしたらいいことが起こるし、反対にネガティブな考え方をしたら悪いことが起こるから。いまから私は、自分の前には二つの扉があることを意識します。いまから私は、本当の私になります！」

ジェイソンはひと息置くと、こう叫んだ。「これで、きみも変化のプロセスに向けてスタートした！」私の顔が輝いた。その瞬間、空が晴れて、太陽が部屋に射し込んできた。私のなかで感じていたことと同じことが起きたのだ。ジェイソンがたったいま、私の心に火を灯してくれた。雲が散っていくにつれてふたたび山々が姿を現した。まるで……まるで……ええと何に似ているのだろう？　よくわからない……とにかく書き留めておきたいほど美しかったのだ。ジェイソンは、私がまた話を聞けるようになるのを待ってから、話しはじめた。

「変化するための二つ目にして最後の段階は、自分の潜在能力に到達すること。僕たちはみんな、人間として選ばれた存在で、僕たちがもっている能力は無限だ。だが、しばしば道をはずれ、無意味なものに取り憑かれ、創造性の道に戻れなくなってしまう。自分の本質を忘れ、信号も暗号も聞こえなくなってしまう。そうなると、濃い霧のなかをたった一人で航海し、日々の生活にかりそめの意味を与えてくれる〝売り込み戦略〟に丸め込まれてしまう。僕たちのなかには、そんな手口はお見通しだということを思い出させる小さな炎が存在している。鏡を見れば自分に嘘をついているとわかるのなら、では、どうやって正しい道に戻ればいいのか？　ここ何年も自分の道を見失い、いま自分が持っているものを手に入れるために嵐と闘ったがその闘いはなんの役にも立たなかった、とどうやったら認められるのか？」

私は肩をすくめた。返す言葉がなかった。

「まずは、自分をけっして裁かないこと。自分がしてきたことはどれも、理解するために役立ったと認めてあげよう。変革と変化を受け入れるとは、過去を好意的に認めることなんだ。過去の闘いのおかげで、大切な訓練ができた。自分は、新しい目標に向けて自分の力と弱さを自覚している。被害者意識や後悔はなんの役にも立たない。これまでは、以前の目標に沿って生きてきただけなのだ」

シャンティが口を開いた。「あなたは恋に落ちるのを恐れていた。だから、ずっと一人でいた。お金を稼ぎたかったから猛烈に働いて富を手に入れた。けれど、あなたが望んでいるのはほかのものだ。決意さえすれば、すべてが可能になるんだよ」

「そうだ、きみの潜在能力は無限だよ、マエル」

でも、いったいどうすれば潜在能力にたどりつけるのだろう？　忘れていた私のなかのその小さな部屋への道を見つけなければ。

「教えてちょうだい。あなたが言うように、私は本当に望むものから逃げてきた。怖かったから。

ロボットのような生き方はもうまっぴらだと思いながらも、期待されている自分とありのままの自分を区別できない。どうすれば、無意識の恐怖感や義務感から自分の望みを切り離すことができるの？」こんなことを誰かに打ち明ける日が来るなんて、考えてもみなかった。

「状況を受け入れるんだ。自分が心の奥底が何を求めているかわからないという状況をね」

「でも、それでは何も変わらないでしょ？」

「そんなことないさ！　受け入れることで真実に近づける」

「よくわからないわ。さっき、これからの理想の人生を想像して、いまこの瞬間に求めているもののなかにそのイメージを投影していかなければいけないって言ってたじゃない」

「いまあるものを受け入れることで変化のプロセスを進めることができる。なぜなら、それが過去の重圧と恐怖と自己評価と未来のパニックからきみを解放してくれるからだ。無意識の反応から解き放たれるために、変わりたい、自分を知りたいと望んでいるんだろう？　それなら、もうすでにマエルは自分のなかの炎に向かいはじめている。人生がもたらす偶然に注意して、引き寄せの法則にしたがって動く宇宙に身を任せてごらん。良し悪しを判断するのではなく、あるがままを観察することでより明晰になれるんだ。感覚が介入する機会が減れば、魔法はより早く効くようになるからね」

「感情が反応を切り捨てるってこと？」

「まさしくそうだ。というのも、感情的・教育的・社会文化的・さらには宗教的な投影によって、どんなものもどんな状況からも中立性は消し去られてしまうからだ。ある人にとっての問題は、他の人にとっては挑戦かもしれない。また別の人にとってはゲームだったり、経験だったりするかもしれない。起きたことと自分の感覚を切り離すことができれば、解決策について考えやすくなる。僕たちはみんな、自分のなかに知が無限にある場所をもっている。そこは、上辺に関係なく、自分は自分を超越する何かにつながっていると思い出すことができる自分の一部なんだ」

「つまり……神とつながっているってこと？」

「好きに呼んでかまわないけど、僕は無限の存在に名前をつけたくはない。名前をつけると、当然存在しないはずの限界を設けてしまうことになるから。その内なる源とつながることで、創造の潜在能力に到達できるようになるだよ」

「あるがままを受け入れれば、私は何をつくりだしたいと望んでいるのかがわかると思う？」

「ああ、その小さい声を聞くところから始めればいい。いままでに直感したことはない？　直感に従ったことは？」

「なくはないけど。でも、たいてい直感の通りになって後悔することが多いわ」

「僕たちはつい、自分の周りに自分の人生を委ねて、助言を求めがちだ。もしうまく行かなかったら、悪いのは助言してくれた人だと思えるからね」

ジェイソンの皮肉が私に刺さった。

「つねに直感に従っているわけじゃないけど、自分の選択の責任は自分にあるとは思ってるわ。うまくいく確率を計算して、やるかやらないかを決めているし」

「合理化もまた直感から逃げる別の方法だよ。西洋社会は、創造性、芸術的センス、グローバルな知性など、僕たちの右脳から発せられるすべてのものと同じように、偶然の一致を無視しようとするよね。論理や理屈をつかさどる左脳だけが問題を解決すると考えて、左脳を使うことばかりを重要視してきた。だからこそ病気に直面するとなす術がなくなるんだ。統計学では病気に太刀打ちできないからね。なんであれ本質に到達するには、理解を超える必要がある。治癒は、僕たちのなかに完璧な空間があると理解することなんだ。その空間は感じるだけですぐに見つけることができる」

「いったいどの場所について話してるの？　話がわからなくなった！」

「不調は外側の形で、回復は内なる平穏だけど、どちらも考えから生まれ、その後、体のなかに表れる。病気は、外側で何かが不足しているという感覚から生じるんだ。健康とは、細胞と周囲の環境とのあいだで完璧な対話ができていることを示している。つまり、意識レベルを高めれば、自分の振動数を上げられるようになり、免疫システムも強くなるんだよ」

「昨日、夕暮れどきにいままでとは違う振動状態を感じたけど、あれがあなたが言っている場所？」

「さあ。きみはどう思った？」

「とても大きい何か、巨大な力、説明できないほど広い次元を感じたわ」

「広い次元というのはいい言葉だ。それは僕たちの三次元の概念では到達できない別の空間だからね。僕たちは三次元の感覚のなかに閉じこもり、それこそが唯一の存在しているものだと思っている。感情的な脳は、僕たちの反応を無意識の繰り返しのサイクルに誘導し、メンタルの力が支配する。そうなると、可能性の無限のフィールドに近づくことができる普遍的なエネルギーに達するのは難しくなる。ところで今日、僕たちは、目で見ることはできないけれど感じることはできるパラレルワールドの存在に気づきつつある。直感はパラレルワールドから生まれるんだ。そして僕たちは、いまだかつてない時代、純粋なエネルギーの時代、高い振動数のフィールドの時代に突入している。その空間では、魂は無意識の優位に立ち、汚れた記憶から僕たちを解き放ってくれる新しいコードで、細胞のプログラミングを一つずつはずしていく。そうやって別の理解にたどりつくんだ。僕たちは、二元性は幻想であると理解することで、単一振動の次元のなかで単一性を体験できるようになる。さまざまな考えが普遍的なエネルギーとつながって表れる、直感という、革新的なコミュニケーションの形をテストすることから始めるんだ」

「いますぐ、そんなところに行けるの？」

「その空間はそこにあって、僕たちはすでにそこにいる。ただ見えないだけで、自分のなかで起きていることに耳をすませば感じることができる。さっき説明したように、すれちがった人や癒された場所や傷つけられた発言などに直面したときにきみの心から発せられたシグナルに気を配り、それらが発するメッセージを聞いて、真剣に受け止めるんだ。きみのもくろみはきみ自身よりずっと大きいもので、自分は全体の一部だと理解すれば、起こったことが万物の母なる地にきみがまいた種が実った結果なのだと、きっとわかるだろう」

「ふだん私が暮らしている世界では、起きることを信頼するのは不可能に思えるわ。私にはプログラミングが必要なのよ。コントロールすることを放棄して、自分が弱くなっていくのは嫌だもの」

「その危険を冒してでもやってみるんだ。エゴはきみをけっして守ってくれない。エゴが与えてくれるのは、きみを地面に倒れて動けなくさせる何層もの幻想だけだ。鎧を脱げば、きみの隙間から光が射し込んで、進むべき道を示してくれるから」

「ジェイソン、あなたはその次元にたどりついたの？」

「たどりつこうと努力している。注意深く、望みを口に出してね。毎日、こういうアファメーションを繰り返している『僕は僕を信じ、自分の無限の力を感じています。僕を導いてくれるサインに耳を傾けます。欲しいものを手に入れます。僕は最上のものを手に入れるだけの価値があります』この宣言は、エゴが介入したときでもそれに屈さないように助けてくれる。それからいちばん大切な質問を自らに問いかけるんだ。『僕は人生で何をつくりあげたいのか?』とね」

「それが、私が預かったメソッドを通してあなたが見つけたこと?」

「きみに渡したメソッドはもっと複雑だ。ロマーヌ自身に話してもらって」

ドアをノックする音がして、マッテオが入ってきた。昼食の準備ができたという。もう十二時半だ。このイタリア男が私の心を貫いた稲妻のように、午前の時間はあっという間に過ぎていった。

外へ出ると、厚い雲は消え、真っ青な空が広がっていた。とても満ち足りた気分だった。そして空腹だった……。

出発地点《キロメートル・ゼロ》

「この世に、時宜にかなった考えより強いものは何もない」

ヴィクトル・ユゴー

みんなで昼食を食べているあいだ、マッテオは私を見ていた。私は控えめに何度か微笑みかけた。昼食のあと、コーヒーを飲むために外へ出た。山々はすばらしく、三百六十度にわたって広がる空に山頂の白いぎざぎざが鮮やかに映し出されている。シャンティも外に出てきた。私は、先ほどジェイソンから聞いたパラレルな次元の話に混乱していると正直にシャンティに言った。

「そんなものが存在すると思う？」

「僕たちに見えているものには限界があると感じるよ。僕たちを超越した何かがあるともね。答えになっているかどうかはわからないけど」

「夢はその宇宙の一部なのかしら？　いつもは夢をほとんど覚えていないんだけど、ゆうべ不思議な夢を見たの。シャンティとニシャールとティムとマッテオと私がヒマラヤに宝を探しに行く夢よ」

昨夜見た夢を細かなところまで話して聞かせると、シャンティは考え込んだ。長いあいだ黙っていたが、それから突然、天気の話をした。「雪は残らないだろうから、予定どおり明日の明け方には山を降りられそうだ。今日の午後はゆっくりして。明日は大変な一日になるだろうから」シャンティは立ち上がり、本棟に入っていった。宙ぶらりんになった質問はひとまず脇に置いて、私は日光を浴びた。

するとティムが目の前を通りかかった。十五歳くらいの若者といっしょだ。若者の名はイェシェといった。二人はイェシェの兄のところに祈禱の旗を買いに行くという。家々から三十メートルぐらい離れたところに立っている長いポールにその旗を結びつけるのだ。木のポールのてっぺんからカラフルな布でできた数百本もの旗のついていたひもが飾られ、サーカスの巨大なテントのようになるらしい。

私は二人のあとをついてチベット人のコミュニティに行った。旗を売っている店は、村はずれの古いあばら屋だった。人々が礼儀正しく私を迎えてくれる。ティムは自分の家にいるようにくつろぎ、そこにいるチベット人たちも彼を家族のように思っているようだった。老朽化した廊下の突き当たりの部屋に入ると三十代の男性がいた。私を見て困惑し、弟のイェシェを問いただしたが、何者かわかって安心したようだった。私に向かって頭を下げ、インクまみれの手を背中に回して隠した。

十平方メートルくらいの狭い作業場にはガソリンの匂いがこもっていた。部屋の半分は、天井まで積み上げられた段ボールで埋まっている。テーブルの上には、カラフルな小さい長方形の布がアイロンをかけられるのを待っていた。旗はルンタといって、チベット語で〝風に乗る馬〟を意味するそうだ。中央には、ブッダ、すなわち悟りを開いた人、その教えのダルマ、修行僧の共同体を意味するサンガ、さらに仏教の三つの宝を掲げた馬の絵がプリントされている。

ルンタにはそのほか、風に乗った馬の加勢にやってきた四種類の架空の生き物が描かれていた。天の守護神で人の体に鳥の頭をもつガルーダ、龍、ライオン、そしてトラだ。五頭の生き物は中央と四つの方角を象徴している。イェシェは、一枚一枚布を見せながら説明してくれた。私は、聞き入っているティムに布を渡した。イェシェの兄は、相変わらず手を背中に回したまま動かなかった。旗の五つの色にもそれぞれ意味があるようだ。青は宇宙や空、白は空気や風、赤は火、緑は水、黄色やオレンジは大地を表しているという。

色は五つの要素だけでなく、五部族の仏陀【訳注：チベット仏教で重要視される阿閦如来、阿弥陀如来、不空成就如来、宝生如来、毘盧遮那仏を指す】も象徴しているらしい。

イェシェが私に差し出した最後の旗をそっと親指で撫でた。〝祈りの旗〟と呼ばれ、風の精霊に捧げる神聖なマントラが記されている。チベット仏教の信者によると、旗が風になびくたびにマントラが空に散っていき、神々とその通り道にいる人のもとに届くのだそうだ。キャンバス地に木版でマントラがプリントされる。版の一枚一枚に、神の象徴とマントラと祈りと占いのシンボルが彫られていた。

イェシェは、仕事を再開した兄の動作を説明してくれた。「インクを塗った木版の上に布を置く。ローラーを使って布と版をきちんと密着させるんだ。それから、プリントされた旗を縫って紐でつなげ、丸めて梱包する」イェシェは「説明は終わり！」というふうに旗が詰まった段ボールを二回叩いた。そして、声を抑えて神秘的な雰囲気を漂わせて「どの旗も風にはためくと、その旗が意味する厄災から人々を守ってくれるんだ……」と言った。その言葉に私はティムと微笑んだ。

私は二百五十ルピー、つまり二ユーロくらいでルンタを十ロール買った。一つをティムに、もう一つをイェシェに渡し、それを制作したイェシェの兄にいっしょにルンタをポールに結びつけに行ってもらえないかと誘った。イェシェの兄はにっこりし、感激したようすで承諾してくれた。それから段ボールをあさり、中心に五色の糸で刺繡された立派な馬と黒いインクでマントラがプリントされているすばらしい旗を出した。イェシェが兄のチベット語を訳してくれた。「これはあなたへの贈り物だ。幸運をもたらすだろう」私は感動して、彼が新聞で旗を包んでくれるのをじっと見つめた。

昼過ぎで太陽はまだ高かったが気温は氷点下で、地面には夜のあいだに積もった雪がかなり残っている。私たちは建物をぐるりと回って祈りの旗のポールに向かった。広場の下からマッテオの声がした。「待ってくれ!」マッテオが走ってやってきて、ティムたちに挨拶をした。

それから私の目を見つめながら、「探したよ」と優しい声で言うと、黒い髪を片方の手でかき上げた。顎のへこみは数日間伸ばしっぱなしのひげで覆われ、くぼんだ頬が顔を鋭い印象にしている。私はマッテオの目から視線を逸らせなかった。マッテオが近くにやってくるたびに胸の鼓動が強くなる。マッテオにもルンタをひと巻き渡した。「いっしょに来る?」

ポールに向かう途中の眺めは独特だった。氷のように冷たい突風が横殴りに吹きつけるなか、斜面を上がっていく。イェシェ兄弟が慎重にルンタを広げて風にはためかせる。私とティムとマッテオも真似をした。それから、中央に馬が描かれた自分のルンタをじっくり眺めた。

すでにあるルンタに自分のルンタの紐を結びつけた。すると、イェシェ兄弟が静かに祈りを捧げはじめたので、私も少し瞑想することにした。馬がすれちがう人たちに平穏をもたらし、ロマーヌのところまで飛んでいって、病気を治してくれますようにという思いを旗に描かれた馬に託した。ヒマラヤ山脈の上で、心を開くと、湧きあがる愛が解放されていく。その感覚に圧倒された。目を開けると、四人が手を合わせていた。私は信心深くないが、何か不思議なことが起こっていた。無限に広がっていく感覚と自分の内側に平穏を感じる。私の祈りがほかの人たちの祈りと混ざり合って、それぞれが全然違う人生でできた一つの交響曲を奏でているかのようだ。五人の祈りが一つになる瞬間。それぞれの人生が交差する瞬間だった。世界に自分たちのもっとも美しいエネルギーを送るために、同じ場所で、同じ瞬間に、同じ振動のなかにいる。みんな目を開けた。私たちは静かにつながりながら、互いを見つめた。

「仕事に戻らないと」イェシェはそう言うと私たちに別れを告げた。兄弟とティムも連れ立って山から降りていった。マッテオは祈りのポールのうしろに私を連れていく。まるで泥炭のなかにいるように雪に足が沈み込む。「ほら、ケルン※12がこんなにある。僕たちも一つつくらないか」マッテオが岩のあいだに入っていく。いろいろな大きさの石でできた山が何十とつくられている。地面に直接積まれた石もあれば、岩の上に積まれたものや、五点形に置かれたものもあった。どれも奉納、願い、誓い、感謝といったたくさんのことを意味している。

　マッテオは平たい大きめの石を二つ拾って岩の上に置いた。「これは土台だよ。ここにマエルの石を置いて」私も石を拾って、マッテオの二つの石のあいだに置いた。そうやって交代で積み上げていった。二人でいっしょにする作業が楽しく、わくわくした。二十個くらい小さい石を積み上げたところで、きみの願いをかなえてもらおうとマッテオが言った。

　マッテオは目を閉じて集中する。私も同じように目を閉じた。私の願いって？　ここ数日の感情が込み上げてきた……。何からお願いしていいのかわからない。私は深く息を吸った。爽やかな風が鼻孔を通り抜けるのを感じた。頭が空っぽになり、穏やかさのなかに身を任せる。私は、迷うことなく幸せの道を見つけられますようにと願った。目を開けると、マッテオが微笑みかけたので、私も微笑み返した。空の色が変わりはじめていた。私はぶるっと震えた。それを見たマッテオが、自分のマフラーを私の首に巻いてくれた。マッテオの匂いがする。それから私の背をさすってくれた。それから彼の腕が私を包み込んだ。私も彼の腰に腕を回した。キスしてほしい。なんだ、してくれないの！　マッテオはそのまま私といっしょに寺院の本棟まで戻った。シャンティが毛布を二枚持って待っていて、私たちの肩にかけてくれた。ストーブのそばで温まってから、三人で聖なるアンナプルナの山々の真ん中に沈んでいく夕日を見に外へ出た。太陽は毎日同じ色で、同じ感情をかき立てるのに、一つとして同じ夕暮れはない。

＊

油で揚げたモモと蒸したモモと野菜スープの香りが混ざり合っている。マッテオは一人一人の小鉢にモモをよそってから、私が座っている木のベンチに座った。正面に座ったジェイソンがひき肉のパイ包みの皿を回してくれた。夕食をとっているあいだのつかの間の静寂。私はいい気分で、生き生きしていた。ところが、シャンティが私の平穏な気持ちにナイフを突き立てた。ジェイソンに私が見た夢の話をしだしたのだ！　私はもう少しで、食べ物が気管に入って窒息するところだった。穏やかな気分から一転、笑い者にされている気分になった。早くその話を終わらせてほしくて、シャンティをにらみつけた。

ところが、ジェイソンは大真面目に言った。「マエル、きみこそがいままでの僕たちに欠けていた鍵を握っていると思う。いま、説明するよ。少し前に、ヒマラヤに避難してきたという賢者の話を聞いた。人間関係について長く研究をしていた人物だ。その賢者にまつわるエピソードを聞いているうちに、僕たちの思い込みは正しくないと確信したんだ。その賢者の説は、僕たちのつながり方を変え、人間に対して新しい見方をもたらすことができるんだ」

「まだそんな続きがあったのね？　で、その賢者っていったい誰なわけ？」

私はいつものように皮肉めいた言い方をしたが、ジェイソンはまったく動じずに、真剣に話を続けた。

「実際にその賢者に会ったことはないんだけど、僕たちもみんな同じ夢を見たんだ」

「どんな夢？」

「さっき聞いたきみの夢と同じ夢だよ」

マッテオが驚いて私のほうを見た。「きみも彼が呼ぶ声を聞いたの？」

「何それ！　なんの話をしているのかわからないわ。私は、標高四千メートルのところでマッテオとシャンティとティムとニシャールと宝探しに行くっていうわけのわからない夢を見ただけよ。でも、宝はなかった。そして、今朝目を覚ました。それ以上は何もない。それでおしまいよ！　どんなものにも意味があると考えるのは馬鹿げてるわよ！」

「不思議なのは、マッテオとシャンティと僕も同じ夜に同じ夢を見たことだ。ところで、僕たちは数か月前からその賢者を探しているんだ。シャンティがきみの夢の話を細かく聞かせてくれたけど、僕たちの夢とつなぎ合わせれば、賢者がいる場所がわかるかもしれない」とマッテオが言った。

私は困惑した。シャンティが口を開いた。

「僕はチョムロンへ向かって降りる道を夢で見た。西にアンナプルナの第一峰、右手に第二峰が見えていたから。ジェイソンが見たのはキムロン・コーラ川を渡る橋。マッテオが見たのはマチャプチャレ正面にある粟の畑。そしてマエル、あなたの夢のおかげで重要な情報が明らかになったんだ……」

「私がそんな重要なことを夢で見ていたなんて、信じられない!」

「温泉に入っている僕を見たって言ったよね」

「温泉だって!」マッテオが叫んだ。ジェイソンが地図を取り出し、皿を寄せてスペースをつくるとテーブルの上に広げた。「シャンティと調べたんだが、考えられる場所が二カ所あった。一つはシヌワの近く。歩いて二日かかる。もう一つはもっと東だ」三人は頭を寄せ合い、地図を覗き込んだ。私は咳払いをして、他人行儀な言い方で言った。「しつこくて申し訳ないんだけど……。変化が必要だと思うあまり、想像力が刺激されすぎているんじゃないかしら? その賢者とやらは伝説で、風の噂に聞いただけなんでしょ? 誰も直接会ったことはないのね? あなたたちはその人の研究が革命的だって推測しているだけ。現実に、つまりあなたたちが言うところの〝いまこの瞬間〟に戻りましょうよ!」

三人は私の言葉など耳に入っていないようだった。それぞれ人並み以上の知性をもっているはずなのに、こんなわけのわからない話で盛り上がっているのが信じられなかった。「目に見えるものを超えなければいけないと確信しているんだ。今朝、説明したように、直感はこの次元の一部だ。少し経てば、直感が私たちの最良のガイドであることがわかるよ。僕たちは偶然、同じ晩に同じ夢を見たわけじゃない」ジェイソンはそこまで言うと急に黙り、考え込んだ。

「確証はないが、そうだと思う」

「とにかく行ってみよう……。行かない理由がある？」マッテオが言った。

「あるわよ。時間が無駄になるかもしれないし。……とにかく、私はね、帰らなきゃならないの！」

私は冷たく、そう言い放った。三人とも理想主義すぎていらいらする。険悪な雰囲気を破ったのは、シャンティだった。「明日の日の出に僕たち四人のエネルギーをつなげて、どちらに向かうか決めるというのはどうだろう？」これで決まりだとでも言わんばかりに、シャンティは大声で言った。陽気な瞳が明るさを取り戻している。ジェイソンとマッテオも、同じエネルギーのなかにいるようだ。私はシャンティの提案にあ然とした。呆れて三人を見ると、明らかに私の答えを待ってい た。マッテオが「いっしょに直感を試してみないか？　朝日の魔法の前で集中して心のかすかな声を聞くんだ。きっとどっちに向かうべきかを答えてくれる。四人のそれぞれの結果を持ちよって決めよう」

私はがっくりとため息をついた。頑固者だと思われるのを覚悟のうえで、私は言った。「あなたたちにはついていけない。でも、何を言っても無駄よね！　やるなら、私抜きでやってちょうだい」

「きみがいなきゃだめなんだよ、マエル。試すだけならなんの危険もないから」ジェイソンが説得にかかった。

するとマッテオが、「何かを感じようが感じなかろうが、どちらでもかまわないんだよ」と言いながら、私の手を取った。

体に電流が走った。だが、マッテオの瞳と私に触れた指の温かさが、私を厳しい現実に引き戻した。私としたことが、こんなイカれている男にのぼせてどうすんのよ！「あなたは毎朝、ここに来て朝日を見ているじゃないか。あの山々の朝焼けの光景は見事だよね。ただ、それを眺めるだけなんだよ！」シャンティがさらに言った。

私はついにギブアップした「三対一なんて……フェアじゃないわ！　そっちの意見が通るに決まってる。わかったわよ。明日の朝、朝日は見るけど、そのあとはあなたたちにはついていかないから。私は山を降りるわ」

私はそっとマッテオの手から自分の手を抜いた。シャンティが、私が行かないと決まったなら予定どおりカトマンドゥ空港まで送っていくから、と私をなだめた。

月が昇り、私は部屋に戻って眠りについた。

＊

翌朝、目覚めると、頭のなかをいろいろな考えがよぎった。私には、全員の意見が一致する可能性は低いと思われた。

「先のことを心配しないで」シャンティが言った。「あなたの前に現れたすべてを心のフィルターを通して眺めてみて。そのあと何が起きるかは心配しないで。まるで人生最期のときのように景色の美しさに集中するんだ。頭に思い浮かぶ考えがあれば、無理に閉め出さずにそのままにして。景色のなかを雲が流れていくみたいに。さあ、現実に立ち戻って。あるがままの壮大な景色を楽しんで。美しいエネルギーで自分を満たすんだ」

夜のあいだに気温が氷点下に下がったせいで凍っている山頂をオレンジの光が温めはじめた。黒い影が光に変わっていく。山々のメタリックな反射のせいで、鏡のいたずらのように、いくつもの太陽が輝いて見えた。私たちはいま、アンナプルナの山々の中心にいる。気分はとてもよかった。

そのときふと、ロマーヌの顔が思い浮かんだ。ロマーヌの病気について不当だという気持ちが湧き、心の平穏が乱れた。だがシャンティに言われたことを思い出し、そういう考えが渓谷のなかに散っていくままにした。光に注意を戻すと心の底から喜びを感じた。すると、夢で見た映像がよぎり、時間が止まった気がした。その夢はまだ私の頭のなかにあった。私たち三人はティムとニシャールに助けられながら下り坂を進んでいる。道端に柱があり、そこに木っ端が釘で打ち付けられていた。板には白いペンキで「ション」と書かれている。聞いたことのない地名だ。どうしてこの夢が私にこれほどつきまとうんだろう？　突飛な話を聞かされたせいで、私まで洗脳されてしまったのだろうか？　そんなことはない！　現実に戻らなくては。三百人の従業員が私が小旅行から帰るのを待っているんだ。その考えも、最初に考えたことと同様に消えていった。そっと周りを見ると、三人は身動きせずに集中していた。目の前に太陽が現れた。穏やかな光で私たちを照らしている。私はその壮大さに全神経を集中させ、太陽の魔術にすべてを任せた。どのくらい時間がたったのだろう？　まるで時間が存在していないような気がした。私以外の三人はもうふつうに戻っていた。何も言わず、三人は私のほうを向いた。

「今朝の日の出は見事だったね？」シャンティが屈託のない笑顔で言った。

「あ、ええ……すばらしかったわ！」私はもごもごと答えた。

静けさのなかで自然が目覚めていく。解けていく雪のざわめき、渓谷から吹く風の音。焦げた木の香りとコーヒーの香りがしてきた。

ジェイソンが立ち上がり、朝食をとろうと言った。シャンティもあとをついていく。マッテオが私に近づいてくる。胸がどきどきしてきた。マッテオは私をうしろから抱きしめると、私の見ている火の球を私と同じようにまっすぐに見つめた。私は動こうとしなかった。彼が耳元でささやいた。

「きみをしっかりつかまえておくよ。きみに何が起きるかわからないからね……また気絶するところを思い描いてるかもしれないしね」

私は笑って、息を止めた。こめかみの近くにマッテオの温かい息を感じた。次の瞬間、こめかみにキスされた。自分のなかで燃え盛る炎を消すために深く息を吸い、ゆっくりと振り返った。そして、マッテオの目からその気持ちを読み取ろうとした。すると彼の唇が私の唇に重なった。すでに火照っていた私の体は初めての彼のキスにさらに燃え上がった。

こんな感覚は久しぶりだった。マッテオの腕に包まれて、彼にこれほどまでに惹かれていることが怖くなった。マッテオはもう一度キスをした。それから私をじっと見つめると、腕を私の体に巻きつけて、建物のなかにいっしょに戻った。シャンティは私たちの仲のよさを見て、こう言った。

「そこのお二人さん、あとで詳しく聞かせて」お見通しという顔で見られ、私たちは赤くなった。マッテオが私の体をくるりと回して優雅にお辞儀をすると、すぐに拍手が起こった。マッテオは私の隣に座り、湯気の立ったお茶が入ったカップを渡してくれた。ストーブの熱が焼けたパンと温められたはちみつの香りを引き立たせている。ミリアが熱いパンケーキを運んできた。

この日最初の食事をほおばりながら、私は申し訳なさそうに切り出した。

「今朝、頑張ってエクササイズしてみたけど、二つのうちどっちの行き先も現れなかった」

「僕もだ。心が別のところに行っていたみたいだ」マッテオがため息をついた。

「僕は松林が見えた気がした。でも方向を示すようなものは何もなかったな」ジェイソンが頭をかきながら言った。

「僕は第一峰の方角がいい気がした。理由は聞かないで。なんとなくだから」シャンティが言った。

昨晩ちらっと見かけた木の看板を思い出した。念のためにと思い、夢で「ション」という地名を見たと言うと、ジェイソンとシャンティが不思議そうに顔を見合わせた。二人とも聞いたことのない地名のようだ。ジェイソンが席を立ち、若いチベット人の青年を連れてすぐに戻ってきた。青年は私たちの前に詳細な地図を広げた。その地名を聞いたことがあるが、場所は知らないという。

私たちはその地図をいくつかに分け、昨日話に出た二つの場所の周辺の地名を一センチ一センチ当たっていった。夢で私が見たのに似ている地名はどこにもない。チベット人の青年は、ほとんど目を閉じたまま、何かを思い出そうとしている。額に浅い縦皺をつくって集中している。しばらくすると、青年は勝ち誇ったようすで沈黙を破った。

「わかりました!」青年が叫んだ。「〝ション〟はチベットの古い方言で〝集会〟を意味します。シェルパたちが集まって、最近登った山についての情報交換をしたりする場所です。エベレストの近くには、昔はよく、牧場の囲いなどにこの言葉が書かれているところがあったそうです」青年はそこまで言うと口を閉ざし、両手で顔を覆い、目をこすった。それからまた、話しはじめた。シャンティがまた通訳をする。「シヌワのすぐ近くに、そういうシェルパたちに敬意を表して建てられた、〝ション〟と記されたロッジがあります」

全員が地図を覗き込む。シヌワは簡単に見つかった。ここから約二キロ。みんながいっせいに私を見たので、あとずさりしてしまった。ジェイソンが興奮して、私に笑いかける。「ありがとう、マエル。今度こそ、目的地に近づいていると思うよ」ジェイソンの言葉が信じられず、マッテオのほうを振り返ると、大きな茶色い目でこちらをじっと見ている。そして、私にいっしょに来てほしいと言った。「変化を起こすには、きみが必要なんだ」

私はめまいを感じながらコートとお茶のカップをつかむと、空気を吸いに外に出た。マッテオがついてこようとしたが、シャンティが私を一人にさせたほうがいいと身振りで止めた。私は岩の上に座って太陽と向き合った。もはや自分がどこにいるかもよくわからない。ほとんど知らない男に胸を高鳴らせているが、フランスでは私の生活が待っているのだ。ロマーヌに文書も届けなくてはならない。理想を追い求める人たちの架空の宝探しに加わるなんて考えられない。たしかに、あの夢は変だったけど……。もう、わけがわからない。どうすればいいのかわからなかった。望みと恐怖心が入り混じった。帰らなくてはならないのに、何かが私を非常識な冒険に手招きしている。私はかつて恋愛のせいでとんでもないことになった。八か月も無気力に過ごした。そのことを思い出した！　これ以上、深入りしてはだめだ。予定どおりパリに帰ろう！

気がつくと、シャンティが隣に立っていた。私は丸め込まれないよう、急いで言った。

「よく考えた。パリに帰ることにしたわ」

「決めるのはあなただよ」

こんなにすぐにあきらめてくれるとは思わなかったので、驚いてシャンティを見た。シャンティは静かに目の前に広がる景色に見入っている。まるで、きらきらと輝く山々を初めて見たかのように。

「シャンティが私の立場だったらどうする？」

「そんなこと、どうしたらわかるんだ？　あなた以外の人があなたの立場になんてなれないんだよ！」

「冷たいこと言うのね。私は偶然の一致なんて信じられない。こんなことになったのが怖いのよ。それに帰らなきゃ。仕事が待ってる」

「じゃあ、何が問題？」

「何かが私を引き止めようとしているのを感じるのよ」

「何かじゃなくて、誰かなんじゃないの？」

私は一瞬いらっとしたものの、微笑んだ。

「マッテオね。もちろん、それも理由の一つよ。でも、過去と同じ過ちを犯したくないの。身も心もラブストーリーに捧げてしまうなんて怖いの」

「マッテオはミラノに住んでいて、数日後にはイタリアに戻る。フランスの隣じゃないか。フランスに帰ってからでも、会おうと思えばいくらでも会える。ゆっくり考えたいなら、彼にまた会う日まで、その時間はいくらでもあるさ」

私は冷めたお茶をがぶりと飲んだ。ひんやりとした感触が食道から胃へと下りていく。そして、シャンティを見て言った「まだ推測の域を出ないこの出会いをあきらめるのは、悲しい。理性はフランスに帰れと言っているけれど、私のなかの小さな声がもう少しここにいてってささやいているのが聞こえるの。どう説明すればいいのかわからないけど！」シャンティは立ち上がって、私の肩を叩き、満足そうな口調でこう言った。「答えが出ているじゃないか！」そして、私を一人残して行ってしまった。

どんな答えよ？　何が言いたいの？　そのとき、はっきり「自分を否定するのはやめて」という声が聞こえた。私は驚いて飛び上がった。振り返ったが、誰もいない。私は頭がおかしくなりかけているのだろうか？　それなのに、何か私を安心させる存在を感じて、不安が消えていく。それは心の奥底にある存在だとわかった。昨日ジェイソンが話していた小さな声は、私のためにずっとそこにいた。けれど、自分の決断の結果を引き受けるのが怖くて声から逃げていたのだ。でもいまは、たとえ常軌を逸しているように思えても声に従いたい。私は初めて内なる声を信用したいと思った。力が私をあと押ししてくれた。いまこそ、新しい何かを試すときなのだ。自分の夢を尊重しなくては。


そう考えると落ち着いてきた。シャンティはその決断が正しいかどうかを知りたければ体の声を聞けと言っていた。体の反応を感じるために、一瞬耳を傾けてみた。リラックスしているようでほっとした。ということは、これが正しい決断なのだ。

シャンティは、荷造りを終えたティムとニシャールといっしょに私を待っていた。

「旅を続ける準備はできてる？」私がそう言うと、シャンティは私をぎゅっと抱きしめた。

「ばっちりだよ！」

これほどシャンティを近くに感じたのは初めてだ。問題は解決した。私の心はすみわたっていた。

そしてマッテオとジェイソンのことが気になって探しに行った。マッテオは荷物をまとめていた。ジェイソンは若いチベット人の女性と話をしている。グマールは、あとからジェイソンとやってくるらしい。出発は十五分後だと告げられた。ションまで歩く長い一日になりそうだ。

すると、プレッシャーが大きくなった。私の顔はこわばり、急に自分が何をしようとしているのか自信がなくなってきた。

「いい決断をしたね」シャンティが私をほっとさせてくれた。

「でも、もし私が見た景色がすべて幻想にすぎなかったら？」

「とにかく道を進もう、結果は求めずに。幸せとは一つの精神状態であって、そのあとに何が起きるかにも、外的な事実にも左右されるものではないんだ。幸せは、いまここで始まるんだ」

「でも、シャンティ。もしその賢者が見つからなかったら、努力がすべて無駄になるのよ」

「すべてはあなたの目的次第だ。あなたは、その人に会いにいくことを求めている？　それとも幸せになることを求めているの？」

「この場合は、どちらかがなければもう一つも成り立たないわ。特別な教えを見つけるために遠回りするんだもの。その賢者に会えればうれしいわ。本当にいればだけど……！」

「僕たちの生きている現代社会で繰り返し現れる問題、それは結果だよ！　目指す方向を決めるのは有益かもしれないけれど、目標にフォーカスしすぎると旅路を忘れてしまう。結果を出さなくてはならないという強迫観念は失敗への恐怖を引き起こす。そして、運命的な瞬間までの不確かさに苦しむことになる。そうなると、たとえ目的に達したとしても、今度は次の目的を決め、また心配になる。あるいは、目的にたどりつけなければ、挫折感に絶望し、自分にはあまり価値がないという思いを強くしてしまう。そうなれば、目的はトラウマに変わる。結果は、二つの旅のあいだの短い一瞬に起こった事実にすぎない。幸せがそんな短い時間に左右されると思う？」

「思わないわ。でも、自分の行動と考えを目的から切り離すのは難しい。それにシャンティも言っていたでしょ？　自分の望みを思い描くことで望みはかなうって」

「たしかにそうだけど、望みを思い描くのはあくまであなたの行動と調和を図るためにであって、恐怖という肥沃な土地で悪い考えを育てるためではないんだ。あなたは、これから何が起こるのかという恐れのなかでしか生きていないことに気づかない？　幸福はそこにはない。幸せは何が起きようと開かれている。いまの瞬間の魔法、その完璧さを培い、咲く花と調和するよう歩むんだ。恐怖によって未来に閉じ込められていては、幸福を生きることはできない。目標はただの到着点にすぎない。それは出発点と同じく旅の一部であって旅そのものではないのだから」

「その賢者に会えるかどうかはどうでもいいってこと？」

「結果にこだわるのは意味がないと言っているんだ。あなたも僕も賢者に会える保証はない。賢者を見つけける最善の方法は一秒一秒に注意を払うこと。結果がどうであろうと、目標はその瞬間を楽しむことだ。そうすれば、旅は成功する。幸せは、けっして存在しない最終地点《キロメートル・フィナル》にあるのではなく、一秒一秒が始まる出発地点《キロメートル・ゼロ》にあるのだよ」

私の体じゅうが感激で震え、思わずにっこりした。シャンティの言うとおりだ。私が勝手にシナリオを考え、問題をつくりだしているだけだ。この決断は正しかったのか？　その賢者を見つけられなかったら？　さらには、マッテオがいい人ではなかったら？　もしこうだったら、ああだったら……。つまるところ、いまこの瞬間を楽しめばいい！　肩の力が抜けた気がした。

「つまり、単純なことよね。結果についてのプレッシャーを緩め、結果について考えるのをやめればいいのね！」

「やめるか、あるいは置き換えるかだ。幸福になるのが目標なら、一秒一秒がその結果だと考えるようにするんだ。道のりと目的とのあいだに違いはない」

「その考え方はいいわね！　結果は、そこに至るまでの道筋にすでに含まれてるってわけね」

「そうだ。賢者に会えるか会えないかは、私たちの充足感になんら影響を与えない。あなたの幸福は、あなたのなかの出発地点、キロメートル・ゼロに根づいているのだから。そのことを覚えておいて。それが幸福に至る唯一の秘訣だよ」

シャンティは、私自身が責任を負っていることに気づかせる術を心得ている。自分の考えが汚染されたままにしないかぎり、何も私の充足感には影響を与えないとわかった。決断し、行動するだけでいい。恐怖心をもたずに生きよう。道の果てで誰かに会おうと、マッテオが運命の男性であろうとなかろうと、たいした問題ではないのだ。私は幸せになりたい、結果を考えずにいまの瞬間を楽しみたい。一秒一秒の喜びと発見を享受して、他者の承認に依存したり依存されたり、失敗を恐れたりせずに、一秒一秒のいまその瞬間と、ありのままの自分の発見を味わうのだ。私は、ションとやらで何が起こるのかを見に行きたい。心が私に行けと言っているから。私がこの旅の経験、人生を信用する経験を味わうことを望んでいるから。

残っていた荷物を詰めて、小さな広場に面した僧院の入り口の扉の前で私を待っている仲間に合流した。私はマッテオをじっと見つめてから、ジェイソンとグマールにお礼を言って長い抱擁を交わした。

※12　登山家や探検家が、目印や記念のために石を積んで作るピラミッドのようなもの。

直感

「直感とは、神が与えてくれるひらめきだ」

アンヌ・バラタン

切り立った山々の中腹の石ころだらけの道を下りながら、眼下の風景に思わず息を飲んだ。低い雲が渓谷の谷あいの曲線を控えめに覆い隠している。地平線に目をやっていたシャンティが、私たちが立ち寄るシヌワの村を指さして教えてくれた。

小さな村を探して私も目を凝らしたが、とても見えそうにない。シャンティはリュックの肩紐を引っ張り上げて背負い直し、宇宙全体を自分のなかに取り込もうとするかのように深く息を吸った。それから、首の部分が黄色い二羽の雀に微笑みかけ、耳のあたりをくすぐる枝を手で押しのけた。彼のエネルギーが私にも伝わってきて、彼が提案してくれた形の旅を試してみたくなった。マッテオをちらりと見た。彼がいてくれるのは心強く、私を気づかってくれるのもうれしい。自分の心臓がマッテオの心臓のリズムに合わせて動いているのがわかる。ニシャールとティムは私たちの先を行っていた。ときどき笑い声が混じる二人の会話が風にのって聞こえてくる。二人にとってこの程度の道はたいして辛くないようだ。楽しそうな二人の様子から、私も美しいエネルギーをもらった。

長い吊り橋の近くまで来ると、シャンティが私にウインクをして先を行った。私は何の疑問ももたずについていく。吊り橋に感じていた無意識の不安は意識の光に照らされて消えていた。私の背後をついてくる仲間たちの動きで橋は左右に揺れたが、彼らが踏み出すたびに揺れるリズムに合わせて歩きつづけた。一週間前にはとてもできなかった行動が、いまではほとんど日常的な習慣のように思える。

シャンティは、私が橋を渡りきったのを見て笑顔になった。全員が渡りきると、先ほどよりはきつくない坂を進んだ。すると、マッテオが私の肩をつかんだ。マッテオは、私が彼に話せることはなんでも知りたいようだった。

「ごめん、いまは頭がぼうっとしているの！　シャンティが、私は自分の歩む方向がわからなくなっているって気づかせてくれたから。だから今日、ありのままの私についてあなたに話すのは難しいわ。混乱してるし」

「変化の世界へようこそ！」マッテオが言った。

「ええ……おそらくね！　先週はまだいろいろなことに確信があったのに、だんだんなくなっちゃって。わずかな時間ですべてがひっくり返って、もう前の自分には戻れない。自分が弱いって思うけど、一方で、不思議とより強くなった気もする」

「何も確信がもてない、でも自信はあるってこと？」

「そう……コントロールを失ったのに、それでいてすべてがあるべきところにあるっていう感覚よ。いまこうしてあなたと話しているときも、信じられないような目的のためにヒマラヤの荒れた道を歩かせるこの力はなんなのだろうと考えているの。三十四年間の人生で積み上げてきたどの確信とも正反対なのに、私はそこに向かって歩いている。いったいどうなってるのかしら！」

マッテオは何も言わずに聞いていた。この独り言は、人生の岐路に立っている私が考えを整理しようとしているのだと理解しているようだった。ただ黙って、私に話を続けさせてくれた。

「最高学府での卒業証書とか、仕事上の成功とか、社会的な地位や給料の額を並べたてて、あなたを安心させることはできる。でも本当の私を守っているそういう鎧だけをあなたに見せようとは思わない。私を別人にしてくれるハイブランドのスーツとか、私をあっという間にどこにでも逃がしてくれるパワフルなエンジンの車とか、そのおかげでみんなから丁寧に扱ってもらえる銀行口座とかも同じこと。そういうものだけでは私が期待しているような他人からの尊敬を得られない。これまでは、そのことがわかっていなかった。ありのままの自分を見せるのが怖くて、そういう見かけのものばかりを通して自分を安心させていたの。だから、あんなふうにあなたを遠ざけようとした。でも今日は、そういう表面的なものとはかけ離れた望みとともに、私は別のところにいると感じてる。このあとどうなるかについてはまったく考えてないわ。でも、自分がこれ以上望まないものが何かだけは、わかってるつもりよ」

「たった一週間でそう感じるようになったの？」

「そうよ、信じられない！　自分がどれほど何も見えていなかったかがわかったのよ！」

「自分に厳しいんだね。いままでのすべての経験が、いま現在、きみが気づいていることに到達させたんだ。きみはきみだし、きみの心臓はこれまでと同じように動いている。ただ視野が広がっただけだ。この特別な旅が、これから起こることのための準備になるんじゃないかな。僕にも何が起こるかわからないけど、同じことを感じてるよ。きみが言っている変化を予感していて、その準備もできている。自分のコントロールを緩めて、宇宙を信じている。僕たちはいるべきところにいるんだ。何かを追い求めたり、未来について考えたりしないで、ただ耳を傾けるだけでいい。これからどんな重大なことが起こるかなんて想像できないと思うから」

マッテオは私の手を握った。私たちは黙って美しい景色を味わいながら歩いた。風景、音、匂い、初めて出会う感覚を楽しみながら、私をかすめていく命を味わった。幸せな心は受け取ったエネルギーで豊かになっていく。私はもう何も心配していなかった。マッテオの手が私を安心させてくれる。でもそれ以上に、新しい道へと私を導く大きな力を感じていたからだ。

「十二時半だよ！」ティムがもっていた棒を地面にとんと刺して言った。シャンティが地図を開き、ドバン村まで行って昼食にしようと提案した。この調子で進めば、あと三十分で着く。結局、私たちはそれからほぼ二十分後にドバン村に到着した。

小さな建物の前で立ち止まったシャンティは、「野菜のダル・バートはどう？」と尋ねてきた。お腹が空いていた私とマッテオは大喜びで賛成した。男の人が庭のテーブルに通してくれ、飲み物の注文を取った。草の上に寝ころんだティムはバッタを捕まえて遊んでいる。山の中腹につくられた庭からは段々畑と粟畑の美しい景色が見えた。標高の高いところには緑がなかったが、ここまで降りてくると濃淡の緑と色とりどりのパレットがふたたび現れた。

庭の真ん中には手づくりのブランコがあり、私の内なる子どもが目を覚ました。水平の木材を二本のY字形の垂直な木材が支え、綱U字形がしっかり結び付けられている。それだけの作りだった。私はブランコに座って、地平線に向かってこいだ。渓谷が正面に見える木のテーブルの周りで、ニシャールが深緑色のプラスチックの肘掛け椅子を選び、シャンティの隣に座った。タバコを巻きながらシャンティと話しだした。私はブランコから降りると、草の上に寝ころんでいるマッテオのところに行き、その胸の上に頭を置いて横になった。マッテオがそっと抱きしめてくれた。時が止まっているようだった。少なくとも私の頭のなかにはどんな考えも浮かんではこなかった。私はここにいて、目の前の景色と心からほとばしる喜び、温めてくれる太陽の優しさ、満たしてくれる山の力があるだけだ。

そのとき、私のお腹が盛大に鳴り、みんなが笑った。両手でお腹を押さえながら、私は真っ赤になった。女性のシェフまでもがその音を聞いたのか、急いでほかほかの料理を運んできてくれた。ニシャールがティムを手招きで呼んだ。私は二人を呼び止めていっしょのテーブルに誘った。ニシャールは礼儀正しく辞退した。それでも私がしつこく誘うと、ニシャールは許可を求めるようにシャンティの顔を見た。ティムは興奮して、「いっしょに食べたいのはやまやまなんだけど、フォークで食べたことがないから、どうするかわからないんだ」と答えた。

私はその正直さに感激して、彼にこう言った「私はどうやって手で食べるのかを知らないの。教えてくれる？」

ティムは驚いた顔で私を見た。「簡単だよ。教えてあげる」シャンティがニシャールに向かってうなずくと、ニシャールも同じテーブルに座った。ニシャールもカトラリーの使い方には慣れていないと気づいたマッテオが、手で食べてみようと言い出した。ティムは、間に合わせの洗面所の凍るように冷たい水でていねいに手を洗ってからレッスンを始めた。熱心な指導者のティムは、私たちの不器用な食べ方を注意深く直してくれた。器用に米を小さく丸め、それを煮立ったレンズ豆に浸してから、正確に口に運ぶ。ニシャールとシャンティも手で食べるのが上手だった。マッテオと私も手で食べてみたが、結果はさんざんで、シャンティもニシャールもそれを見て笑った。ティムは私たちの手の動きをじっと見て、口を出そうとするシャンティとニシャールを黒い瞳と手振りで黙っていてと制すると、私たちを励ましてくれた。

その光景は時間を超越しているように見えた。ティムは私がいままで忘れていた美徳をもっている。忍耐と寛大さだ。私たちに注意を払い、自分が食事をするのを忘れるほどに一生懸命、私の望みをかなえようとしてくれたのだ。私はできるだけ言われたとおりにし、手を少し火傷したものの、ティムをがっかりさせたくなくて米の最後の一粒までがんばった。マッテオも感謝の気持ちを込めて完食した。ティムの笑顔は私たちが頑張ったことを示していた。私はティムが私たちにくれた贈り物のお礼を言った。贈り物は、ティムにとってはごく普通のことだったかもしれないが、まれに見る長所でもある彼自身の才能を私たちに示してくれたことだ。私は感動していた。

服までもがいっしょに食事をしたかのような汚れっぷりだったので、洗面所に行き、服を洗った。それからマッテオに誘われて、日光を浴びながら昼寝をした。彼の腕枕でまどろんだ。三十分後、おでこにキスをされて目覚めると、そろそろ出発だと耳元でマッテオがささやいた。ニシャールとシャンティがレストランの主人にルートを確認すると、主人は地図の上にいくつかの情報を書き加えてくれた。さらに、ここから二時間歩いたところにある、ションのすぐ近くに住んでいる年老いた叔母さんの家の場所も教えてくれた。

ここまで標高が下がると植生が豊かだ。粟畑が吹きすさぶ風に波打っている。息が吸いやすくなり、歩くのが楽になった。下のほうから子どもたちの歓声が聞こえてきた。小学校の門で、マリンブルーの制服を着た子どもたちがかわりばんこにヒツジを撫でている。ヒツジもうれしそうに飛び跳ね、やがて子どもたちとじゃれ合った。シャンティはその光景に笑顔になり、ティムはうれしそうな叫び声をあげながらぴょんぴょん跳んで、ヒツジを応援する。

私はこれまで、いちばん大切なことを忘れたまま、どうやって生きてこられたのだろう？　見かけばかり取りつくろい、どうしてあんなに重い無駄な鎧を身につけてきたのだろう？　涙があふれてきた。

「自分を裁かないで」シャンティが私の腕を取って、言った。

「私、どうしてあんなにはずれた道を進んでいたんだろう？」

「道をはずれていたのではなく、間違った場所を見ていたんだよ」

「どうして、無邪気な状態とさよならして以前みたいな生活を送れていたのか不思議だわ」

「僕たちは、大人になるとは、なんにつけても知的に考えるようになることだと思っている。でも、そうすると自分らしく生きることを忘れてしまう。子どもはいまこの瞬間の経験を生きていて、いちいち分析しない。内なる子どもがあなたのなかに現れるままにしてみたら？」

私の答えを待たずに、マッテオが私の手を引いた。「僕たちもあの小さなヒツジと走って遊ぼう。愛の瞬間を共有することが僕たちを幸せにする唯一のことだからさ！」

マッテオは私を小学生たちのほうに連れていきながら、もう片方の手でティムをつかんで、いっしょに行こうと誘った。ティムも荷物を置いて、こちらに駆け寄ってきた。私たちが混ざったことで、子どもたちはさらに生き生きと遊びはじめた。子どもたちに混じっていっしょに遊んでいると、私たちのなかの子どもの魂が自発的に現れて、かつて経験したことのある強烈な喜びを味わわせてくれた。

いたずら好きの子ヒツジは、マッテオがうまく追いつめたと思うとさっと逃げ出した。マッテオは手をつないでいた十人くらいの子どもといっしょに地面に倒れた。私が倒れるとき、親切な二人の女の子が腕を貸してくれようとした。何秒間か、みんなで大笑いした。それは微笑みなどというものでなく、お腹の底からの笑いだった。計算などまったく必要ない自然のままの感情。表に現れた愛の唯一の感情によって、考えなど一つも浮かんでこず、恐怖心もすっかり消えている。原石のままのダイヤモンドのような、唯一無二の瞬間だった。

私とマッテオは支え合いながら、なんとか立ち上がった。マッテオの腕のなかに飛び込み、「あなたってイカれてるわ、でも、そこが好き」とキスしながら言った。ティムがマッテオとハイタッチをしてから、私の肩を抱いた。二人の男性にはさまれて、私たちは残りの仲間たちのところに戻った。埃だらけで幸せなすてきな仲間のもとに。

松の森を抜けていると、サルが木の上から昼食の残りを私たちの頭に投げつけて挨拶した。

一時間下ったとき、「ション」と書かれた看板が現れた。心臓がどきどきした。夢で見たのとまったく同じ光景だ。血の気が引く感じがした。みんなの視線が私に集まる。「この方向に行けば、昼に店の主人から聞いた家に着くはずだ」シャンティが曲がりくねった道を指して言った。その道の先に人気《ひとけ》のない小屋があった。渓谷の上に三百六十度の絶景が広がっている。下のほうには、十軒ほどの家がまとまって建っている。探していた集落にちがいない。シャンティが先頭に立って進んでいく。行き合ったポーターに尋ねると、ポーターは坂の下の一軒家を指差した。あれが先ほどのレストランの主人の叔母の家のようだ。太陽がまだ高いにもかかわらず、山間の集落は日陰になっていた。

目的の家には、年老いた女性がいた。グーランと名乗る彼女は、私を長いあいだじいっと見つめた。知恵の刻まれた深いまなざしに心を奪われた。シャンティが、グーランとは、〝母と子どもの庇護者〟という意味だと教えてくれた。

グーランは三人のネパール人を一人一人見てから、またマッテオと私に視線を戻した。ふと私たちの手をつかむと自分の手を重ね、かがんで祈りを捧げた。それから顔をあげて、微笑んだ。この女性は私たちの心が読めるみたいだ！　グーランは木でできた小さなドアを開くと、なかへ私たちを招き入れた。片方の足を引きずり杖をついていたが、足どりはしっかりしている。

家のなかは暗く、光が射し込むのは二つの細い窓からだけだ。土がむき出しの床のせいで家のなかはさらに暗く見える。低い梁は私たちの頭の高さすれすれだ。奥に台所があり、鍋などが積み上がっていた。モミの木がくべられているコンロが調理場のようだ。グーランは台所の左側にある上階に続く梯子まで私たちを連れていき、上階を見せてくれた。そこに荷物を置いて寝ろということらしい。上階は下の階と同じくらいの広さの開放的な部屋で、十人ぐらいまで泊まれそうだ。床に敷かれたゴザがベッドの代わりらしい。

シャンティは部屋の状況に困惑し、頭をかきながら、私に「ほかの場所を探したほうがいいかな？」と言った。たしかに簡素な場所だが、そのおおらかさがなんだか落ち着きそうだ。「心配しないで、こういうところも楽しいわ！」そう答えながら、私はカトマンドゥに着いてマヤのホテルに絶望したときのことを思い出した……。あのとき、私にその後、何が待っているか、さらにはそれを私が楽しめるとわかっていたら……！

私は小さな天窓の下のゴザの上にリュックサックを下ろした。それから、少しだけふくれっ面をしてマッテオに私の荷物の横に荷物を置くよう合図をした。彼はすぐに私の隣に荷物を下ろした。シャンティは私たちの寝袋とは反対側に荷物を下ろすと、ニシャールとティムの荷物をその隣に並べた。ティムはみんなでいっしょに寝るのがうれしそうだ。ニシャールがはしゃいでいるティムを目で黙らせた。だが、ティムの純朴な態度にはいつも心を動かされる。

荷物が落ち着くと、マッテオが村を散歩しようと言い出した。でも、いまは休んでいたい。私がその部屋でくつろげそうだとわかると、四人は出ていった。私はしばらく昼寝をした。

梯子の下から呼ぶ声で目が覚めた。グーランの姪のチーバーが、温かい飲み物をすすめてくれていた。腕時計を見ると丸々一時間眠っていたようだ。私は喜んで飲み物を受け取ると、仲間たちはどうしているかと尋ねた。四人ともまだ帰っていないらしい。チーバーは笑いながら、男って男同士でバーに出かけて女性を引っかけるのが好きよねと言った。その言葉に嫉妬心がよぎった。マッテオは三十分くらいで戻ると言っていたのに。少し腹が立った。

グーランは丸太の上に座って私をじっと見ている。私がいくらにっこりさせようとしても、その表情は固いままだ。すると、チベット語で何か言った。チーバーのほうを振り返ると、訳してくれた。

「叔母は彼があなたを待っているって言ってます」

「彼って？　マッテオ？」

グーランが声を張って何か言った。

チーバーは叔母と同じ口調できっぱりと訳した。「いいえ、あなたがわざわざ会いに来た人です」

「どうして知ってるの？」

「夜、あなたが叔母の夢に現れたから」

また、夢の話だ。私は怖くなった。チーバーが続けた。

「世界には目に見えないものが存在します。目には見えないけれど、ときに目には見えるものよりもリアルです。あなたは直感に導かれてここに来ました。直感に従った。特別な力があなたをここに呼び寄せたのでしょう」

「二日前から亡霊を追いかけているような気がしてるの」

「それは亡霊ではなく、ただいつもとは違うコミュニケーション法なのです。私にはあなたに説明するだけの知識がありません。おそらく誰もそれを言葉で説明することはできません。でも、私にも感じられます。あなたが感じられるように、そして誰もが感じられるように」

私は、なんだかうさん臭い話だと思い、不安になった。コップを包み込むように持つと、全身が温まった。

グーランが低い声で話しつづけ、チーバーが訳した。

「あなたは彼に会いにいかなくてはいけません。彼は待っています。それは大事なことです」

「その人を知ってるの？ 彼が私のことを話してるの？」

「いいえ。でも、その人が私の夢のなかでその場所を教えてくれました。チーバーが案内します。ここからすぐです」

「どんな夢を見たの？ 彼が私に伝えたいことって何？」

「あなたに何が待っているのかはわかりません。私はそこに案内する仲介人にすぎません」

「なんておかしな話なの！」

「そうかもしれません。でも、あなたはここに来ました。彼のメッセージを知りたくはないのですか？」

グーランはチーバーに連れて行っておやりという合図をした。私は迷っていた。マッテオたちが帰ってくるのを待ったほうがいいのではないだろうか。あ！　でも……彼らは彼らで私のことを気にせずに楽しんでいるのか。怒りに駆られた私は、チーバーについていくことに決めた。グーランがチーバーに道を教えている。

私は嫉妬心にさいなまれながら、無言で歩いた。マッテオだけでなく、シャンティにまで腹が立っていた。どうして私をこんなふうに放っておくの？　すぐ騒ぎ出す女は好きにさせておけってわけ？　何もかも捨ててここまで来たっていうのに？　私はメソッドとやらについての文書を受け取るために、電波も届かずネットもつながらないようなヒマラヤのど真ん中に来たのだ。改めて、自分がいかに何も考えていなかったかに気がついた！　会社や同僚は、こんな無責任な私をどう思ってるんだろう？

集落では、家々の台所からの匂いが煙突から立ち上る煙の臭いと混ざり合っていた。通りすぎる藁葺きの小屋のなかにマッテオがいないかとそっと覗いてみたが、無駄だった。私たちは右の脇道に入り、葉が生い茂った木々を分け入った。枝をまたぎ、小川を越えて進んでいく。日が暮れたが、チーバーは山深い道を進んでいく。私はだんだん不安になってきた。長い一日の疲れで足は重かった。

道が交差するところで、チーバーが立ち止まった。道に迷ったのだろうか？　交わっている四本の道はどれも似ていて、どの道を選んでいいかわからないのだろう。標識も目印もないようだ。

「引き返しましょう。もう夜だし、寒くて耐えられないわ。また明日の朝、来ればいいじゃない」私がそう言って引き返そうとしたとき、チーバーが「助けてもらいませんか」と言いながら、私の手をつかんだ。私はいらいらしながら笑い声をあげると、フランス語でからかった。「もちろんよ、ジャン・ピエール！　テレフォンか、フィフティ・フィフティのどっちにするか迷うところよね！【訳注：『クイズ・ミリオネア』のフランス版の司会者はジャン・ピエール・フーコーで、日本版と同じく「テレフォン」や「50－50」のライフラインを使えるルールがある】」そして携帯電話を取り出し、同じ調子で続けた。「あー駄目だわ、ここは電波が入らない。残念！　百万ユーロはゲットできません！」

チーバーはひと言も理解できず、いぶかしそうに私を見つめた。私は今度は英語でこう言った。「通信手段がないし、出発してから誰ともすれちがってないじゃない。いったい誰に助けてもらえるっていうわけ？　考えればわかるでしょ？　戻りましょう」私はチーバーの袖を引っ張った。ところが、チーバーは抗った。

「あなたが集中すれば、どの道を行くかわかるはずです」彼女は私の目をまっすぐに見つめた。

「集中する？　何に？」

「目の前の十字路に、です。目を閉じて一分間静かにして、どの道が目的の場所に通じているのかの答えを待ってみてください」

チーバーのきっぱりとした口調には、有無を言わせない雰囲気があった。チーバーは黙って息を深く吸い、背筋を伸ばして空を見上げた。まったく馬鹿げている。どの人もこの人もどうかしてるわ！　さらにひどいことに、その馬鹿馬鹿しいことがどうやら伝染するようだ。というのも、私まで少し呪いにかけられ、何やら特別な力を感じはじめていたからだ。チーバーの様子を見て、私も目を閉じた。いま来た道を引き返すことがおそらく理性的な選択だとわかっていながら、この先の三本の道に集中する。私を導いてくれる何かを感じようとした。だが、何も起こらない。

そのとき、バサバサと翼が羽ばたく音がした。驚いて音のほうを見ると、木々のあいだから一羽のワシが左に行く道の上空を飛んでいく。ワシは、低空でその道のカーブにきれいに沿って飛ぶと岩の上に舞い降りた。そして私たちのほうを振り返ると、また飛んでいった。

その光景に目が釘付けになり、言葉も出なかった。チーバーが確信をもって「こっちに違いありません！」と叫んだ。

チーバーと並んでワシを探しながら進んだが、もう遠くに行ってしまったようだ。その道は急な上り坂で、登るにつれて幅が狭くなった。服に引っかかる背の高い草をかき分けながら進んでいく。誰かが通った形跡はほとんどない。きっと、この道じゃなかったのだ。

直角のカーブを曲がると、チーバーが動物のようにくんくんと空気の匂いを嗅ぎだした。「匂いませんか？」私も鼻から大きく息を吸った。

「なんにも。何か匂うの？」

「煙の匂いです。家が近くにあるはずです！」

チーバーはまた歩きはじめた。すると、私たちの数メートル前に一軒の家がぽつんと建っていた。冷たい空気が、燃える薪から出る煙を運んでいる。心臓がバクバクした。チーバーがその家の玄関にかかった木のノッカーに手を伸ばした。「着きましたよ！」チーバーは晴れやかに叫んだ。

私はまだ信じられなかった。

カクテル

「私たちはしばしば、些細な障害があっただけで視野を狭めてしまう」

テンジン・ギャツォ（ダライ・ラマ十四世）

覚悟を決め、震えながらドアを叩くと、なかから出てきたのは老婆だった。私たちを見ても驚いた様子はない。老婆は東アジアの人、おそらく中国人か日本人と思われる顔立ちをしていた。着ている服を見て、その第一印象が合っていたと確信した。赤い地色に黄色い花模様のウールの羽織を着ていて、その下はグレーの麻の着物にオレンジ色の帯といういでたちだったのだ。老婆は私たちをなかに通した。

小さな小屋なので、中央のストーブのおかげで家のなかは隅から隅まで暖かかった。かじかんだ唇で自己紹介し、それからチーバーを紹介し、ここにやってきた理由を説明した。私が話し終わらないうちに、老婆が片言の英語で「夫が待ってますよ！」と言った。それから私の背中を、さらに私の両手を交互にさすってから、ハーブティーを出してくれた。老婆はチーバーの体も同じようにして温め、壁沿いのストーブの脇にある椅子に座らせた。

それから、隣の部屋についてくるようにと私に言った。隣の部屋は、先ほどの部屋より少し広かった。年とった男性が、椅子から難儀そうに立ち上がった。「こんばんは、マエル。迷わずに来られただろう?」私は恐怖でぞくぞくした。「どうして私の名前を知っているんですか? あなたはどなたですか? 私に連絡するために何をなさったのです? 私に何を期待しているんです? そもそも、どうしてこんなことを?」私の声はどんどんうわずっていった。矢継ぎ早で脈絡のない私の質問は、いかに私が不安なのかを表していた。実際、足ががくがくして、立っているのがやっとだった。

老人は私の手を取ると、安楽椅子の埃を払って、そこに腰掛けるように促した。同情するような笑みを浮かべて自分の椅子に腰を下ろした老人は、机の引き出しからタバコの箱を取り出して、パイプにタバコを詰めた。そして、私が少し落ち着くのを待ってから質問に答えはじめた。「どうしてきみの名前を知っているかって? さっきここにやってきた音がしたし、妻に名乗っているのも聞いたからだ! 私が誰かって? そう簡単には言えないな」そう言って、老人は天井を見上げた。「私は私だ。それ以上でもそれ以下でもない。そうじゃないかね?」

目が飛び出しそうだった。私は不安を感じたまま、口をはさまずに聞いていた。私は、老人が「そうじゃないかね?」と言ったあと、その顔にチックが起こり、さらに神経質そうに瞬きをするのに気づいた。

「私がきみに何を期待しているかって? きみは答えを求めてここまで来たのか? では、そもそもきみの質問とはなんだ?」

「どういうことですか? どんな策略を使ったのか知らないけれど、あなたが私をここに来させたんでしょう? だから私はここにいるのに、私があなたに何を求めてるか質問するんですか? これまで一度も会ったことがないのに、あなたが何者かも知らないのに……。とんでもない話だわ！」

私は勢いよく立ち上がった。「時間の無駄よ！」恐怖心が怒りに変わった。そのとき、ロマーヌのために受け取った包みのことを思い出した。これは、私からあの包みを奪い取ろうとする企みなのだろうか？　リュックサックをぎゅっと両腕で抱え、部屋から出て行こうとすると、老人は冷たい口調で言った。「落ち着きなさい！　そこに座りなさい。話せばわかる、そうじゃないかね？」

老人は温和な口調に戻り、いらだって閉じていた老人の目が開かれた。そして左手で自分の顔を触ると、長い髭を顎に沿って撫でつけた。

「最初から話そう。私の名前はチカロ。日本の富士山の近くで暮らし、科学の研究に人生を捧げてきた。三か月前、私の曽祖父がネパールのここの隣村で生まれたことを知った。それでしばらくここで暮らそうと決めたんだ。いまから一週間前、私は夢を見た。二人の西洋人がここを訪ねてくる夢だ。だからきみを待っていた。そうしたら、夢のとおりにきみがやってきたというわけだ。そうじゃないかね？」

「二人の西洋人？」

「そう、男と女だ」

「同じ夢を見た男性の友人とこの村までいっしょに来たんです」

「では、三人で話そう。その男はどこにいる？」

私は天井を見上げた。

「どこかで楽しくやってるんじゃないでしょうか！」

「そうか……まあ、きみと二人だけなら、私から質問をさせてもらおうか。私はきみのために何ができるのか、教えてくれ」

老人が嘘をついているようには見えなかった。チカロの態度に私の気持ちも鎮まっていく。「私にはわかりません。数日前からわからないことばかりなんです」私はここ数日の出来事を語った。シャンティに言われて考えた優先順位の話、新しい考え方のエクササイズ、体との調和、ジェイソンやマッテオとの出会い、それによって創造的な考えができるようになったこと、そして、その後の失望感。私は、打ちひしがれたままこう結論づけた。「結局、私は途方に暮れています」

チカロは風変わりなライターでパイプに火をつけるのに気をとられ、私の言葉にすぐに答えようとはしなかった。だが、やがて口を開いた。

「それなら、いま、きみは正しい道にいる。幸せへの道だ。そうじゃないかね?」

「誰だってそういう道を探しています!」

「いいや。幸せになりたいと思う者は多いが、幸せを探す努力をする者はあまりいないのだ。幸せは、試してみる者にしか手に入らない」

「以前、私の幸せは仕事に集約されていました。その仕事は軌道に乗っていて、物質的な欲求を満たすこともできました。ところが、この数日で幸せはまったく別ものだと気づきました。新たな感情を抱くようになったのです。私が望みさえすれば、その感情を抱くことができます。でも、私は自分の幻想にはまってしまいました。私が恋に落ちた男性は、私ほどは私のことを愛していないみたいです。彼はどこかで、友人と、あるいは私がまったく知らない人たちと一杯やりながら楽しく夜を過ごしているのです。おそらく私が彼に夢中になっているだけで、彼は私になんの約束もしてくれていません!」

チカロは少し考えてから、パイプの煙をふうっと吐き出した。「それほどまでに激しい恋愛関係も最後にはみっともない破綻で終わってしまうのはなぜか、わかるかな？」私は肩をすくめた。「私たちは、自分に欠けているところを埋めてくれる相手を求めている。そうじゃないかね？　満たされていない欲求にきちんと取り組まないかぎり、愛する人に期待し、しまいには相手を理想化する。自分がうまくできないことについて答えてくれ、必要なものを与えてくれる役割を相手に押しつけるのだ。そうやって相互依存の関係に陥ると、魔法が解けたときには大惨事で終わることが多いのだ」

「じゃあ、一目惚れはどう説明するのですか？　誰かにときめくことはコントロールできませんよね？」

「そうとも言いきれない。理想の相手を思い描くときには、自分が受けてきた教育、初恋の相手、親しく付き合っている人たち、個人的な経験などが影響する。一目惚れとは、外見がその理想と一致している見知らぬ人に恋をすることだ。すべては心のレベルで起こっているという印象をもちがちだが、喜びをつかさどっているのは脳だ。恋に落ちたときに感じる電流は、さまざまな感覚レベルで起こる化学反応と生物学的反応の連鎖なのだ。脳が刺激されて、神経伝達物質、さらにはホルモンの分泌を引き起こす。そうじゃないかね？」

話になかなかついていけないだけでなく、老人の話し方のアジア人の強いアクセントとともに、しばしば顔にチックが出るので、そちらに気をとられてしまう。チカロは私の注意を引くために単語を一つ一つはっきりと発音した。「恋に落ちるとき、感覚レベルで何が起きるのか？　視神経は、出会った人のイメージを脳の皮質へ届ける。すると、動悸や赤面といったさまざまな症状が同時に起こる。それとともに言いたいことがはっきり言えず、もごもごしてしまう。さらに、欲望の対象から発せられるフェロモンが鼻を通り、嗅覚をつかさどるニューロンを活性化させて、脳に感情を生じさせる。つまり、匂いも恋に影響を与えるんだ。そうじゃないかね？」私はチカロの言葉に集中しながら、うなずいた。

「声の波動は鼓膜を震わせる。声までもが魅惑的で刺激的なものになる。最初の接触で神経終末に電流が伝わり、脊髄を駆け上がって大脳皮質まで達し、快楽の神経伝達物質、エンドルフィンが放出される。恋に落ちると、人間の脳の十二の領域が活性化され、多幸感を与える化学物質が分泌される。ヘロインやアヘンのようなドラッグに似た魔法のカクテルだよ。だからこそ、恋に落ちると〝羽が生えた〟ように感じるんだ」

「魔法のカクテル？」

「そう、脳の活動を刺激し、睡眠や空腹感を抑えるアンフェタミンや多動や酔いを引き起こすドーパミンをはじめとするホルモンが過剰分泌される。しかしほかにも、多幸感をもたらすフェニルエチルアミンや、恋愛関係が始まると――せいぜい一年くらいしか続かないが――増大するタンパク質の一つ、NGF※13、欲望のホルモンであるルリベリンも分泌される。そうじゃないかね？」

「なるほど！　いま挙がったホルモンをすべて知ってるわけじゃないけど、恋に落ちたときにどうしてコントロールできないような喜びを感じるのかはよく理解できます！」

「脳は、欲望の対象を見ることで増幅されたポジティブな信号を受け取る。相手の欠点は、自分を惹きつける理想像に置き換えられることで見えなくなってしまう。愛する人が世界の中心になるからだ」

「そう、まさにそうです！　私もほかのものが見えなくなってしまいました」

「性行為と快楽もホルモンの分泌をうながすんだ。充足感が頂点に達し、心理的、身体的なあらゆる不調を一時的に麻痺させ、もう一度同じことをしたくなる」

それはまだわからない。マッテオとそういう行為に至る時間はなかったから……。

「しかし、繰り返されると脳は慣れてくる。ニューロン上にある受容体が、さまざまなホルモンに対する感受性を失ってしまうんだ。半年から三年後ぐらいまでには魔法の薬も効果を失い、恋人の全体像が見えてくる。一目惚れの情熱は過ぎ去り、分別のある真剣な愛の時間に変わっていくのだ」

「あるいは、麻薬抜きで生きていくのが難しい人たちにとっては、別れを意味するってことですね」

「そのとおりだ。代わりに欲求不満や失望感が表れる。そうじゃないかね？」

「ロマンチックでもなんでもないですね！　運命の相手がいると信じたいけど」

「愛は、自分自身と相手を受け入れ、支え合うことから生まれる。恐怖を感じているかぎり、愛することはできない。そうなると怒りを育てるとともに、エゴにとらわれ、相手を慈しむことができなくなるからだ」

チカロは立ち上がり、ニスを塗った木製のたんすの引き出しからマッチ箱を取り出した。

それから、ろうそくの芯に火をつけ、机の隣の小さい丸テーブルの上に置いた。その光が暗い部屋のなかに親密さの輪をつくりだした。

「でも、どうすればいいんですか？　私は一人で生きていかなければならないんでしょうか？　恐怖心と怒りを感じるんです。エゴを追い出すことなんかできません。こんな私は、一生本当の愛を見つけられないんですか？」

「愛を探す必要などない。本当の愛はそこらじゅうにある。見えていないが、愛はあなたから去っていかない。愛は不完全さを補ってくれ、現実に存在する唯一の状態だ。愛なしでは何一つ存在できない。そうじゃないかね？」

「どうやって目に見えないものに気づくんですか？」

「感じることから始めるのだ。愛されていると感じるためには、自分自身の価値を認めることが不可欠だ。何かを与えたいなら、それを所有していなければならない。自分ではないものはあげられないだろう？　きみのように、振動していないものを受け取ることもできない。愛に生きるためには、自分自身を表現するのを妨げている層、つまりネガティブな感情を追い払うことが必要になる。愛に生きるためには、愛とは何かを理解するところから始めなくてはならない。多くの場合、愛の特徴は、二人の人間のあいだで、相手のことしか考えられなくなるほど相手に惹きつけられることだ」

「たしかにそうです。私は彼のことばかり考えてます」

「きみは愛の限られた側面しか生きておらず、それでは不安定になるのは当然だ。きみは、欲望の対象を所有することで、自分の欠けている部分を満たし、孤独を埋めようとしている。壁に突き当たるまでそうしつづけるだろう。そして、相手がきみの期待を満足させなくなったら、きみの感情は憎しみに変わる。ご褒美や罰のように、愛情を与えたり取り上げたりするのだ。本当の愛はそんなこととは何も関係ない。愛は無条件だ。過去の傷にけりをつければ、ありのままの自分を差し出し、分かち合うことができるようになるだろう。自分の外にある何かが自分を幸せにしてくれると信じるのははまやかしにすぎない。幸せが自分のなかに満ちていてこそ、幸せになれるのだから」

「自分を幸せで満たすにはどうすればいいんですか？」

「愛はどこにでもある。どんなものにも、どんな存在にも、私たち一人一人のなかにある。恐怖を感じるのは、それを知らないからだ。世界が不確かに思え、自分が攻撃されているように感じるからだ。だが、太古の昔から、地球はほかの惑星と衝突することなく、宇宙のなかで進化してきた。人間がそのあいだどうやって生き延びてきたのか、きみはどう説明する？　それは、組織化された知性が私たち人間を守ってきたからなんだ。脅威に囲まれながらも生物が生き残ってきたと理解すれば、それがすでに意識の始まりになる。人間は全体の一部であり、私たちは完全無欠な全体の一部として生きていくしかないと認めることは、私たちが安全で、深く愛されているという事実を受け入れることにほかならない。そうじゃないかね？　心配することなど何もないのだよ」

チカロはそのまなざしで、私にろうそくを見るように促した。

「私たちの前でゆらめいている小さな光を感じてみたまえ。他者の炎にも集中するんだ」

「過去は私に警戒することを教えてくれました。同じ過ちを繰り返さないようにって」

「私のそれまでの人間関係を変えてくれた三つの鍵を教えてあげよう。第一は、自分が見ている世界の被害者にはけっしてならないこと。内なる平穏を手に入れるには、世界を脅威としてではなく、好意的に見ることが必要だ。過去の経験から愛だけを守ること。愛以外のものは無益で、心を誤った思い込みでいっぱいにするだけだ。過去は恐怖のフィルターにかけて真実を切り取ってしまう」

「たしかに、その話は聞いたことがあります。世界を愛のフィルターを通して見るか、それとも恐怖のフィルターを通して見るか、二つの選択肢があるという話を」

「そのとおりだ。だが、どちらの選択肢においても、私たちは被害者ではなく、主体的に行動する責任者なのだ。そうじゃないかね？」

「恐怖心は存在しないっていう話も聞きました」

「まさしく。だからこそ、私は自分が被害者だと思ってしまったときには、愛に満ちたまなざしと考えだけが現実なのだと繰り返し自分に言い聞かせるようにしている。それ以外は現実ではないとね」

「マッテオとの関係で、私は自分を被害者の立場に置いていると思いますか？」

「もちろん。きみの被害者意識が、自分には彼に対して怒る正当な理由があると思い込ませているる」

「マッテオの行動を見れば、がっかりするのも当然ですよ！　初対面の誰かに夢中になって私のことを忘れているのですから」

「間違いないのか？」

「だと思います」絶望のため息をつきながら、私はきっぱりと答えた。

「きみのいまの答えは、二つ目の鍵を説明しやすくしてくれた。二つ目は推測をやめること！　私は、他者がしたことや思っていることを自分が勝手に解釈していると気づいたとき、それによって自分のエネルギーの大部分を失っているとわかった。頭のなかで推測した仮説を現実のことのように思い込み、ありもしない問題をつくりだす。自分が書いたシナリオの主人公を恨み、状況を明らかにするよりその状況を悪く言おうとする。マッテオが別の女性といるところをきみは見たのか？」

「見てません。でも、この村には男の人たちを楽しませる場所があるって聞きました」

「つまり、推測にすぎない。そうじゃないかね？　勝手に解釈するのではなく真実を知るまで待ちなさい。解釈をしてはならない。人間の精神は幻惑に弱い。不確実さを受け入れるよりも外部の行動を非難することで自らの不快感を正当化するほうが楽なのだ！」

私はうつむいた。

「推測をしないようにするにはどうすればいいんですか？」

「それが第三の鍵だ。私は、起こることすべてについて良し悪しを判断するのを止めたとき、正当化することとの必要性から解放された。かつては、これはいい、これは悪いと、起こったことすべてを審判のように判断することに多くの時間を費やしていた。他者についても、その人の長所や欠点を品定めしていた。私を気づまりにさせることや不満を感じさせることには批判の目を向けていた。そうじゃないかね？　だが、充足した状態であるためには、そういう良し悪しの判断から解放されて、世界を好意的に見ることが不可欠なのだ。そうすれば、正しくあることとの必要性から抜け出せる」

私は両手で頭を抱え、こめかみをマッサージした。何が起ころうと判断を下さないなんて、私には不可能に思える。

「一瞬一瞬がエクササイズだ。思わず批判してしまったときは、別の好意的な考え方に置き換えるんだ。話し相手があなたに対して攻撃的だと感じたら、相手の悲嘆のシグナルを観察して、攻撃し返す代わりに愛に満ちた考えを返すことで相手を安心させること。私たちの深い本性は互いに愛し合うことなのだから。そうじゃないかね？」

ろうそくの芯が短くなっていくにつれて炎が揺らぎはじめ、ぱちぱちとはじけるリズムに合わせて踊りはじめた。

「おや、そろそろ客人が来るな」チカロは炎を見ながら驚いた様子で言った。面白がって頭を傾けて、親指と人差し指で口角を拭った。私はびっくりしてチカロの顔を見た。隣の部屋で音がするかと耳をすませたが、何も聞こえない。

チカロは少し黙っていたが、また話しはじめた。「鈴木俊隆《すずきしゅんりゅう》※14という日本の禅宗の僧侶が、あるとき、美しい花を前にした二人の人間の態度を比較した。一人は、花瓶に花を生けるために花を切ろうとした。もう一人は、花と一つになろうとした。自ら花になろうとしたのだ」

そのとき、ドアを叩く大きな音が聞こえ、チカロは話すのをやめた。

※13　神経成長因子。

※14　著名で尊敬されている日本の禅の師（一九〇四〜一九七一年）。アメリカに七つの禅センターを開き、同国の仏教に影響を与えた。

鏡

「あなたと私のどちらが、相手のなかに脅威とは正反対のものを見る大胆さをもっているのだろう」

パトリック・ブリュエル

私がここにいるかどうかを尋ねるマッテオの声が聞こえてきた。マッテオは部屋へ入ってくると、安心した様子で大きなため息をついた。そして私を抱きしめた。マッテオの息は上がっていて、ぴったりとくっつき合った胸から彼の心臓の鼓動が伝わってきた。

「大丈夫?」彼が小さな声で聞いた。強く抱きしめられているので苦しくて答えられない。マッテオは怯えているようだった。チカロが咳払いをした。マッテオはようやく腕を緩めた。「すごく心配した。グーランが、夜なのに二人だけで出かけたと言っていたから。ここまで走ってきたんだ」

マッテオが私を心配していた。馬鹿みたいだとわかっているが、それだけで私の心は落ち着いた。ため込んでいた怒りが、マッテオの言葉にしぼんでいく。彼の首に口紅などの痕跡がないかを探したが、ここまで全速力で走ってきたせいで生温かくなっている彼の息の匂いのほかに、知らない香りはしなかった。私は少し体を離しただけで、怒りのそぶりは見せないようにした。するとマッテオが言った。「ニシャールが犬に嚙まれたんだ。シャンティとティムと、ニシャールを隣村まで運んで、医者を探したよ。傷は浅かったけど、狂犬病にかかったら大変だからね」

私は恥ずかしくなった。チカロのほうを見ると、私たちをじっと見ている。そして、面白そうにささやいた。「きみは、きみのまわりの世界の被害者ではないんだ……。解釈するのはいっさいやめること……そして、起きていることを裁いてはいけない……。そうすれば、動揺や苦悩の背後にある平穏が感じられるだろう。そうじゃないかね？」チカロは立ち上がって、マッテオに近づいた。「会えてうれしいよ。待っていたんだ。何か私で役に立てることはあるかね？」

マッテオはあ然として私を見た。チカロが部屋の奥にある椅子を指し、マッテオに私たちの隣に座るように言った。そしてこれまでのことを説明した。マッテオが驚いたのは一瞬だけだった。すぐに安心し、ジェイソンとの十年にわたる研究の結果を話しはじめた。脳が自ら変化する力について、創造や治癒のために高いレベルの振動波に達する可能性について、単一性の科学による証明について……。チカロは真剣に聞いていたが、マッテオの話したことはすでに知っていたようだった。チカロはまず数学的観点から、次に物理学的観点から科学的な補足をした。ジェイソンから説明を聞き、先日身をもって体験したおかげで、私もなんとかチカロの話についていくことができた。話の中心は単一性で、チカロとマッテオはさまざまな角度からそれを検証していた。

この現実が誰からも見えるようにする方法について、マッテオが尋ねた。「どうすれば、人間とこの真実との関係を変化させられるのでしょうか？」

「日常のなかに組み入れる唯一の方法は、真実を実験してみることだ」

「あなたは解決策を見つけたのですか？」マッテオは言った。

「私たちは巨大なパラドクスのなかにいる。科学が、私たちは互いにつながっていると証明しているにもかかわらず、私たちの無意識の考えはお互いの違いを見つけさせようとし、その結果、私たちは進化しているという幻想に導く。まずは、他者と自分を比較するのをやめよう。むしろ、私たちは平等なのだということに意識を向けるのだ。個人主義は、他者からの尊敬という土俵のなかに自分を置くための策略を見出すように導くものだ。金、身長、体重、性別、肌の色、出身国、年齢、教養、教育、服装、考え方、論じ方、振る舞い方……。私たちはそういうことを洗練させるために多くの時間を費やし、そのリストは無限になる。人間が基準をどんどん細分化してきたのだ！　だが、完全に等しい二つのものを比べることなどできない。そもそもそれは一つのものしかつくりあげていないのだから。そうじゃないかね？　実際は、人間は誰もが平等で序列など存在しない。そうじゃないかね？　比較すると、自分は何かが不足しているという思い込みのなかに閉じ込められる。しかし、その見方は間違っている！　反対に、単一性は、豊かさや完璧さ、さらには、自分たちは無限で満たされているので、すべてを手にしていて欠けているものなど何もないという意識をもたらすんだ」

チカロは私たちの注意を逸らさぬように、ゆっくりと話した。私とマッテオは、吸い寄せられるように耳を傾けた。

「ここ数世紀、私たちは引き裂かれたまま生きている。そうじゃないかね？　しかし、これまでとは別の考え方と反応のしかたがあると理解すれば、個人的なシステムとは別の場所に行きつくことができる。私たちのなかの忘れていた空間にたどりつけるのだ。そこに到達するためには、理解と言語の根本的な変化が必要となる。その新たな世界とつながるためには、私たちが無意識に抱いている分離という考えを捨てて、どんなものとも、どんな人ともつながらなくてはならない。変化の鍵は、類似性に目を向けるというシンプルな考え方にある。つまり、違いを追求することから似ているところを探すことに移行できるように訓練するのだ。これほど違って見えるもののなかで似ているところはどこか？　という質問をするのだ。私たちの目標は、エゴが相違点に安心しながら他者を批判するままにさせるのではなく、調和を図るために共通点を追い求めることなのだ。そうじゃないかね？」

「ちょっと待って！　私たちの行動は一人ずつ違っていますよね？　私の反応はほかの人の反応とは違うし、逆もそうです。たとえば、私が何かを指摘されて傷ついたとしても、ほかの人も同じ指摘で傷つくとは限らない。だって、過去や体験や感受性はそれぞれ違うから。置かれている状況だって違いますし」私は反論した。

「自分を傷つけるのは、自分のなかの未解決の影のゾーンだという点を押さえておかなくてはならない。そうじゃないかね？　自分の問題を解決しておけば、外から傷つけられることはない。エゴだけが、攻撃されていると考えて仕返しをしようとするんだ」

「いつもいつもエゴの策略かどうかを見分けるのは難しいわ」

「エゴを見つけるのは簡単だ。エゴはいつだって、きみは正しいと言ってくる、そしてつねに裁き、断罪する。私たち人間は誰もが同じ力学に従って動いている。だから、誰かを攻撃すると、自分自身を攻撃していることになり、苦しむことになる。他人に危害を加えると、自分も危害を加えられる。私たちはただ一つだけの同じ存在なのだから」

「カトリックの公教要理《カテキズム》みたいですね。『自分を愛するように隣人を愛しなさい』ってやつね」私はうんざりして言った。「私は無神論者なんです。神との関係では説得されません！」

「物理学を理解するのに、神を信じる必要はない。絡み合った二つの電子を切り離して、数千キロも離して、一方に働きかけるともう一方でも同じ反応が起こるんだ。そこでは二つの可能性が考えられる。情報が無限の速度で伝達されたか——私はそうは思わないがね——、あるいは二つの電子がそれだけ離れていながらつながったままでいるかのどちらかだ。百四十億年前にビッグバンが起こる前、すべては一つだった。そうじゃないかね？　私に言わせれば、ビッグバン以前も以後も何も変わらず、すべては互いにつながっている。私たちのあいだに空間があるという考え方は幻想にすぎない。エゴは、当然のことながらほかのものから分離されている場合にのみ生き残る。私たちは、それぞれがばらばらに存在していると思ってしまうが、それは印象にすぎないのだ。私たちはけっして単一性から逃れられない。物理学がそれを証明している。私たちはエネルギーにすぎず、その原子の集中がすべてを途方もない知的な振動にする。だからこそ、私たちの取る行動はすべて、周囲のものや自分自身に影響を与えるのだ」

マッテオはチカロに、私たちを傷つけるのは解決できていない影のゾーンだという考え方をもう少し詳しく説明してほしいと頼んだ。チカロはパイプをくわえると、ろうそくの炎をじっと見ながら、穏やかで落ち着いた口調で話した。

「恐怖を感じるたびに、良し悪しを判断するたびに、罵るたびに、私たちはエゴに支配されている。そうじゃないかね？　それはつまり、つながりに背を向けていることにほかならない。自分は唯一無二でいたいと望んで」

チカロは私たちを交互に見ると、力強い口調で続けた。「それぞれの存在同士の調和を取り戻すためには、相手を贈り物のように受け入れるだけでいい。なぜなら、他者は私の鏡となることで理解の扉を開いてくれるからだ」

マッテオは、自分の顎髭を撫でながら質問した。

「誰かに傷つけられたと感じるのは幻想に過ぎないということですか？　その相手は、自分が解決していない何かの反映にすぎないと？」

「そうだとも！　傷つけられたと感じたとしても、自分が考えているような理由でそういう状態にされているわけではけっしてない。私は、外的状況が自分の感じ方に影響を与えていると仮説を立てた。世界が私の気分の原因なのだ。私は、自分を取り囲むものに反応して生きているだけだ。だから、天気がよければ気分がよく、雨が降っていると悲しくなる。誰かに微笑みかけられれば愛されていると感じるし、反対によそよそしくされると攻撃されていると感じる。同僚から褒められるとうれしくなってその同僚を大切に思うが、反対に非難されると相手にやり返す」

たしかに、私はそんなふうに生きていると思った。

「それから、私は考えたんだ。本当にこの仮説は正しいのだろうか、外的な出来事は自分が何者かの反映にすぎないと考えて仮説を変えてみたらどうなるだろう、とね。自分が穏やかで幸せなとき、世界は好意的に見え、すべてがうまく運び、運が味方しているように思えるのとは反対に、恐怖にとらわれていると、世界は陰鬱で人々は攻撃的に見える。すべてが自分に敵対していると感じる。そうじゃないかね？　つまり、日常は自分の考えと精神状態の反映だとわかったのだ。どちらの場合も、私たちはなんらかの方向で事実や個人とつながっていると気づくことが重要なのだ。ただし、第一の仮説においては、私たちは反応するだけの受動的な存在であり、外の世界が自分の人生を導くとみなすことで、耐え忍び、自分の防衛システムを設置する。第二の仮説では、私たちは能動的で、起こることに対して責任をもち、自分の充足感は外のどんな要素でもなく、自分次第であると自覚せざるをえなくなる。もはや外に犯人を求めることはできない」

マッテオが話を進めた。「僕が微笑み、他人を気づかい、思いやりをもち、穏やかに接すると、その人は僕といて安心感を抱きます。そうなると、自分の身を守るために僕を攻撃しようとはしなくなり、笑顔や友好的な仕草を返してくれます。反対に、僕が冷たくて、気難しく、怒っていたり、悲しんでいたり、他人を妬んでいたりすると、相手が不安定な気持ちになり、僕に残忍なイメージを伝えてくれる。つまり、僕の行動が鏡のように僕の内面の状態を映し出すというのですね」

「誰かが自分をおとしめようとしているとは思わないんですか？」私は尋ねた。

「ああ、もちろん、エゴのフィルターを通して見ればそうだろう！」チカロは答えた。

「他者は自分自身の一部にすぎず、逆もまた然りという科学的証明を認めるなら、もはや他者は存在しない。一人しかいない。そうですよね？」マッテオが分析する。

チカロはうなずいた。

「エゴの偏見から抜け出さなければ、真実に近づくのは不可能だ。エゴは、私たちを互いに分離された状態のなかに押し込めようとする。それが、いま私たちが経験していることだ。そうじゃないかね？　今日の科学が証明しているように私たちは完璧な単一性からけっして離れられないと考えたうえで仮説を変えると、あらゆる他者は自分自身の不快感と向き合うための贈り物、つまり鏡となる。そうやって、自分の恐怖心と欠点に働きかけることができるのだ」

「つまり、私たちは何千年も無知なまま生きてきたってことですか？　単一性っていう考え方は突飛に思えます。日ごろ感じていることとかけ離れてるから。科学的な根拠はわかりましたけど、そんなに長いあいだしみついている習慣から抜け出すなんて、本当にできるのかしら？」

「私たちが答えるべき質問はそれだ。私は本当にものごとを違うふうに見る準備ができているのか？　私は個人としての自分であることをもはや望まないのか？　愛というフィルターではなく独自のフィルターを通して世界を見る感覚をどうすれば手放すことができるのか？　恐怖に由来する反応を繰り返しながら恐怖のなかで生きたいと望んでいるのか？　それとも、平穏を取り戻したいのか？」

　私のなかに不安がよぎった。

「その新しい次元を体験するためには私たちは死ななくてはならないってことですか？」

「朝、目覚めてもきみは死んでいない。夜のあいだに見た夢はきみの一部だが、きみは夢そのものではないとわかっている。そうじゃないかね？　この仮説においても同じことだ。目覚めることで、きみは自分が単一性のなかに存在していると気づくだろう。分裂した世界で現実だと思っているものは、実はただの悪夢にすぎない。眠りから覚めるために死ぬ必要はない。ただ自覚して、自分の見方を再教育すればいいんだ」

　マッテオは、ジェイソンの研究とチカロの話を結びつけ、私に向かって言った。「僕たちが恐怖の扉を開くとき、絶対的な単一性のなかでは僕たちは眠ってしまい、幻想の世界を動きまわるんだ。夢を見ているだけなのに、それが現実だと思ってしまう」

　私はマッテオを、それからチカロを見た。そんなこと、本当にありえるのだろうか？

「夢を見ているあいだは、夢以上に現実的なものはない。目が覚めるまで、それが夢だとはわからない。そうじゃないかね？　一方は現実で、もう一方が幻想なのだ。しかし、エゴによって目の前にベールをかけられてしまうと、外に見えるもの以外を感じられなくなる。エゴは自分が生き残るために、私たちがありのままの自分に到達するのを邪魔だてする。現実から遠ざけるのは単に同じDNAをもつ散らばった統一体なのだ。一つ一つの障害は私たちが何に取り組むべきなのかを教えてくれる。ところが、エゴは、誰かのせいにすることで。あらゆる問題についてまず反論する。エゴは間違っているにもかかわらず、私たちはエゴについていってしまう。だから苦しみから逃れられなくなる。似たような現象が起こるたびに同じ苦しみが表れる。ところが、幸せへの道は他者を通して到達できるものではない。なぜなら、他者を変えようとすることは、エゴの原始的な欲求であるコントロールと支配に応えることだからだ。何かが〝私〟の思いどおりに行かないと、〝私〟は不満を感じる。エゴは、自分は完璧なのだから問題は外からやってくるはずと結論づける」

「でも、誰かに攻撃されたり傷つけられたりしたら、やっぱり問題はその人のせいなんじゃないかしら？」

「相手もきみが思うのと同じくらい自分は完璧だとみなしていると考えてみるんだ。何かに苦しめられたら、自分の内面の葛藤を解決しなくてはならない。そうじゃないかね？　高速道路で車が故障して車の外に故障の原因を探そうとするのと同じことだ。天気のせい、道路の状態のせい、妻あるいは夫の運転のせい、通行人のせい、車のディーラーのせいなど。だが、そもそも車自体を集中して見ようとしなければ、走り出すことはできない。そのときに考えるべき目標はなんなのか？これは自分のせいではないと主張して罪から逃れることなのか、それとも車をふたたび動けるよう

いではなく類似点に目を向けることで、その苦境から抜け出せる。相手も自分に似ていると感じると、支配・被支配、優劣のメカニズムをなくすことができるからだ。良し悪しを判断するのではなく、ありのままを眺めれば、他者という鏡を通じて、自分のなかで何を育んでいきたいのかがわかるだろう」

「何も判断しないなんて難しいです。誰かに出会ったら、その人とうまくいくかいかないかって感じます。人によっては、いっしょにいるのは時間の無駄だとわかるし」

「それも、別の言い方ができるのでは？　そういう人たちは、自分のなかの未解決の問題に立ち返らせてくれる。というのも、そういう人たちによって自分の快適なゾーンから引っ張りだされるからね。新しい出会いに対する態度には三種類ある。相手に深く惹きつけられるか、すぐに拒絶するか、あるいは無関心かの三つだ。最初の二つはわかりやすい。反感を抱く相手は、自分のなかで認めるのが難しいものに訴えかけてくる。自分を見下す人物や、なんでもわかっているように見える人物が耐えられないとしよう。おそらく、自分の劣等感を解消できないので、相手のペースの会話のなかでそれ以上自分の存在感を示そうという気がなくなってくる。あるいは、厚かましい人物が許せないこともあるだろう。そんなとき、なぜ、自分の頑なさが自分を牢獄に閉じ込めていることを認めようとしないのだろうか？　もっと自由に生きたいのにこれまでに受けてきた教育がそれを禁じている。相手にすぐに惹かれる場合、どこに惹かれたのかを考えてみよう。それは自分のなかのまだ成長させていないものを相手がもっているからなのだ。成長させたいと望みながら、向かうべき道が見つからないのだ。自分のなかに響くのは、もっとも深いところにあるものを表現した言葉だ。私たちが尊敬する人物はたいてい、自分の人生の手本となる人物である。そうした人たちのどこに惹かれているのかを考えると、目的に向かう方向性をイメージすることができる」

チカロはそこで口を閉じ、私たちが彼の言葉を消化する時間をくれた。マッテオが大声でまとめた。

「僕は他者をもっとも美しい贈り物として受け入れます。なぜなら他者は僕の鏡だから。僕の意識を示唆する存在なのです。他者との違いだと思い込んでいたものは、自分との類似点であり、影のゾーンにすぎません。僕の行動や考えは、他者に直接共鳴するものなので、その他者が僕を映し出します。そのように他者を見ることでけっして自分に嘘をつかずにありのままの自分を見ることができます」

すると、チカロがきっぱりと言った。「それは、エゴにとっては認めることができないが、真実を理解するには必要不可欠な現実だ」

それから腕時計を見たチカロは、立ち上がった。「もう遅い。そろそろ帰ったほうがいい」

外はすっかり夜が更けていた。二つの懐中電灯が暗闇のなかで私たちの足元を照らす。厳しい寒さに歩く速度が増していく。吐く息が細かい霧となって月の光できらめきながら、夜の闇の中に消えていく。

グーランの小屋の明かりが見えた。小屋では、シャンティが私たちの帰りを待っていた。私たちが帰ってきたのでほっとし、スープを出してくれた。全身がぶるぶる震えた。ニシャールの具合を尋ねると、いまは眠っていると教えてくれた。噛まれたときにはダメージを受けていたが、傷はさほど深くなかったようだ。村に降りていくときに子犬に出くわし、ニシャールが撫でようとして近づくと、母犬が出てきてニシャールのふくらはぎに噛みついたという。隣の集落に狂犬病のワクチンを持った医者がいて幸運だった。

シャンティの話が終わると、今度は私が話す番だった。私は、今夜何があったのかを話した。グーランのメッセージ、彼女の姪のチーバーといっしょに賢者の家に向かったこと、ワシの導きなどを順番に話した。シャンティは、チカロが何を語ったのか知りたくてたまらないようだった。私は下を向いた。捨てられた子どものような自分のわがままが恥ずかしかった。「シャンティたちが戻ってこないからいらいらしてここを出たの。特にマッテオ、あなたに腹が立った。かわいい女の子といっしょにいるんだと思った。村の人たちはそう思っていたみたいだから」そう言って、そっとマッテオのほうを見た。山型になった眉毛が、マッテオの驚きを示していた。だが、マッテオはにっこりすると、私の手を握った。私はゆっくりと呼吸をした。「あなたが来るまでのあいだ、チカロが恋愛関係について話してくれた。人間は自分の必要なものを満たすために他人を利用しようとするエゴの幻想と愛とを混同しがちだってね。エゴは感情を褒美や罰のように使おうとする。エゴは自分に足りないものを洗い出して、愛する人のなかにそれを理想化する。愛に生きるためには、エゴの欠乏感をはっきりと意識して、エゴが感じている恐怖を遠ざけなくてはならないって教えてくれたのよ」

マッテオとシャンティは私の話に熱心に耳を傾けた。少し時間がかかったが、私はチカロの教えをさらにこうまとめた。「チカロは、辛さから抜けだすための三つの鍵について話してくれた。一つ目は、自分が見ている世界の被害者にけっしてならないこと。自分の恐怖心を見きわめて、恐怖は幻想にすぎず、自分が感じている現実の一部を切り取ってしまう、だから、私たちは自分が感じることの犠牲者なのだと気づくこと。二つ目の鍵は、なんらかの状況に直面したときに推測するのをやめること。はっきりとした説明が得られるまで待ち、途中で解釈するのはやめること。三つ目は、起こったことの良し悪しを判断しない。批判から解き放たれて他者を丸ごと受け入れれば、存在同士の結びつきが壊されることはなくなる。そうじゃないかしら？」

マッテオは微笑み、シャンティはうなずいた。「そうしたら、あなたが来たのよ」私はマッテオを手で指して、話を譲った。

「僕たちの研究についても話した。チカロは驚いていなかったよ。チカロも、絶対的単一性について確信をもっていた。どんな存在もどんなものも分離されておらず、僕たちはただ一つのものをつくりあげているという原則から出発し、僕たちが経験しているパラドクスと向き合わせてくれたんだ。分離など存在しないのだから、その幻想のなかにいては幸せになれない。存在同士が調和を図るには、現実を認め、それに従って行動しなければならないんだ。それから、僕たちの仮説が宇宙と一つであることだとしたら、自分たちの違いではなく類似についての研究に集中するべきだとも言われた。違いは幻想でしかないから。それは、エゴが生き残るために維持しつづけている見た目にすぎない。類似点を探すことで、人間の本質を見つけることができる。第三者と接したときに感じる辛さは、自分のなかの未解決な問題に対応している。他者は自分の反映なんだ。他者は、自分の影のゾーンを理解させてくれる、人生がくれた贈り物だとチカロは言っていたよ」

シャンティは大きくうなずいた。そして椅子から勢いよく立ち上がると、首のうしろで手を組んだ。沈黙のなか、ストーブの薪のパチパチという音だけが聞こえてくる。シャンティがつぶやいた。

「まったくそのとおりだ……。他者は自分の鏡なんだ！」

私はマッテオを見つめた。彼の瞳のなかに私が映し出されていた。

影のゾーン

「賢い人に出会ったら真似られるところを探しなさい。
徳のない人に出会ったら、自分のなかにも愚かな部分がないかを省みなさい」

孔子

眠りについたときと同じ体勢で目が覚めた。マッテオの腕のなかで心臓が強く打つ音を聴きながら眠りについたのだ。

ニシャールがときどきいびきをかくので、私とマッテオは眠るまでずいぶん笑った。ティムはニシャールの隣で枕の下に頭を突っ込んで寝ていた。シャンティは、ニシャールとティムが私たちの眠りを邪魔しないように、ときどきニシャールを揺すっていびきを止めていた。私は、マッテオの顔を覗き込んだ。何か考え込んでいる。

「何考えてるの?」マッテオは考えるのをやめ、微笑んだ。「マエルが起きるのを待っていたんだ」

私はマッテオの首に抱きついて起き上がり、シャンティたちを探した。もう誰もいない。下の階の音に耳をすますと、グーランとチーバーとティムとニシャールの声が聞こえてきた。

マッテオは私の頭がのっていた腕を伸ばした。血行をよくするために指を動かす。

「よく眠れた？」

「ええ」マッテオの腕をこすりながら答えた。

そして、マッテオに飛びついてキスをした。マッテオはされるがままにしているが、相変わらず別のことを考えているようだ。私はそのことを指摘した。だが、「準備しよう。今日は一日じゅう山を下らなきゃならないからね」という答えしか返ってこなかった。

　マッテオは私たちの荷物を小屋の入り口まで運んでいった。すでに太陽は昇っている。ティムとニシャールは朝食を終えていて、グーランは私たちの分を用意してくれた。足の具合はどう？　と聞くと、ニシャールが大丈夫と言って安心させてくれた。夜のあいだに回復したのだろう。だが、ニシャールが見せてくれたふくらはぎの傷はとても軽いものには見えなかった！

　ドアを二度ノックする音がして、返事をしないうちにシャンティが入って来た。朝早くから出かけていたらしい。シャンティはいつもの朝と同じく、はつらつとしていた。寒さに凍えたのか、まっすぐにストーブに向かった。今日通る予定の道が歩ける状態か、見てきてくれたらしい。モディ・コーラまでは十分に行ける状態で、もっと進めればガンドルンまで行けるだろうとシャンティは言った。すべてはニシャールの足の具合次第だ。

　マッテオはニシャールのふくらはぎに包帯を巻いた。そばでティムが心配そうに見ている。「ニシャールの荷物を分けましょうよ。私も自分のリュックは自分で持つから」と私は言ったが、シャンティが断った。

「ニシャールの荷物はもう軽くした。その分、ティムの荷物が重くなったけど大丈夫だ」

「私にも何キロか持たせて」私は食い下がった。

シャンティの答えを待たず、外で荷物を縛りなおしているティムのところに向かった。そして、ニシャールの荷物から私のリュックを取り出した。シャンティが追ってきて、私をあきらめさせようとしたが、私の意志が固いのを感じて引き下がった。ティムは残りの荷物をていねいに整理すると、私がリュックを背負うのを手伝ってくれた。出発の準備はばっちりだ。ニシャールが足を引きずりながら外へ出てきた。自分が運ぶはずの荷物をシャンティが背負っているのを見たニシャールはあわてて取りに来たが、シャンティが手振りで止めた。「ニシャール、私の荷物を持つというのなら、ほかの人のを持ってあげて。あなたが運んできた荷物をみんなが分けて持っているから」

ニシャールは私たち一人一人を眺めた。そして私のリュックを背負わせてほしいと言った。私はきっぱりと断り、私のステッキをニシャールに渡した。「じゃあ、これを持って私の荷物を軽くしてちょうだい」ニシャールの頬を涙が流れた。私はグー＝ランとチー＝バーを強く抱きしめると別れの挨拶を交わした。二人は旅の安全を願いながら、送り出してくれた。

午前中は、段々畑のあいだの階段をひたすら下った。途中、短い休憩を何度か取ったので、背中の荷物にもだんだんと慣れてきた。マッテオは何度も私が楽に歩けるようにリュックを持とうと言ってくれたが、断った。勇敢なニシャールは、黙って痛みに耐えていた。マッテオが渡す鎮痛剤を二時間ごとに飲んでいるにもかかわらず、ニシャールは何度も痛みに顔をしかめていた。

昼食は、川岸にある簡易食堂でとった。四枚の板でできた簡素な食堂だった。二人の農民が、数ルピーで、庭でとれた野菜のスープに米とレンズ豆を添えて出していた。私たちはそれぞれ、急流の前に適当な岩を見つけ、その上で食事をとった。

食事のあとすぐに出発したが、誰にとっても困難な道のりになった。モディ・コーラ川にかかる板張りの長い橋を渡ると、その後はガンドルンまで上り坂だった。ガンドルンは、伝統的な建築様式が見られる、このあたりでもっとも古い集落の一つだ。空積みの石でできた立派な家々にはグルン族が住んでいる。

ニシャールは大粒の汗をかいていた。シャンティが「今夜は村の入り口近くのロッジに泊まろう」と言った。私は仲間たちのために冷たい飲み物を頼んだ。マッテオはニシャールの足を椅子の上にのせて、包帯をはずした。赤くなった傷口はこすれて化膿していた。マッテオはていねいに傷を洗浄してから、ニシャールに抗炎症剤を渡した。

薬の包みを片付けながら、マッテオがシャンティに言った。「今日はこれ以上進まないほうがいい。化膿が広がるとまずい」シャンティはうなずいた。「明日の夜明けに出発して、夕方までにポカラに着こう。明日の道のりは長いが、ポカラまでは行かないと」

ティムとシャンティはニシャールを部屋に落ち着かせた。時刻は十六時。シャワーでリフレッシュしてから、私はマッテオとシャンティといっしょに村のなかを散歩に出かけた。ティムはニシャールのそばに残った。マッテオは大丈夫だと言って安心させようとしたが、ティムは不安そうだった。

私たちは集落の中心部まで続く石敷きの道を進んだ。グルン族はネパール中央部の高山地帯で暮らすもっとも大きな山岳民族の一つだとシャンティが教えてくれた。グルカ兵※15の精鋭部隊の出身民族として知られていて、いまやイギリス軍、インド軍、シンガポール警察、さらにさまざまな地に派遣される国連軍でも重用されているらしい。

マッテオが私のほうにやってきた。距離の近さに体が火照る。マッテオの手が私の手に軽く触れるたびに胸の鼓動が速くなった。マッテオはとてもすてきだし、感受性が豊かで知的だ……。明らかに、私は恋をしている!

夕食は早めにとった。マッテオはニシャールの部屋に行って、その日最後の治療をしてから、庭にいた私たちのところにやってきた。私はシャンティといっしょに星空を見ながら、粟でつくったお酒をちびちび飲んでいた。気温はひと桁だったが、氷点下三十度を下回る高地を経験した私たちにとっては、夏のように暖かく感じられた。

このメンバーでいっしょに夜を過ごすのも今日と明日で最後だ。明日はポカラに泊まり、マッテオは明後日の朝、カトマンドゥに向けて出発することになっている。シャンティは、マッテオが乗る飛行機の四時間後に出発する便に私といっしょに乗ってマヤのホテルまで私を送り届けてくれるはずだ。マッテオはカトマンドゥに着いた日の晩にヨーロッパへの帰国の途につくという。彼と別れるのは辛いとわかっていた。でも、シャンティの教えに従ってそのことについて考えるのはやめた。マッテオやほかの仲間たちと過ごす最後の数時間を台無しにしたくなかったからだ。

いまこの瞬間に意識を戻した。シャンティは、「よい夜を《ボンヌ・ソワレ》」と言って去っていった。マッテオがずっと私を見ている。「うん? 何?」喉が締めつけられて小さな声しか出なかった。マッテオは粟のお酒を一気に飲み干すと、黙って私の手を取り、彼の部屋に連れていった。私は、初めてセックスをするのを夢見ている高校生みたいに緊張しながらも体を火照らせてマッテオについていった。

私のうしろでドアが閉まると、マッテオが私にキスをした。マットレスの上に寝袋を敷き、私の体を支えながら慎重に倒した。そして、私の服を脱がせた。私の体は待ちきれないとばかりに、彼の手の愛撫と唇を求めた。寒さにもかかわらず、私の細胞は燃え上がっていた。胸がどきどき高鳴った。私は我慢できずにマッテオの服を脱がせた。肌と肌が触れ、ぞくっとした。マッテオの熱い唇が私の胸に触れ、情熱が弾けた。私は完全に身を委ねた。彼のしぐさの一つ一つに。私の下腹部は欲望の悲鳴をあげる。私は骨盤を持ち上げて彼に押し付け、私のなかに入ってきてほしいと訴えた。陶酔した私の手は彼を引き寄せ、その背中の筋肉に爪を食い込ませる。私の体は燃え上がり、愛で汗ばんだ。足のあいだにマッテオの欲望を感じた。マッテオはまだ情熱を少し抑えながら、ゆっくりと私を貫いた。新たなエネルギーが私を満たす。二人の体が溶け合って、同時に絶頂に達した。二人の体も細胞も心も、一つになった。私はもう何もコントロールすることなく、このロマンチックな熱狂に身を任せた。

＊

朝、私たちはお互いの腕のなかで目を覚ました。睡眠時間は短かったのにエネルギーに満ちている。それまでとは違う感覚だった。こんなにも短い時間で得られた解放感に包まれ、熱に浮かされていた。シャンティの教えのおかげで、私は未知の次元に入れたのだろうか？　わからないけど、すべてが変わっていた。

マッテオが腕を離し、私に微笑みかけた。それから指でカーテンをつまんで開けたが、まだ太陽は昇っていなかった。だが、ぐずぐずしてはいられない。私は起き上がり、あぐらをかくと、マッテオの裸の体に身を寄せた。

窓から遠くを見ながら、私は新しい人生の出発点となる一日が始まるのを待った。アンナプルナに光が射し込んだ。私は彼の手を握った。絡み合った指が私たちのつながりをさらに強いものにする。沈黙のなか、時間が止まったかのようだった。

二人きりの時間の終わりを告げに来たのはシャンティだった。三十分後に出発するという。シャンティが行ってしまうと私はさほど長くはお湯が出ないのを覚悟のうえで、シャワーを浴びた。一分経ったら水になってしまうのだ。マッテオもシャワーを浴びた。服をたくさん着込んでからまた抱き合ってお互いの体を温め合った。ほかの人たちが私たちを待っていた。トレッキング仲間の穏やかな笑顔に、私の気恥ずかしい気持ちもすぐに消し飛んだ。

ニシャールの具合は昨日よりよくなっていた。マッテオは長い行程に耐えられるように強めの薬を処方した。朝食のあとでニシャールの包帯を巻き直し、私たちは出発した。

ビレタンティまでは細い道を下っていく。ニシャールがどうしても私のリュックを持つと言い張ったので、今日は背負ってもらった。ニシャールが先頭を行き、ずっと叔父の心配をしていて元気がなかったティムが、ニシャールの前を行く。ティムは、唯一の家族といえるニシャールのことをずっと心配していたが、ようやく明るさを取り戻していた。ティムのうしろを行くマッテオのあとを私がついていく。最後尾はシャンティだ。

標高千メートルより下ると、歩くスピードが上がった。勾配は緩やかで気温も過ごしやすい。午前中の行程はとても楽だった。正午ごろ、私たちは昼食をとるためにロッジに立ち寄った。

また出発しようというとき、ロッジの屋根の上に置いてあった雨水タンクが転がり落ちてきた。間に合わせでつくった屋根もその事故に耐えられず、瓦の一部までもが剝がれた。幸いにも、怪我をした人はいなかった。シャンティとマッテオとティムとニシャールは、ロッジの主人親子がタンクを起こすのを手伝うために走り寄った。そのとき、五十代くらいのヨーロッパ人の女性が、英語でわめきながら一階の部屋から出てきた。夫らしき男性が、そのうしろからやってきて女性をなだめながら、私のほうに連れてきた。彼女は私を見ると、まるで救いの神を見つけたかのように突進してきて、屋根の上で瓦を直そうと手を貸している男たちに目をやった。

「どこか、怪我でもしましたか？」私があわてて尋ねると、女性は泣きじゃくりながら答えた。

「ううん。でも、こんなことになるなんて思ってもいなかったわ！」

「そんなに興奮しないで。少し壊れただけですから」

「あなたにはわからないわよ！　私の周りでは、いっつもこういうことが起きるの！」

女性はいちだんと甲高い声をあげた。女性はマスカラが落ちないように気をつけながら指で涙を拭った。それから、ハンカチを出して化粧崩れを整えてから、またしゃくりあげた。

「数分後には、ただの思い出になりますよ」確信はないものの、そう言ってみた。

「だいたいネパールになんて、まったく来たくなかったの。夫があまりにしつこいからしかたなく来ただけ。いっつもこう！　でも、ここに来てからというもの、ずっと地獄のような生活よ。まだ着いて二日だけど、ここにいたら絶対死んじゃうわ！　これまでいつもこの人のやりたいことに付き合わされてきた。三十年も我慢してきたの！　この人は私が何をすれば喜ぶのか、一度も聞いてくれようとしなかった。最悪の人生よ！　子どものときも父親が……」

彼女はどんどん早口になっていく。彼女の一語一語を聞き取ろうとしたが、泣いているせいでだんだんと何を言っているのかわからなくなった。ただ出口のない愚痴を言っているだけなのだ。自分のみじめさを延々と吐き出す彼女を、私はあ然としたまま観察した。泣き言のなかに、たびたび「あなたならわかるでしょ？」「あなたなら」「絶対そうよ」「あなたも私といっしょよね！」という言葉が聞こえた。

泣き言の内容がまったく理解できないだけでなく、彼女を見ているだけで胸が苦しくなった。そんな状況がいかに馬鹿げているかを彼女に伝えたかった。私はシャンティの「大切なのは他者とつながったままでいようとすること、それとも正しくあろうとすること？」という言葉を思い出して、穏やかでいようとした。彼女に対してこの出来事がいかに取るに足りないことかを説得するのはやめにした。彼女には嘆く必要があり、私という愚痴を聞いてくれる最適な人を見つけてしまったのだから。

私は壊れたタンクと屋根をせっせと修理している男たちに注意を向けた。すると、心が落ち着いた。一瞬、泣きつづけている女性のことを忘れたが、すぐにまた彼女の悲惨な現実を聞かされた。

「こんなところにのこのこやって来るなんてどうかしてたわ。どうしてこんな人についてきたんだか！　ここだろうとよその国だろうとなんにも変わりゃしないわ！」彼女はそう言い捨てると立ち上がり、私に挨拶して部屋に戻っていった。彼女は五分間たっぷり、私を不快な海のなかに沈めることに成功した。私は口をはさまず聞いていたが、彼女のネガティブさも被害者意識も聞くに堪えなかった。

そこにシャンティがやってきた。私はさっきの女性の会話や、私がどういう状態でいたかを説明した。

「正しくあろうとしなかったことで、あなたはエネルギーを節約できたわけだ。そのことに気がついただけでもすばらしいよ」

「彼女と話すまでとても気分がよかったのに、いまは息苦しくて」

「苦しいのは、彼女の態度があなたのなかの何かに触れたからでは？　チカロとあなたの出会いについて考えたのだけど……。チカロの言うとおり、彼の説は正しい。他者は僕たちを映す鏡なんだ。だから、他者とのあいだに違いを探そうとするのではなく、類似点を探さなければいけないんだ」

「私はそうは思わない。あの女性はまったく臆面もなく愚痴を吐き出していったのよ。私が彼女と同じだとは思わない。いままで私が自分を憐れんだりしているのを聞いたことがある？　けっして泣き言なんか言わないのが私の信条よ」

「どうして、けっして泣き言を言わないの？」

「なんの役にも立たないからよ！」

「人によっては、それがエネルギーを自分に引き寄せる方法なんだ。でも大切なのは、どうしてあなたは、あのような行動を取る人を引き寄せてしまったのかを理解することだ」

「わからないわ、愚痴っぽい人は嫌いよ」

「それはあなたが否定している自分の一部だからなのでは？『他者は自分を映す鏡だ』というのは、自分がその人とあらゆる点で似ているという意味ではなく、他者の行動のなかで自分がいらだちを感じる部分は近づくことを恐れている自分のなかの影のゾーンであることを意味しているんだ。というのも、そのゾーンは自分を苦しめるので見ないふりをしているからだ。だからそのゾーンを目の当たりにすると辛さがふたたび表れる。子どものときに、そういう行動に苦しめられたことはない？」

「さあ、わからないわ」

「たとえば、不満を言ったら大人たちからたしなめられたとか？　もしくは、親しい人が自分の不機嫌を正当化するためそのメカニズムを使っていたとか?」

私は少し考えた。

「父が出て行ってから、母は十年間うつ状態だった。でも、そうなって当然なのよ。父は何も言わずに二十歳にも満たない若い女のところに行ってしまったんだから」

「お母さんは、よくあなたに愚痴を言っていた?」

「ええ。寂しかったのよ。あんなショックを受ければ当たり前よね!」

「僕はお母さんを責めているんじゃない。マエル、そのことについてきちんと考えるべきだ。おそらくあなたはお母さんの話を聞いてあげなければ、お母さんを支えなければ、と感じていたのでは? あなたは同じような状況に出くわすと、その義務感がまた頭をもたげて、不快なゾーンに置かれるんだ。他者はあなた自身の働きや不調を映す鏡なんだよ。あなたが逃げようとしたり否定しようとしたりするものを目の前に突きつけてくれるんだ」

「そんなの、ぞっとするわ!」

「いや。むしろ、傷を自覚すればするほど、潜在能力を花開かせることができる。チカロが言うとおり、他者は、僕たちが見ることを拒否しているものに近づけてくれる、すばらしい贈り物なんだ」

シャンティの指摘を認めるのには、少し抵抗があった。一方で、彼の言葉が私のなかに重く響いているのも感じていた。私の傲慢が反抗しようとしたが、無駄だった。さっきの女性は、私の子どものころに、戻りたくないあの辛い時期に私を立ち戻らせた。私はシャンティに、私たちはどんな人に対しても同じ態度をとるものなのか、と質問した。

「僕たちは、子ども時代、思春期、青年期を経て、大人になるうちに、自分の人格の暗い面を押し込めながら理想的なイメージをつくりだしていく。自分の性格の気に入らない部分は隠そうとするんだ。というのも、完璧な行動の対価としてしか愛が得られないという根深い思い込みが、ありのままの自分のある部分を追い出そうとするからだ。誰かが自分の欠点のどれかを引き合いに出そうとしたときには、それが明るみに出ないように相手を非難するほうが簡単だ。僕たちは、相手にも同じこと、つまり非の打ちどころのない行動を期待する。そうでない場合には、良し悪しの判断や非難や拒絶によってそれを相手に伝えようとする。僕たちのエネルギーの大部分は、自分の弱い部分を隠すために費やされているんだ。自分の理想的なイメージを守らなくてはならないというプレッシャーは、幸せへの到達を妨げる。僕たちはいつだって、自分が見つけた唯一の酸素源である承認を求めている。その結果、不寛容になり、批判的になり、他者との違いの必要性をさらに大きくさせる。傷つきやすくなり、他者から指摘されたり感謝されなかったりすると攻撃されていると感じてしまう。認めたくない自分の一部を突きつけてくる他者と行動していると、不快なゾーンに置かれるからだ。自分が解決していないものとの類似点を探すより、むしろ相手を敵とみなそうとする」

「わかったわ。でも、自分が何を認めたくないのか自分ではわからない」

「知りたいと心から思う？」

「ええ、もちろん」

「マッテオがあなたに言ったように、変わりたいという気持ちが変化の出発点なんだよ」

「シャンティは？　どうやって自分の苦痛の領域に働きかけることができたの？」

「誰かと話したときには、自分の不快感の源泉を見きわめようとした。すると日を追うごとに、何が自分を気づまりにさせるのか、相手のどういう行動が不快なのかがわかってきたんだ。自分は、相手のどんな指摘や態度に傷つくのか？　相手に何を説明できないのか？　口に出すのが辛いことはすべて書き出してみた」

シャンティはポケットから黒い小さな手帳を出した。手帳を開いて、それが書かれている箇所を見せてくれた。「できるようになったことをここに書いている」シャンティはページをめくった。

「ここにはまだ自分には難しいことを書いている」シャンティは手帳を最後までめくった。

「あるいはできないことを書いたんだ。そうすると、だんだんと自分のなかの問題が明らかになり、それについて注意深く働きかけられるようになった」

「すごく大変そう！」

「僕たちを切り離す違いを探すよりは簡単だよ。それに悪口を言うよりはずっと害が少ない。もっとも難しいのは、相手のどこが僕と似ているのかを考えはじめるために、無意識の習慣から抜け出すことだ。誰かと出会うたびに自分にこう問いかけるんだ。この人のどこが好きか？　何が心を打つのか？　この人は僕に何を明かしてくれるのだろう？　僕のための答えを持っているのではないか？　この人と同じ振動数で震える感覚をもつことはできるか？　この相手の何を受け入れ難いと感じているのか？　ほかの誰かを前に、すでに同じ反応をしたことはないか？」

「なるほどね。私もやってみるわ！」

「いや、もししたいなら、自分の望みは自分で言葉にしたほうがいい！」

「いまから私は、他の人が私に投げ返してきた影のゾーンに注意を払うようにし、自分のなかにこれまで目を逸らしてきたものがないかを探します。あるがままの自分を丸ごと受け入れます！」

「おめでとう、マエル。何も付け加えることはないよ！」

私は抑圧されていた重みから解放されたと感じた。チカロは正しい。先ほどの女性は、私の子ども時代の苦しみに気づかせてくれた贈り物だ。さらに、チカロの説を実践する機会まで与えてくれた。私は運命の巡り合わせに微笑んだ！

タンクの修理も終わり、ポカラに向けて出発した。私は最後の山歩きを楽しんだ。マッテオと手を取り合って、空港を見下ろす山の上からポカラの村に入った。胸がきゅんとした。明日の朝には、マッテオは飛行機に乗って行ってしまう。私の肩に回されたマッテオの腕にしがみついた。シャンティが案内してくれた山歩きの最後の宿は、いままで泊まったロッジよりほんの少しだけ快適だった。ヒマラヤで過ごす最後の夜を、私の心臓をこれほど強く、そして速く打たせてくれる男性と過ごせる幸せをかみしめた。

ニシャールとティムとシャンティは友人の家に行った。私とマッテオも誘われたが、二人だけで過ごすほうを選んだ。友情の証にシャンティと食前酒をいっしょに飲んだあと、マッテオはシャンティに礼を言った。シャンティは、明日の明け方、隣村の従兄弟に会いに行くと言った。マッテオの乗る飛行機は明日の午前中に出発するので、マッテオとシャンティはここでしばしのお別れだ。二人は長い抱擁を交わし、それから互いを見つめ合っていた。シャンティは最後にもう一度マッテオを抱き締め、大きな幸せがあなたに訪れるように、とささやいた。

マッテオと私はその場を立ち去った。

※15 ネパール人の傭兵で構成されたイギリス軍やインド軍などの部隊。

「経験とは起こった出来事ではない。その出来事であなたが何をしたかだ」

オルダス・ハクスリー

マッテオの胸に頭をのせたまま目が覚めた。まだ眠っている彼の横顔を見ながら、私が頬をつけている彼の心臓の音を聞いていた。彼の呼吸に呼吸を合わせる。マッテオの肺のリズムに合わせて、私の顔も持ち上がる。

マッテオがカトマンドゥに向けて出発するまであと二時間。会えない期間が短かったとしても、きっと長く感じるだろう。永遠のように思えるにちがいない！　私たちはヨーロッパで次に会う日を決めていた。その未来にすがる思いだった。

夜のあいだに溶け合った二人の欲望に酔いしれながら、たくさんの約束がしみ込んだ恋人とのつかの間の時間を楽しんだ。マッテオが目覚めた。私を見てにっこりする。

彼が私にキスをし、体を重ねた。彼に身を委ねながら、新しい感覚を発見した。それは、別の宇宙から来ているものなのだろうか？　彼の命が刻むリズムと二人の鼓動が一つに溶け合う音を聞いていた。感情が嵐のように渦を巻き、幸せの波に飲み込まれる。マッテオが私の髪を撫で、またキスをし、抱きしめている私の腕から離れて身支度をしようとした。私はマッテオを引き留め、それでも彼がベッドから出ていくのを見ていると、戻ってきて口にキスをしてくれた。彼の裸体は、朝の凍える寒さと闘っていた。私は二人の温もりが残った寝袋のなかで丸くなった。マッテオがズボンを履いてTシャツを着て、シャワーを浴びに部屋を出ていった。私は何も考えずにただぼうっとしていた。

そのとき、マッテオの携帯電話が震えた。無意識に手を伸ばすと、イタリア語のショートメールが目に入った。ローラ「あなたがとっても恋しい。明日会えるのが待ち遠しい。早く帰ってきてね。愛してるわ。」最後に赤いハートの絵文字がたくさんついていた。心臓がバクバクしだした。ローラって誰？　震えながら携帯電話を見つめていると、想像もしなかったことに直面した。ローラからのメールの下にロマーヌの名前があったのだ。私はロマーヌとマッテオのトークルームに入って二人のやりを読み、呆然とした。二人は数日前からやりとりをしていた。

十一月十三日

マッテオ：「一度目のアプローチはあまりうまくいかなかった」

ロマーヌ：「気をつけて。マエルは鋭いから。ちょっと距離をとって」

マッテオ：「明日の朝出発して、もっと上のほうで彼女と再会するつもりだ」

ロマーヌ：「マエルが疑っている節はない？」

マッテオ：「ないと思う」

ロマーヌ：「マエルは元気？　頑張ってる？」

マッテオ：「ああ、彼女は強いよ。きっとたどりつく」
ロマーヌ：「彼女が包みを受け取ったかどうか確認してね。直接マエルに渡してってジェイソンに言ってあるから」
マッテオ：「心配いらないよ。僕が立ち会うから。逐一知らせるよ！」
十一月十六日
マッテオ：「ジェイソンが彼女に包みを渡した。すべて順調だよ！」
ロマーヌ：「大成功ね。私も数日後に出発する。電波状態はあんまりよくなさそう」
マッテオ：「心配いらないよ。うまくやっておくから」

ローラとのやりとりを見るゆとりもなく、私は飛び起きた。激怒したまま服を着て、携帯電話を握りしめてシャワールームに向かう。怒りの叫び声をあげて、シャワールームのドアに向かって携帯電話を乱暴に投げつけた。「いったいどういう真似よ！」石けんの泡だらけのマッテオが顔を出し、私の涙にぬれた目と足元に散らばった携帯電話のかけらを見た。「いったい、どういう真似……？」顎にぐいっと力を入れたまま繰り返した。マッテオが私の腕をつかんだ。

「説明するよ」

「説明されることなんて何もない。全部わかってる！」

「違うよ、マエル。きみが思ってるような話じゃないんだ」

「きみが思ってるような話じゃないんだ」まったく同じセリフを何年か前に聞いた。同棲していた当時の恋人が、私たちのベッドで同僚の女性と寝ていたときに言ったのだ。あのとき、馬鹿だった私は彼の言い訳を聞き入れて、それからさらに三か月も付き合ってしまった！

でも今日は絶対に同じ過ちを繰り返さない！　これ以上嘘を聞くのはまっぴらだ。私はマッテオの腕を振り払って逃げ出した。怒りの叫び声をあげながら、苦しみの勢いのままに駆け出した。そして岩だらけの垂直の道を登ること一時間。ついに疲れはてて、その場に座り込んだ。胸に突き刺さった剣で全身に激痛が走っている。私は、なんでこんなにおめでたいんだろう！

＊

頭のなかを悪いシナリオが駆けめぐっているうちに、太陽が顔を出した。そして、マッテオが乗る予定の飛行機が沈黙を切り裂いた。あまりに過酷な展開にめまいがしたまま、双発機が私のすべての夢を奪って飛び去っていくのを見つめた。嗚咽の洪水のなかで心が爆発し、私は打ち捨てられたおぞましい世界に閉じ込められた。自分がひとりぼっちのか弱い子どものような気がした。しばらく身動きもせずに泣いていた。しばらくすると、状況を理解しようとした。

ジェイソンからもらった包みには何が入っていたのだろう？　どうして私はまんまとだまされてしまったのだろう？　あの包みのなかには違法なものが入っているのではないかと思った。でも、ロマーヌが私をだまそうとしたなんて信じられない。マッテオにあの包みをとってきて、と頼んだのかもしれない。いや、そんなことをする理由がない。だって、私がロマーヌのところまで届けることになっているのだから。

まずい、部屋のなかに荷物を置きっぱなしで来てしまった。なんて間抜けなんだろう！　私は急に不安になり、急いでロッジに向かった！　道すがら、たくさんの疑問が浮かんできた。橋のところで、ティムが私を待っていた。「マエル、話を聞いて！　マッテオがこの手紙をマエルに渡してくれって！　大切な手紙らしいよ！」一瞬立ち止まって、ティムから手紙をひったくった。いや、駄目だ。もうこれ以上はだまされない！　怒りに駆られた私は、手紙を読まずに乱暴に破り捨てた。細かくなった紙切れが川に流されていく。「とんだ嘘つき男よ。あんな奴の話なんて聞きたくない。ティムもわかったわね。これ以上彼の話をするのはやめて！」

ティムの顔からお人好しそうな笑顔が消えた。口を開けたまま、流れていく紙切れを眺めている。私は走って部屋に戻り、リュックの中身をベッドの上にぶちまけた。なくなっているものはない。ジェイソンからもらった包みもある！　包みがくくられていた紐を歯で引きちぎり、包み紙を破るとオレンジがかった黄色の真新しい手帳が出てきた。ベッドの縁に座って手帳をめくった。どこもページは真っ白だった。どういうこと？　絶望してベッドに倒れ込んだ。いくつもの可能性が頭のなかを駆けめぐった。でも、どれも納得がいかなかった。怒りが込み上げてきて、息が詰まりそうだった。私は外に出た。

するとシャンティが従兄弟の家から帰ってきたところだった。こちらに来るので、私は「一人にして」と冷たく言い放った。ところが、シャンティは私の言葉を気にせず、隣に座った。

私は声を荒げてもう一度言った。

「放っておいて。聞こえなかった？」

「どうしたの？　マッテオが行ってしまったから？」

「話したくない」

「そうか。でも、あなたは一人になりたいようには見えないな。むしろ、一人ではいたくないよう

くれてないみたいね」


「いまは、誰かに何かしろって強制されたくないの。一人になりたいって言ってるのに、理解してくれてないみたいね」

「おや、そう?」

「怒ってなんかいない!」

　私は怒鳴った。

「マエルが怒るのは、自分のなかに閉じこもろうとしているときだよ!」

「シャンティ、お願い。お説教はやめて。放っておいて!」

に見えるけど」


「僕のせい?」

　エゴを現行犯で捕まえられそうになった私は苦笑いした。シャンティがあんなに教えてくれたのに、あっという間に無意識の思考が戻ってきてしまった! 「マエル、あなたのなかの子どもが安心させてほしがっているよ。被害者の立場になる格好の言い訳を見つけたみたいだね。あなたの大人の部分と話すことはできないのかな?」私は下を向いた。「そう、私は怒ってる。でもそれだけの理由があるの。地獄に突き落とされたんだから! 友だちにだまされてた。どうして、彼女が私をだまそうとしたのかわからないけど」私は朝の顛末を語った。マッテオの携帯電話に届いたローラからのメッセージ、ロマーヌとマッテオのやりとり。シャンティは黙って聞いていた。私はふいに説明するのをやめ、怯えながらシャンティを見た。

「あなたもなの? 全部知ってたのね!」

「いいえ、まったく!」

シャンティが嘘をついているようには見えなかった。すると、シャンティはティムとニシャールと少し話しにいき、戻ってきた。二人からも新しい情報は得られなかったようだ。マッテオは、ティムに手紙を託して私に渡すように約束させただけだという。

「どんな理由があろうと、あなたには、その状態から抜け出るという選択肢もその状態に留まりつづけるという選択肢もある。いつまで不機嫌な状態で過ごすのかを決められるのはあなただけなんだ」

「決めるなんて無理。私はだまされたのよ。体はだるいし、お腹は鉛を飲んだみたいに重くて最悪よ。わめきちらしたいくらい辛いの！」

「あなたの感じている苦しみは、すべて怒りと思い込みによってもたらされている。その悪いエネルギーから抜け出せば、平穏を取り戻せる。そこにもう少し留まっていたいと思うなら別だけどね」

「もちろん、こんな状態は嫌よ！　でも、抜け出せる気がしない。これでも、マッテオとロマーヌを罵倒しないように我慢してるんだから。思い浮かぶのはそういう言葉ばっかり。私の考えは感情とまったく同じで、コントロールできないわ」

「呼吸して、一歩引いてみて。その主張の内容は確かかな？　友だちとマッテオの説明を待ってみては？　すべて聞いたあとで決断すればいいじゃないか。ただし、マッテオについては少し待たないとね。彼はいまや携帯ももってないわけだし、せっかくあなたに手紙を書いたのに、それもいまはないのだから」

私はしぶしぶ同意した。シャンティは、ロマーヌには連絡してみたのかと聞いた。私は部屋に携帯電話を取りに走った。バッテリーは残り少ないが、なんと電波が立っている！　だが、電話をするとコール音もせずに留守番電話につながった。私は何も言わずに電話を切った。だが、シャンティは説明してほしいというメッセージを残したらどうかとしつこく言った。もう一度留守番電話の音声を聞くのは耐えがたかったが、ため息をついてから、もう一度かけ直した。もう一ピッという電子音度留守番電話を聞いたあと、私は携帯電話に向かって怒鳴った。「よくもこんなことができたわね！

マッテオの企みを知ったわ。いい加減、留守電にして逃げないで、電話に出て。堂々と出てきなさいよ！　電話してちょうだい！」

私は先ほどよりもっといらいらしながら、電話を切った。

「まあ、言い方はともかく、すべきことはしたね。それでは、あとは怒ったままでいるか、やめるかだ。どうするか決めた？」

「こんな状況に置かれたら、怒る以外の選択肢なんてないと思うけど、私がこの状態から解放される解決策があるっていうのなら聞くわ」

「唯一の方法は、攻撃的な考えを捨てることだ」

「攻撃的になってもしかたないと思うけど！」

「すべてはあなたの目標次第だ。自分が正しくありたいか？　それとも、平穏を取り戻したいか？」

「もうわからない……」

「マッテオやロマーヌを攻撃するイメージがあなたを楽にしてくれると思う？　自分が攻撃されていると感じているから、状況をはっきり見きわめるのは難しい？　あなたは恨みにとらわれている。あなたもわかっているように、恐怖心も攻撃性も怒りも自分を守ろうとする感情だ。他者を攻撃しているとと自覚すると気分がよくないので、あなたはその牢獄から出ることになる。負の感情を好意的な言葉に置き換えてみて」

「あんなことのあとでは無理よ……。シャンティ、わかって！」

「二人があなたに何をしたの？　また推量を加えていない？　チーバーといっしょにチカロに会いに行ったとき、あなたは、マッテオがほかの女性と楽しんでいると想像した。同じ過ちを繰り返しているんじゃない？」

「ええ、でも今回はあのときとは違う。わかるでしょ！」

「いや、わからない。説明も聞いていないのに、当て推量するのは好きじゃない！」

「いいえ、明らかよ！　今度こそ確信したわ。だまされてたのよ」

「だから、自分自身を恨んでいるわけ？」

「そうね、シャンティの言うとおりよ、私はただの馬鹿なのよ！」

「なぜ、二人を悪者にするの？　二人があなたに無理やり何かをした？」

「何が言いたいの？　すべて私の責任だって言うの？　私は十分ひどい目にあっているとは思わない？」

「あなたはみんなに八つ当たりしているけど、あなたの怒りはあなた自身に向いているのでは？さっき言ってたように、だまされていた馬鹿な自分に」

「そうよ。信じちゃったのよ。すべてが魔法みたいだった。また誰かを愛したいと思ったのよ」

「じゃあ、何も後悔することなどないじゃないか。感情のおもむくままの時間を過ごせたのだから。もう一度やり直せるなら、それは拒絶しない？」

「もちろん、しないわ！　ただ、代償が大きすぎたからこんなに辛いのよ」

「何があなたをそんなに苦しめているか、わかってる？」

「わかってる。裏切りよ」

「だとしたら、それは攻撃されたエゴの問題でしかない。マッテオがあなたの望んでいた人ではなかったと自覚すれば、すぐに元気になるよ」

シャンティはそこまで言うと考え込んだ。「実際はね、あなたは自分の幻想に、つまり彼との未来が飛んでいってしまったことに涙しているんだと思うよ」

私はしばらく黙ったまま、あの冷血男の腕のなかにいた最後の数時間を思い出した。「実際、そうよ。昨夜は、マッテオとさんざんこれから先のことを話し合った。それなのに、彼が嘘をついてたなんて……ほんと耐えられない！」私は泣きくずれた。

「未来は、過去と同じように毒なんだ。当然のことながら、存在していない幻想にしがみつくのは苦しみのもとだ。想像していた未来はもはやありえないと想像してパニックになってるんだね。いまこの瞬間以外を生きるのは、エゴの策略だ。あなたは自分の蜃気楼に泣いている。それは、愛の非現実的な見方にすぎないのに。結婚さえすれば安心だと思う人たちとまったく同じだよ」

「結婚は誓いの行為よ。だから、私は結婚を強く推奨してるわ」

「ああ、いまこの瞬間の力で結婚するならそうだ。でも、未来が保証されるという安心感から結婚してもそうはならない。残念なことに、僕たちを現実に引き戻すには、失業や失恋や重病といった重大な別れが必要なんだ。そういう別れにともなう辛さは、もはや未来を思い描けないというパニックに結びつく。未来になんの計画も立てずに生きることは不可能に思えるが、実は、それこそが現実的な唯一の瞬間を生きることなのだ」

シャンティのお決まりのフレーズなんて聞きたくない、どこか散歩にでも行ってくれればいいのに、と思った。一方で、いつだって彼の言うことは正しいと認めざるをえなかった。私は手の甲で涙を拭った。

「つまり、私の辛さは、壊されてしまった私の計画や私の希望に結びついているって言いたいの?」

「そうだ。未来にたくさん詰め込みすぎると、自分の周りにある幸せに気づかずに通りすぎてしまう。僕たちは、あくまで仮定の上に立った考えに結びついた不安に駆られがちだ。この先ずっと一人だったら……、もし自分が愛に向いてなかったら……、もし仕事が見つからなかったら……、もし病気になったら……、もし、もし、もし……ってね」

「でも、もし自分が置かれた状況に耐えられなかったら? いまの私みたいに……」

「あなたを苦しめているのは、現在の状況ではなく、幻想を失ったことだ。変わることができれば、いまこの瞬間のチャンスをつかみ、自分の心を震わせる道を見つけるために必要なエネルギー源を見つけられる。見かけの上に何かをつくりだすことはできないとわかっていながら、僕たちはまるで確かなことのように見かけにしがみつきつづける。人生はそのことを僕たちに何度も思い出させてくれるが、それだけだ。それはなんであれ自分に代償を払わせるためではなくて、僕たちは自分に嘘をつきつづけることができないからだ。目覚めて現実に立ち戻らせるのも僕たちの一部なのだ」

「もしそうなら、人生は私に容赦ないってことを認めないとね! 私だって誰かを信じたいし、心の扉を開いて愛を与えたかった。でも結果は、なんの説明もなく捨てられて、おまけに親友がぐるだった。二人とも大嫌い！」

「愛が憎しみに変わることがあると思う？」

「ええ！　このケースがいい例ね！」

「愛を過去や未来に重ねようとするかぎり、愛を体験することなどできなくなる。愛はいまこの瞬間に生まれるものだからね」

「じゃあ、どうすればいいの？　よりよい人生っていう希望がなければ、生きている理由なんてないわ」

「反対にいまこの瞬間を楽しめば、ありのままのものを受け入れることができる。あなたの考え、あなたの見方、現実の世界におけるあなたの欲求を別のところに移せば、あなたは生き生きとし、無限の潜在能力に触れることができるんだ。未来を消し去ることが難しいのはわかっている。あなたのエネルギーは、架空の世界を創造することに費やされてきたのに、それが無であることを認めなければならないのだからね。でも、この唯一の現実に到達できたら、人生についての幻滅を追い出すことができるんだ」

　私はため息をついた。こういったもっともらしいフレーズや、〝いまこの瞬間〟とか〝未来〟とか〝幻想〟とか〝恐怖〟とか〝エゴ〟とかそういう言葉を聞くのは、もううんざりだ。どんな言葉で言いつくろっても、マッテオがろくでなしで、ロマーヌはむかつくような〝お友だち〟であるのに変わりはない。私には哲学なんてなんの役にも立たない！

　私は両手で頭を抱えた。シャンティを黙らせるために叫ぼうとした。ところが、シャンティを見ているうちに、彼はつねに穏やかで、騒がしくなどないと気づいた。騒がしく思えたのは、私が動揺しているからだ。シャンティはこんなときにどんな講釈を垂れても役に立たないとわかっていたはずだ。シャンティが腕時計を見て言った。「あと一時間で飛行機の出発だ。僕たちも準備しなくては……。愛、怒り、苦しみが混じり合っているときにはっきりと理解するのは難しい。でも、純粋さを象徴する白色は原色が混じり合ってできているということを忘れないで」

私は部屋に戻り、荷づくりをしてからベッドの縁に腰かけた。自分が空っぽだと感じた。私の考えはマッテオのイメージの周りをぐるぐる回り、心は彼がいないことに泣いている。エネルギーはすべて消え失せてしまった。唯一、考えられることといえばやはり彼のことだった。マッテオの顔、繊細な手、表情、沈黙、吐息、微笑み、二人だけの秘密。体じゅうの細胞がマッテオを恋しがっている。私は窓から宙を見つめた。するとシャンティが半開きだった部屋のドアをノックして、穏やかな声で言った。「準備はできた?」私はうなずいた。

「まだ気分が悪い。辛さから抜け出せないわ」

「自分の牢獄から出るんだ! あなたが自分を被害者だと思ったままでは、僕には何もしてあげられない。あなたのメンタルを黙らせられたら話し合えるけど」

心の奥ではシャンティが正しいとわかっていたが、私は自分の考えにとらわれたまま、自分の身に起きた出来事を何度も思い返した。それからシャンティに言われた言葉を思い出し、ゆっくり三回深呼吸をしてから、シャンティのほうを振り向いた。「準備できた。話を聞くわ」シャンティは私の横に座ると、両手を足の上で組んだ。

「あなたの辛さをマッテオとロマーヌのせいにしていたら、解決策から遠のくばかりだよ。問題とそれを解く鍵は自分にあるとあなたはわかっているのだから」

「自分が愛に値する人間じゃないって気づいたわ」

「あなたが自分を愛していないからそう思うんだ」

「愛してるわよ、当たり前でしょ！　でも……よくわからなくなったのよ！」

「マエル、あなたは他人に対するのと同じように自分のことも批判している。自分に何か欠けているかぎり、愛することはできない。あなたが自分を信じれば、その瞬間から、自分にとって何がよいことなのかがわかるようになる。そうすれば、拒絶されることを恐れずに、心からの望みにかなった生き方ができるようになるんだ。自分自身と仲良くなれば、一人でいることも怖くなる」

「そうね。私はとんでもなくひとりぼっちだって感じてるわ」

「どんなときもあなたを絶対に見捨てない人がこの世に一人だけ存在するのを知っている？　いつもあなたのそばにいる唯一の人、それはあなた自身だ！　あなたをけっして評価せず、あなたの弱点も長所もわかったうえであなたを大切に扱い、愛情深く見守ってくれる。自分のいちばん深いところを愛することから始めるんだ。そうすれば、恐怖心をもたずに誰かを大切に思えるようになる。ひとりぼっちだと感じているのは、あなたが自分をほったらかしにしているからなんだ。人生を信じて。あなたは自分の望みを口にしたのだから、あとは宇宙が働きかけてくれると信じて。あなたは目標に達するために経験すべきことを経験し、適切なタイミングで適切な人に出会っている。あなたは自分が思っている以上に愛されている。その道の上にいるんだよ」

　しばらく沈黙が流れた。シャンティがようやくまた口を開いた。「孤独を感じたとき、思い出す物語がある。僕が落ち込んでいたときに祖父が語ってくれた話だ。

百年前から歩いている老人がいた。その老人は子ども時代を終え、青年期を終え、たくさんの喜びと苦しみと希望と疲労を経験してきた。彼の思い出のなかには、女性たち、妻、子どもたち、いろいろな国、太陽があった。そのすべてを彼は愛していた。

でもいまでは、愛したものたちの思い出もはるか彼方に去り、ほとんど消えかけている。彼がたどりついた世界のこの果てまでは、誰も彼についてこれなかったのだ。老人は一人で大海原と向き合った。

老人は、波打ち際で足を止め、振り返ったそのとき、はてしなく広がる海霧で見えなくなりつつある砂浜の上に自分の足跡を見つけた。どの足跡も、これまでの彼の長い人生の一日を示している。老人は、どの足跡がどんな一日のものか、よくわかっていた。つまずいたとき、苦境に立たされたとき、遠回りしたとき、順調だったとき、苦しみに打ちのめされた日々の重い足どり……。老人は足跡を数えた。一つも欠けていなかった。老人は思い出し、これまで歩んできた道に微笑みかけた。

老人は横を向き、サンダルを濡らす暗い水のなかに入ろうとした。そのとき、ふとためらった。自分の足跡の横に何か不思議なものを見た気がしたからだ。老人はもう一度、足跡に目をやった。老人は一人でここまで来たわけではなかったのだ。老人の足跡のすぐ近くに並んで別の足跡がある。老人は驚いた。こんな近くに忠実にいてくれた存在にまったく覚えがないからだ。誰がいっしょにいたのだろうと自問した。すると聞きなれた、しかし顔のない声がした。『私だ』

声を聞いて、老人は自分自身の祖先を思い出した。彼に命を与えてくれた人類の長い系譜の最初の父を。人々が神と呼ぶ父のことを。それから、老人は自分が生まれたとき、人類のすべてのこの『父』がけっして彼を見捨てないと約束してくれたことを思い出した。老人は、自分の心のなかに昔からあり、それでいて新鮮な喜びが湧きあがってくるのを感じた。子どものころから感じたことのない喜びだった。老人はもう一度見た。すると、平行な二つの足跡はどんどん間隔が狭くなっていることがわかった。また足跡が一つしかない日々もあった。老人は、そのときのことを思い出した。どうして忘れられるだろうか？　もっとも辛く、もっとも打ちひしがれた日々。どうしようもなく惨めだったあの日々、天にも地にも慈悲などないと思っていた。老人は急に苦々しく、憂鬱な気分になった。

『不幸だったあの日々の足跡を見てくれ。私はひとりぼっちで歩いていた。神よ、私があなたを求めて泣いていたとき、あなたはどこにいたのか？』と老人は言った。

『愛する息子よ』声が答えた。『一つしかない足跡は私の足跡だ。おまえがやみくもに歩んでいると思っていたあの日々、すべての者から見放されていると思っていたあの日々、私はそこにいておまえの道を歩いていた。私がいないとおまえが泣いていたとき、私はおまえを背負っていたのだ』※16

シャンティの話は私の苦しみをやわらげてくれた。私は解放感を覚え、どこかからやってきた力が私のなかに湧いてくるのを感じた。私はこの停滞した状態から抜け出すことを決意し、立ち上がった。

＊

ニシャールとティムが、私に別れを告げるために待っていた。二人は私の首に〝カタ〟と呼ばれる白いスカーフを巻いてくれた。吉兆模様とマントラがプリントされたカタは加護と祝福の象徴なのだそうだ。私は二人に抱きつき、その気づかいと旅のあいだずっと親切にしてくれたことにお礼を言った。二人と別れたくなかった。二人も同じ気持ちだとわかった。最後にもう一度二人を抱きしめた。シャンティは友情を込めてニシャールとティムと優しく握手をした。シャンティと私は空港に向けて出発した。

するとティムが走って追いかけてきた。「待って、マエル！」振り返ると、ティムは自分の首からカイヤナイトのついた革紐をはずして、私の首にかけた。

「マエルはとても勇敢だった。もう吊り橋だって怖がらずに渡れるし、ネパール人のように指でご飯も食べられる。僕のネックレスをあげる。これは僕に幸運をくれたんだ。おかげで僕は何一つ足りないものがなくなった。気分が悪いときも元気づけてくれた。これは、僕よりきみが持っていたほうが役に立つよ」

「受け取れないわ、ティム。あなたにとって何よりも大切なものでしょう？」

シャンティが、このペンダントはティムの母親からもらった唯一の品なのだと説明してくれた。

「違うよ。僕にとっていちばん大切なのは僕の心だ。でも、心はマエルにあげられないから。だから、ぼくの心とつながっているものをあげたいんだ。お母さんを思うと僕の心は振動する。この石を手で強く握ると喜びで胸がいっぱいになった。寂しいときに握ると、胸がほっと温かくなった。道に迷ってどっちに進めばいいのかわからないときは、ペンダントに意識を集中したら、どっちに進むかがわかったんだ。だから、このペンダントは僕の心が進むべき道を教えてくれた。でももう僕は一人でもその道を行ける。だから、僕にはもうペンダントは必要ないんだ。僕の心をあげたって、マエルにはなんの役にも立たないよね。だってそれは僕の心だから。マエルはマエルの心に通じる道を見つけなくちゃならないでしょ？　この石が導いてくれるよ」

私は涙をこらえきれず、ティムを強く抱きしめた。

「ありがとう、ティム。あなたみたいな人はどこにもいないわ。これを大切にするって約束するわ」

「ううん、そんなに大切にしなくてもいいよ。マエルが自分の道を見つけたら、誰かにあげて」

感謝の代わりに、私は大学を卒業したときに父からもらった腕時計をティムに差し出した。ティムは受け取れないと押し返した。

「すごくきれいだけど、僕には役に立たないよ。僕は時計の針が読めないから。お日さまの位置で読むほうがよくわかる。だからこれはマエルが持ってて。マエルのほうが必要だと思うから。太陽の光から時間を知る方法を教えてあげたいけど、また今度ね」

「じゃあ、感謝の気持ちとして何をあげればいい？」

大切なものをもらいっぱなしでは申し訳ない。きらきらとしたティムの目が私をじっと見つめた。月をあげようかといわれた子どものように幸せそうなティムは、何も言わずに私を見ている。何をあげればティムは喜ぶのだろう？　私はしつこく尋ねた。するとティムが目を輝かせて言った。

「笑顔がいいな。マエルは笑っているとき、とってもきれいだから！」まったく予期せぬ答えだった。また涙が込み上げてきたが、それは苦しみの涙ではなく優しさの涙だった。この少年に心から感動した。私が抱きしめると、ティムは私の腕のなかでじっとしていた。私が腕を緩めると、ティムが聞いてきた。

「マエル、心が震えてるのがわかる？」

「ええ、幸せだって感じてるわ」

「石が導いてくれたんだよ」耳元でティムがささやいた。

ティムは私の頬にキスをして、飛び跳ねながら去って行った。私は、首にかけたカイヤナイトをぎゅっと握りしめた。

※16 Gougaud, H., L' Arbre d' amour et de sagesse, Seuil, 1992.

赦し

「ひどく落胆しても、それが人生の終わりかどうかはわからない。むしろ、まさに大いなる冒険の始まりのこともある」

ペマ・チョドロン

金網の向こうにポカラ空港の着陸用滑走路が広がっている。エアターミナルは簡素なつくりだった。荷物を預ける先もにわかづくりのカウンターだった。制服姿の職員がシャンティのリュックと私のリュックを検査し、前時代的な秤の上に置いた。

搭乗手続きのために必要な検査ボックスを先に出たのはシャンティだった。IDチェックが終わったら外に出て滑走路の端に座らないか、とシャンティが言った。外は暖かかった。目を閉じて太陽の光を顔に浴びながら、私はシャンティに尋ねた。

「幸せになるためには苦しみが必要だと思う?」

「いや、考えをもたなければ苦しみは存在しない。出来事は事実だ。僕たちはそれを観察し、それからそれを手放すんだ」

「自分の考えをコントロールしようと思ってもできないの」

「そうやって考えが状況に影響を与えるままにしているからあなたは苦しみから抜け出せないんだよ。自分が感じていることを説明してみて？」

私は大きく息を吸い込んでから、自分の惨めな気分をすべて吐き出した。「胸が重い、喉が締め付けられて呼吸も乱れている。もうエネルギーがなくて、泣きたい。疲れてる……。それから、怒りが込み上げてきて、この悪夢が終わってマッテオが抱きしめてくれたらいいのにと思う。マッテオの顔が浮かんで、二人で過ごしたここ数日間のすべてを思い出す。そのことを思えば思うほど辛くなるの」

「わかった。いまから一分間、どんな考えでも頭に浮かんだすべての考えに集中して。それから、僕に、その考えをはっきりと言葉にして話してみて。獲物を前にした肉食動物のように考えを一つ一つつけ狙い、それぞれに名前をつけて教えて」

シャンティの言ったとおりに集中しようとしたが、ブラックホールのなかにいるようで、何も出てこない。

「どう？　数分前に私に話してくれた辛さはもうない？」

「ええと、うん、ないかな……。なんだか何も感じなくなっちゃった。ああ、やっぱり辛い！　マッテオのイメージが現れるとまた胸が締め付けられる」

「完璧だよ、マエル。そこからどういう結論が出せる？」

「マッテオのことを思うと辛くなる。でも、それはわかってる！」

「あなたに証明したかったのは、辛さは考えがないかぎり表れないということ。なぜなら、辛さはあなたの想像の投影にすぎないから。追い詰めようとすると表れないで、それに結びついた辛さのあらゆる感覚も消えるんだ」

「頭をよぎるものをいちいち検討する時間はないわ」

「なぜ？　無意識の考えに人生を思うままにされるほうが心地いいと思う？　選ぶのはあなただ。でも、繰り返すけど、どんな辛さも考えなければ存在しない」

「つまり、辛さが戻ってくるたびに自分の悩みごとを追い詰めれば、それは消えていくってこと？」

「それこそが、あなたがいま経験したばかりのことなのでは？」

「それって、毎回うまくいく？」

「辛くなったらすぐに試してみて。そうすれば、その答えが得られるよ」

私の考えを改めて観察しはじめたが、何も浮かんでこなかった。ところが注意を逸らしたとたんに、辛い感覚が襲ってきた。「辛さを感じると、その原因は考えにあるとわかるんだよ」

目の前に飛行機が着陸した。降りてきた乗客はほんの数人だった。女性の客室乗務員に促され、私たちは飛行機に乗った。

双発プロペラ機には、狭い通路をはさんで両側に一列ずつ、全部で二十ほどのシートがあった。シャンティが右側の席を強くすすめるので右側に座った。離陸してわかったが、右側からの眺めのほうがすばらしいのだ。

客室乗務員はベージュの制服姿の小柄な女性一人だけだった。ハイヒールで足元をふらふらさせながら安全上の注意を伝えた。エンジンがかかった。飛行機は切り立った渓谷を横切りながら高度を上げ、ヒマラヤ山脈に沿って飛びつづけた。

＊

カトマンドゥ空港にはカルマが迎えにきていた。ボダナートの街の入り口で車を降りると、マヤが待っていた。シャンティは明日の朝、私を空港まで送るために迎えに来ると言った。お礼を言うと、別れ際にシャンティが抱きしめてくれた。私はエンジンの轟音とともに数メートルの高さの粉塵を巻きあげ、二人が去っていくのを見送った。

ホテルの門をくぐると、マヤが歓迎して抱きしめてくれた。私もマヤに顔を寄せた。

「あなた、小さな野生動物みたいね」マヤが私の髪を撫でながら優しく言った。

「こんな短いあいだにすごくたくさんのことがあったの」

「部屋の用意ができてるわ。このあいだと同じ部屋よ。シャワーを浴びたらボダナートのテラスで会いましょう。話を聞かせて。いい？」

「ちゃんと聞いてくれる人に話せるなんてうれしいわ！」と私は答えた。

部屋のドアを開けたとき、先日と同じ部屋とはとても思えなかった。たしかに、あるものはこの前と変わらない。正真正銘のマットレス付きの大きなベッド、ストーブ、バスルーム、トイレ。なんて贅沢な部屋だろう！　ここへ初めて着いたときの精神状態を思い出し、私は声を出して笑った。三回シャンプーをしても、きれいになったような気がしなかった。そのとき、突然電気が消えた。一条の日の光だけが天窓の少し開いた鎧戸から暗闇を貫いていて、空気中を漂う埃の粒子がきらめいているのが見える。

薄暗がりのなか、寒さのなかで何時間も過ごした体がお湯を浴びて温まるありがたみを味わった。

清潔な服を着込んでマヤとの待ち合わせ場所に向かった。ストゥーパの前で、ジンジャーティーをいっしょに飲むことになっている。テラスに着くと、若いネパール人女性がすぐに湯気の立つマグカップを持ってきてくれた。マヤが姿勢を正す。「さあ、全部話してちょうだい。聞きたくてうずうずしているのよ」

　私はこの十一日間にあった出来事を一つ一つ話した。シャンティの教え、トレッキングの仲間たち、出会った人々、偶然のめぐりあわせ、そのときどきの気分、驚嘆したこと、ジェイソンやジェイソンの研究、チカロのこと……それから、ロマーヌとマッテオの裏切りをどのように知ったか、例の悲劇についても時間をかけて話した。マヤは注意深く私の独白を聞いていた。「ロマーヌをそれほど深く知っているわけじゃないから、彼女がどうしてそんなことをするのかわからないけど、弁解の機会をあげたらどうかしら？」

　マヤはさらに何かを言いかけたがやめて、考え込んだ。マヤが黙ったので、下のほうのざわめきがよく聞こえてきた。鐘の音やマントラを唱える声が波動の渦になってストゥーパを包んでいく。マヤはハンドバッグに手を入れ、古い形見を取り出した。その顔が輝いている。「二十年以上前、祖父が死ぬ間際に私に残していったメッセージがあるの。その意味がやっとわかったわ。祖父は、インドのポンディシェリの近くにあった修行場《アシュラム》で暮らしていた。あるとき、私が父に腹を立てていたら、祖父が黙ってこれを渡してくれたのよ」マヤは四つにたたんだ手紙を見せてくれた。時が経ち、かなりぼろぼろになっている。

「祖父は死の床でここに書かれたことを読んで、学び、教えるようにと私に頼んだの。でも、いまのいままで何がそんなに重要なのかよくわかっていなかった。でも、いまあなたが話してくれたことを聞いて、ここに書いてあることの意味が完全にわかったわ」マヤはテーブルの上に手紙を置いて、両手で長い黒髪をうしろにまとめ、鼈甲でできた眼鏡をケースから取り出した。その眼鏡を鼻にかけ、黄ばんだ紙を慎重に広げる。そして、そこに記されたサンスクリット語を訳しはじめた。

「赦しを与えられないなら、何を望めるというのだろう？　平穏を欲するか？　許しが平穏を与えてくれる。幸福、穏やかな精神、目的への確信、世界を超越する価値と美しさの感覚を欲するか？　思いやりや安心感、そして永遠に守られているという温もりを欲するか？　かき乱されることのない安らぎ、けっして傷つけられない優しさ、持続的な深い充足感、けっして邪魔されない完璧な休息を欲するか？　赦しは、そうしたものすべて、さらにそれ以上のものを与えてくれる。赦しは、あなたが目を覚ましたときにあなたの目のなかできらめき、あなたに一日を始める喜びを与えてくれる。赦しは、あなたが眠っているあいだに額を緩め、まぶたを休ませ、恐怖や不幸や悪意や攻撃の夢を見ないようにしてくれる。そして、目覚めたときには、また幸せで穏やかな一日が送れるようにしてくれる。赦しはそうしたすべて、さらにそれ以上のものを与えてくれる。（中略）赦しが与えられないなら、何を望めるというのだろう？　赦しほど求める価値のある恵みがあるだろうか？　架空のどんな価値も、ありふれたどんな効果も、けっして守られることのないどんなその場しのぎの約束も、赦しがもたらすもの以上の希望をもつことなどできるのだろうか」※17

「すばらしい文章ね。でも、赦すことはそう簡単じゃない」私はそう答えた。

「そんなに難しいことでもないわ。マエル、あなたは、私たちが愛と恐怖のプリズムを通して世界を見ていて、他者は自身の鏡で、私たちは一つでしかないとわかっているじゃない？　もしあなたが幸せになる道を選択するなら、その鍵となるのは赦しよ。平穏でいなくては幸せにはなれないのよ。なぜなら、平穏さこそが可能な唯一の現実だから。平穏さを失うと、さまざまな感情が生まれ、その感情は恐怖に導かれて私たちの知覚を狭めてしまう。赦しは癒しへの扉を開くの。赦すことで、私たちは目が見えない状態から解放され、恨みのフィルターをなくすことで赦しが混乱から抜け出させてくれるのよ。穏やかな心を取り戻すと、善悪の判断を下していたことが間違っていたとわかるようになる。そうなれば、自分自身の責任と向き合うことができる。自分にも罪がないわけではなく、相手に罪があるわけではないってね」

「私だって赦せるものなら赦したい。でも辛さが消えないの」

「あなたがさっき話してくれたように……ええと、あなたが出会った日本人の男性が、不愉快な思いをするたびにそれは理解するためのチャンスと考えられると言ったのでしょう？　エゴはどんな問題にも最初に反応するけれど、盲目的にそれに従うのは間違っているわ。エゴに従うから辛さが消えないのよ」

「そうは言っても、ロマーヌとマッテオは私を裏切ったのよ！　私に責任があるわけじゃないわ。私のエゴがどんな関係があるっていうの？」

「もしそうだったとしても、どうしてあなたが影響されて苦しまなきゃならないの？　その状況は一つの事実にすぎない。どうして自分が攻撃されていると考えるの？　何に恐怖を感じているの？あなたの充足感の何が邪魔されているの？」

私は驚いてマヤを見た。マヤはまるでシャンティのように話している。無意識にスプーンでコップのなかをかき混ぜ、薄切りの生姜を潰してがぶりと飲んだ。マヤは黙って目を閉じていたが、しばらくしてから目を開けて、人差し指でこめかみを指した。「エゴの声を聞いてみて。耳障りな音であなたと同じことを言っているはず！」それから、少し芝居がかった声で続けた。「私は不幸だ。なぜなら寒いから、パソコンが起動しないから、あの人に無視されたから、彼が私を責めるから、あの会議には呼ばれなかったから、彼女が裏切ったから……。わかるでしょ？　エゴはそうやって言い訳をして、ほかの人のせいにする！　状況や人間をコントロールするために策略をめぐらすのよ！　エゴは、自分とは違う人を警戒する。エゴがこんなふうにつぶやくのを聞いたことがない？　周りを見回してみても、自分を傷つけようとするエゴイストしかいない。あいつがもっとましな行動をとってくれれば、幸せになれるのに。天気がもっとよければ、気分がよくなるのに……」

私は微笑み、目で同意した。「あなたの言うとおりよ、マヤ。よく考えれば、エゴがもたらす解決策は好戦的で暴力的な恐ろしいものだわ」

マヤは私の手を握って、もう一度、繰り返した。

「それに気づいたなら、自分がつくりだしたメカニズムのなかで苦しみつづけるよりも、新しい世界を体験したほうがいいと理解したってことよ。あなたがいま経験していることよりひどくなることは絶対ないわ。エゴを見捨てるか、エゴについていくか？　選ぶのはあなたよ。辛さか、幸せか、どちらを選ぶ？」

「幸せを選ぶわ。辛いのはもうまっぴら！」

「それなら、赦すことこそが、あなたが与えることができるもっとも美しい贈り物よ。赦しは真実に導いてくれる。つねに正しい選択をできるわけじゃない自分を赦し、他者が恐怖のなかにいることも前もって赦すのよ。批判し、非難し、憎む対象を自分の外に探していては、自分で責任を負うことはできないわ。でも、一人一人が切り離されているというのは幻想だと受け入れれば、それだけで赦す必要のあるものなど何もなくなるわ」

「ちょっと待って、わからなくなってきた。赦さなくてはならないのに、実は赦すべきものは何もないですって？」

「そうよ！ 重要なのは無条件な赦しだってことを私もこれまでわかってなかったの。私たちがみんな一つの振動なら、単一性のスペクトルで眺めたら、悪なんて存在しなくなる。なぜ他者は私を苦しめるのか？ 私たちは、間違った質問に答えようとして間違った場所に行ってしまっていた。なぜ、他者は自分を苦しめるのか？ あるいは、彼はなぜ悪いことをするのか？といった質問ね。ところが、大切なのは、相手は私のなかの何に影響を与えているのか？ 私のなかの何が解決できていないから、相手の行動や相手の言葉に傷ついてしまうのか？ それを理解することよ。自分を被害者に仕立てあげ、残忍な人間の前にいると考えるのではなく、自分の苦しみの責任は自分にあると認めて、なぜ他者が私にこんな苦しみを返すのかを解読するのよ」

「そういうことなのね。敵だとみなしている他者こそが大切な贈り物なんだって強調しながら、チカロが私に言おうとしていたことが、やっとわかったわ。チカロは、思い込みの壁を越えて幸せになるために、解決すべきものの扉を開いてくれたのよ」

「よくわかってるじゃない。赦しとは、相手が何か悪いことをしたことに対して寛大に接することではなく、悪いことなど存在しないと理解することなのよ。なぜなら苦しみは、その相手から来ているものではなく、自分自身から来ているものだから。赦しは、裁くことで始まり、最後には感謝で終わるのよ」

「たしかに、マヤの言うとおりね。従来の赦しは、悪が存在し、自分には相手を赦す寛容さがあるということを前提にしていた。でも、幸せの鍵は、どんな過ちも起こりえない、それは自分の外に犯人を探した自分の精神の部分的な見方でしかないっていう事実にもとづいているわけね」

「ええ、そう思うわ！」

「まとめてみるわね。その一、私はもう苦しみたくない。私の問題は本当にマッテオとロマーヌとの関係から来ているのか？　それに気づいたことで、その問題は自分に責任があるのではないかと考えられるようになった。私はもう被害者ではなく、自分の幸せの主体である。その二、私が感じていた攻撃は自分が自分に向けていたものだった！　愛の王国を離れると、自分に苦しみを課すことになる。怒りを育てるのも私の選択の結果だ。自分の過去と恋愛遍歴によって私は身動きできなくなっていたとわかった。裏切りを恐れていたから。その三、私に差し出された贈り物を大切にすること。私の前には二つの扉があると感じられる。求めている幸せを手に入れるためにはエゴを捨てること。その四、自分のなかの喜びにアプローチして無条件の愛を分かち合うこと。私たちは互いを切り離すことはできない。単一性から自分を排除しようとしても何もできない。自分を赦すことは、自分はこの大いなる振動からけっして逸脱していないと気づくことである。なぜなら、そんなことは不可能だから。そもそも愛しか存在していないなら、赦すことなど何もない。つまり、悪など存在しなかったのだ」

すべてがはっきりとわかった。感動して、マヤをじっと見た。

ストゥーパは、日光に照らされ、ふたたびオレンジ色のドレスをまとった。この一瞬の見事さに、私は体と心と魂を投げ出した。喜びが湧きあがる。私は自由で、幸せで、生き生きとしている！目を閉じて、胸いっぱいに命を吸い込んだ。唇に笑みが広がった。私はつぶやいた。「そうよ。すべてが始まる瞬間、そしてすべてが完璧のなかに完了する瞬間。キロメートル・ゼロ、出発地点なのよ！」

※17　Schucman, H.,《Lesson 122》, A Course in Miracles, Foundation for Inner Peace, 1976.

フライト

「愛はつねにそういうものだった。
別れるときになって初めて、その愛の深さを知るのだ」
ハリール・ジブラーン

その晩は暖かかった。ほんの数メートル先で人々が生活している音を聞きながら、ホテルのテラスで朝食をとった。心は落ち着き、体はいまこの瞬間と調和している。昨日の私は愚の骨頂のような存在だったが、いまは苦しさも怒りも感じていない。恐怖もなければ、空虚感もなかった。もっと安心できる別のもので満たされているからだ。それは、自分は愛されているという実感だ。生まれ変わったような気分だった。いや、いま生まれたところなのかもしれない。私の周りで、私のなかで、命の音が聞こえる。近くの寺院から聞こえてくる声や音が空へと響いていく。これまでの私の確信はこの十日間でひっくり返ったが、いまの私には揺るぎない自信がある。私は、張りぼての建築物を一掃し、まっさらで肥沃な魂の土地にした。自宅から七千キロも離れたところであるべき自分の姿を見つけたのだ。ようやく自分のものにしたこの体と心の感覚をもう裏切りたくないと思っていた。私はこの宝物、この唯一無二の振動という宝物を優先することにした。その振動に耳を傾ければもっとも美しい旅を経験できるのだ。それは一瞬一瞬の散歩であり、無限の彼方への探検である。いまここで始まり、続き、そして終わる、単一性を探し求める冒険が始まったのだ。すべてが解決したわけではなく、私にはやるべきことがたくさんある。それでも、私には人間性のかけらがあることを誇りに思った。いまは、幸福とは何かが感じられる。私がこの旅で経験してきたことはすべて、とてつもない贈り物だった。ロマーヌとマッテオが私をだました理由などもうどうでもいい。私はそこから抜け出して成長した。いまでは、彼らがくれた贈り物に感謝しているくらいだ。

いまの私は、幸せで、新しいエネルギーに満ちている。

私はシャンティを待っていた。空港まで送っていってくれることになっているが、シャンティと別れる瞬間が怖かった。彼は私にすべてを与え、たくさんのことを教えてくれた！　シャンティは、驚くような忍耐力で私のいままでの原則を覆し、私の確信を打ち砕き、私を私の道に戻れるようにしてくれた。私はこの宝物を大切にすると誓おう。これからは、二度と道に迷わないように注意しよう。

シャンティは、こちらに手を振りながら、いつものように喜びに満ちた様子で庭の門を通ってやってきた。マヤも外へ出てきた。私はマヤを抱きしめ、私がネパールに到着して以来、彼女が私にしてくれたすべてについてお礼を言った。マヤと頬を重ねると、二人の涙も混じり合った。最後にもう一度抱きしめて、また連絡すると約束した。

シャンティが私の荷物を持ってくれ、私たち二人はストゥーパの左側を回って、ストゥーパの門に向かった。私は巨大なストゥーパに目で挨拶した。

大通りには、家々や簡易食堂にはさまれて、活気のある屋台、家々、個性あふれる露店が並んでいた。

シャンティも私も黙っていた。言葉は出てこないのに、涙は次から次へとあふれてくる。シャンティは私の手をとんとんと叩いた。

「あなたとお別れだと思うと怖いの」私は聞こえるか聞こえないかというくらいの声でささやいた。

「数日間、僕と旅に出ることになったときと同じくらい怖い？」

私は微笑んだ。

「それ以上よ！」

「もう僕がいなくても大丈夫だよ、マエル。人が愛するのは人生のため。あなたの歩みはすべて僕の歩みのあとをついてくるし、僕の歩みもあなたの歩みのあとをついていくんだ。思い出して。結びついていた二つの原子が分離すると、たとえ何百万キロメートル離れていようと、片方の原子が何をしようと、もう片方の原子は同じ瞬間に同じことをするということを。単一でないものは存在しないんだ」

「もう、寂しくなってきた！」

「僕たちはいつでもいっしょなのだから、寂しさは幻想にすぎないってわかるよね。寂しさに自分を投影すると恐怖にはまり込む。でも、僕たちはひとりぼっちじゃなくて、いつもいっしょにいる。なんの危険もない。無条件の愛で愛されているのだから。それを感じるには、互いにつながり合うだけでいい。宇宙のこの仕組みを信じよう。あなたのなかの平穏を感じて、あなたもその一部である無限の広がりの共鳴に耳を傾けて。そうすれば、幸せはきっとそこにあるよ」

「わかってるわ。いまの私は、経験したいことや自分の考えを選択していく力がある。それでも、自分を弱く感じるの。骨折してギプスを取ったばかりのときみたいに。わかる？　一人で歩けるけど、松葉杖があればもっと安心でしょ！」

シャンティは私を出発ロビーまで連れていき、そして、私を抱きしめた。

「マエル、どうやってあなたにお礼を伝えればいいかな？」

「私にお礼？　冗談でしょう。お礼を言うのは私のほうよ。どんな言葉も私があなたにどれぐらい感謝しているかを言い表すのにはまったく足りないわ。あなたは私の人生を変えてくれた。あなたでなくちゃできなかったことよ」

「マエル、あなたは僕にもっとも美しい贈り物をくれた。それがあったから、僕はあなたに愛について教えることができた。あなたの考え、あなたの仕草、あなたの行動一つ一つで、ありのままのあなたをできるだけたくさん伝えて。それを人に伝えることこそが、惜しみなく与えられる愛の声に耳を傾けるかぎりつくりだすことができる、もっとも貴重な贈り物なのだから」

あふれる涙が止まらなかった。シャンティの言葉の一つ一つが私の魂を揺さぶった。これほど誰かとつながっていると感じたことはなかった。シャンティにも私の気持ちが伝わっているようだった。「僕たちは離れない。僕はいつでもあなたと手をつないでいるし、あなたもいつも僕と手をつないでいる」私はシャンティを強く抱きしめ、彼の心を自分の心で感じた。その愛の感覚は、これまで感じたことのない唯一のものだった。

「じゃあ、また」シャンティは私の耳元でささやくと、手を振って遠ざかっていった。

新しい旅立ち

「動きたい、あるいは話したいときには、まずは自分の精神状態をよく見て、それを安定させてからしかるべき行動をしなさい」

寂天

涙が止まったのは、飛び立ってから一時間以上経ってからだった。私は、たくさんのことを与えてくれたこの国を離れた。ネパールでの出会いは一生忘れられない出来事だった。リュックの奥から小さな封筒が出てきた。マヤがそっと入れてくれたストゥーパの絵葉書だった。そこには手書きでこう書かれていた。

「マエルへ

無意識の習慣が戻ってきてしまったら、あきらめずに、エゴに優しく接して、いつでもやり直してね。あなたがいつも愛に生きられますように。今日という日は贈り物です。だからいまこの瞬間のことを現在《present》というのです。

マヤ」

＊

あっという間にパリに到着した。

私は携帯電話を起動させた。昨晩ホテルの部屋で夜じゅう充電しておいたのだ。だが、パリに着くまで電源を入れる気にならなかった。電源を入れた途端に、堰を切ったようにメールが押し寄せてきた。同僚からの緊急事態の連絡、その翌日には別の人間から解決したという連絡。決めなければならない案件の連絡は、私が帰って来るのを待つというものもあれば、勝手に答えを出したというものもあった。つまり、地球は周りつづけていたのだ。

留守電のメッセージを聞くと、家族が交代でかけてきていた。あとのメッセージになればなるほど、パニックになっているようだ。そういえば、あわただしく出発したので誰にも連絡をしていなかった。私は「EU圏パスポート所持者」の列に並びながら、急いで母に電話をした。驚いた様子の母の声がする。

「いったい何があったの？」

「あ、うん……仕事で、急いで外国に行かなきゃならなくて……」

「母親に五分連絡する時間もなかったわけ？　心配したのよ！」

「携帯がつながらなかったのよ。そんなに心配してると思わなかったから」

「心配しすぎて死ぬところだったわ。あなたは自分と仕事のことしか考えてないんだから。マルゴも心配してたわよ」

「ごめん、ママ。本当に悪かったわ！　マルゴにも電話しておく。とにかく私は元気だから。またね」

「待って！　あなたの誕生日を祝いたいのよ。シャルルが早くマエルに会いたいって言ってるの。……私もあなたにご飯を食べさせたいし。マエルの好きなものを料理するから。昔みたいにいっしょに散歩もしましょうよ。どう？」

マルゴは姉、シャルルはママの新しいパートナーで、気の毒な人だ！　温和な性格でほとんど喋らない。シャルルが私に来てほしがっているとは思えなかった。もっとも私とマルゴが突然、家に押しかけてもけっして嫌な顔をしない人だけど。

「ありがとう。それについてはまた今度決めよう」

「何言ってるの！　あなたの誕生日は明日じゃない！　だから、今週末に来てって言ってるのよ」

「わかった。またかけ直す」

私は明日で三十五歳になるんだった！　すっかり忘れていた。私は苦笑いした。だが、母に悪いことをしたとはまったく思わなかった。

税関を通ってから、今度はマルゴに電話をかけた。

「もしもし、マルゴ！」

「ああ、さんざん心配させておいて！　今度のカレはさぞかしすてきなんでしょうね！」

「誰のこと？」

「そう言ってるのは私じゃないわよ！　先週、あなたの職場に行ったら、秘書が言ってたのよ。数日間の旅行に出かけましたって。仕事人間のマエルが仕事をさぼるなんて、とんでもないイケメンが現れたとしか考えられないわよ」

「そんな簡単な話じゃないのよ」

「えっ、男じゃないの？」

「違うわよ！　まあ、男たちっていうか……」

「おっと！　ちゃんと聞かせてよね。なんだかきわどそうな話ね！　じゃあ、ニースでね。今週末にはマエルが来るってママが言ってたし」

「行かないわよ。ママには何も言ってない、いや、行かないって言ったところよ」

「ねえ、ママは十日間ずっと私に、マエルはどうしたんだ、どうしたんだってうるさかったのよ。もういい加減にしてほしい！」

「うん、想像できるよ。ほんと、ごめん。でも、のんびりしたいのよ。少し休みたいし……」

「まあ、ママのことだからがっかりするだろうけど、すぐにまた元気になるわよ！　でも、私たちはできるだけ早く会おう。いい？　早く話が聞きたい！」

私は預けていた荷物を受け取った。空は灰色だが、雨は降っていなかった。タクシーに乗り込んでエトワール広場に向かった。私は幸せだった。

だが、そんな気持ちに邪魔が入った。ロマーヌからメッセージが来たのだ。**「明日、アンジェリーナで恒例のブランチしない？　十一時でどう？　早く会いたいから。心からキスを込めて」**

なんて厚かましいの！　あんなことをしておきながら、私がのこのこ会いに行くと思ってるの！

潜在的な怒りが込み上げてくるのを私は観察した。体がこわばり、顎に力が入る。エゴが支配権を取り戻したのだ。私は、もう一つの愛の扉を確かめた。愛の扉はこう問いかけてきた。私の人生からロマーヌを消し去るのではなく、ロマーヌがなぜこんなことをしたのか、その理由や、彼女の辛さや恐怖を理解しようとは思わないのか？　自分の解釈に固執する代わりにロマーヌから説明を聞きたくはないのか？　もちろん、聞きたい。体から力が抜けていき、緊張から解放された。

「了解。キスを」と打ったところで手を止め、「。」からあとの文字を消した。そうよ、キスなんてしてあげないわよ！　待ち合わせ場所に行ってあげるだけでも十分に寛大でしょ！　また顎に力が入る。「黙れ、エゴ！」と私はうめいた。ロマーヌからメッセージをもらってうれしいとは思わなかったの？　心の底ではほっとしたんじゃないの？　ロマーヌと絶縁したいと思ってたの？　私はメッセージの続きを打った。「了解。キスを込めて」体が弛緩していった。

＊

自分の部屋のお風呂、ベッド、暖かさ。この快適な場所に戻れて、なんて幸せなんだろう。疲れを癒してくれる夜だった。翌朝、一歳年をとった私は元気に目覚めた。睡眠を邪魔されないように、夜は携帯電話の電源を切っていた。実際、携帯電話のない生活が気に入っていた！　本当に手放そうかと思うほどだ。七時になると、あちこちから誕生日を祝うボイスメッセージやショートメッセージやメールが届きはじめた。この数年間、自分を見失っていたけれど、誕生日を祝ってくれる人たちはみんなそこにいて私を待っていてくれた。メッセージが心に響く。自分は愛されていると感じた。すべてが変わり、自分で決めた優先順位を意識するようになった。

電動ブラインドカーテンのスイッチを押した。空は紺碧色で、すばらしい日になると予告しているようだ。今日は金曜日。ピエールに、週明けには仕事に戻るとメッセージを送った。ピエールは歓喜して、お誕生日おめでとうと言いながら、バーチャルな花束まで送ってきた。今日は自分のためだけに時間を使おう。愛する人たちを思い出し、愛を受け取り、私からの愛を送ろう。午後はマッサージに行こうかな？

熱いお湯に浸かって、ゆっくりとお風呂を楽しんだ。それから時間をかけて、特別な日に着ようと思っていた服を選んだ。ジーンズとお気に入りのブラウス、青いカシミヤのふわふわのセーター。コートを羽織り、首元にマフラーを巻き、歩いてシャンゼリゼに向かった。

パリの街を颯爽と歩いた。落ち葉が積み重なって小さな山になり、風とともに移動している。私はすれちがう人たち全員の表情を読みながら歩いた。急いでいる人、悩んでいるような人、憂鬱そうな人、悲しそうな人、忙しそうな人……。若いカップルを除けば、幸せそうな人は少ない。私はすれちがう一人一人に、平穏を見つけられますようにと祈りながらポジティブなエネルギーを送った。集中して、周囲にプラスのエネルギーを振りまいていく。私の幸福を分けてあげたかったのだ。太陽の光がついてきて、私という存在から発する力を何倍にもしてくれた。シャンティの言うとおりだ。世界は変わっていない。変わったのは、私の世界を見る視線だ。考えが結果に影響することを証明した量子物理学のセオリーを信じずにはいられなかった。この見知らぬ人たちに自分のもっとも美しいエネルギーを吹きかけながら、その人たちの細胞の一つ一つに影響を与え、彼らがいまこの瞬間に少しでもよい気分になることを願った。

ロマーヌとの待ち合わせ場所はすぐそこだ。私は、自分の怒りがまた表面に出てこようとしているのを観察した。マッテオのことを思い出すと辛さがさらに強くなった。私はあえて感情に主導権を譲った。私はだまされていたのだろうか？　私にあんなに親切にしてくれた人たちが私をだましていたとは思えない。彼らは、私に世界への扉を開いてくれた。彼らがいなかったら私はあんなにすぐにその扉に到達できなかったはずだ。彼らが教えてくれたのは、私の心の王国への扉、幸せの扉だ！　だから、私の親愛なる怒りと私の優しい傲慢さに聞いてみよう。私は本当に彼らに利用されたのだろうか？

するると、怒りも傲慢も消えていった。でもすぐに戻ってこようとして、こう叫んだ。

「あの男は結婚しているくせに、おまえにできもしない約束をしたんだ。おまえをうまく利用したんだ。おまえが恨みがましいわけじゃないさ！」

「いえ、マッテオが無理強いしたわけじゃないわ。やり直せるものなら、彼とやり直したい！」私は怒りに言い返した。

すると、傲慢が腕で怒りをつかんで怒りの耳元でささやいた。「ほっとこうよ。彼女には僕たちのことなんて理解できないんだ！」

私はにっこりして、自分の怒りと傲慢が遠ざかっていくのを見ながら、怒りと傲慢にも幸せと平穏な考えを送った！　コンコルド広場を横切りながら、パリの美しさを味わった。広場の中央に置かれたルクソール神殿のオベリスク、パリの魅力の一部となっている街灯、テュイルリー庭園のプラタナス、アーケードを上っていくときにすれちがった子どもの笑顔。私の心はその一つ一つに燃えあがった。

待ち合わせた店の金色のメタルでできた重いドアを開けた。右手に売店があり、冷蔵用のショーケースのなかにはおいしそうなケーキが並んでいる。それを横目に、広い店内の奥まで進んだ。店内には、ガラス張りの天井、モールディング、金色のフレームの鏡など、ベル・エポックの時代のインテリアがいまだに残されている。大理石の天板を載せた木製の丸テーブルの周りにはこげ茶色の革張りの椅子が並んでいた。ロマーヌを探していると、ウエイトレスが急ぎ足で近づいてきて会釈をした。彼女の持っているトレイから、温かいペストリーとホットチョコレートの香りが漂う。白い陶器の上で銀のカトラリーが立てる音が、いろいろな国の言葉のざわめきにリズムを与えていた。

　ロマーヌは、中央の席で私を待っていた。心臓の鼓動が速くなった。ロマーヌは私を見ると辛そうに立ち上がった。彼女の痛みがこちらにも伝わってくるほどだ。青白い顔色がよりいっそうロマーヌを弱々しく見せていた。ロマーヌは私を抱きしめようとしたが、私は拒んだ。ハグはせず、頬に二回キスをした。向き合って座ると、なかが白紙の手帳をテーブルの上に出した。

「はいこれ、あなたが私に頼んだものよ！」ロマーヌはテーブルに置かれたものをじっと見た。

「私もいっしょに行きたかったんだけど、こんな体調で行けなかったのよ」

「あなたがいなくても平気だったわよ！」ロマーヌは大きく息を吸った。

「このあいだあなたに話したと思うけど、私は癌の治療のためにカトマンドゥを離れなきゃいけなくて……」

　私は天を仰いだ。どうせこれも嘘だろう。ロマーヌは続けた。

「でも、癌と闘っていてわかったのよ。あのときのカトマンドゥへの旅が私を救ってくれたって」

　ロマーヌは話すだけでも辛そうだったが、私は同情しなかった。

「そう。それは結構なことだけど、どうしてあなたの事情に私を巻き込んだわけ？」

　怒りが込み上げてきた。爆発する前に鎮めなければと思ったそのとき、ロマーヌが大きなため息をついて、落ち着いた声で言った。

「ネパールで私が学んだ教えはすべて私を強くしてくれて、病気と闘う勇気をくれた」

「それはよかったわね！」

「数か月前から私はあなたが自分を壊しているって思ったの……」

制服を着たウエイトレスが、注文を取りにやってきた。

ロマーヌは椅子に座り直すと、私の目をじっと見た。そして、しっかりした声で話しはじめた。

「ここ数年、あなたは以前の私みたいに健康を害しているように見えた。それで、あなたもあの教えを体感して、私みたいに病気になる前に目覚めて欲しかったのよ。それで、あんな話をつくりあげたの。行かざるをえない状況をつくらないかぎり、マエルは絶対にネパールまで行かないと思ったから」

なんと答えたらいいかわからなかった。さっきのウエイトレスがあっという間に注文したものの一部を持ってきた。ロマーヌは私の手を握って続けた。「お誕生日のプレゼントに意識的な選択をする自由をあなたにプレゼントしたかったの」

大真面目に言っているのはわかったが、ロマーヌへの怒りが疑いに変わった。私は神経質にティーバッグを振った。カップをじっと見つめながら、沈黙を破った。

「じゃあ、マッテオは？」

「ああ、マッテオね！」

私は頭を上げた。ロマーヌはフルーツジュースをひと口飲んだ。

「彼とはアメリカで会ったのよ。数年間、共同研究をしていたの。会ったからわかると思うけど、彼はネパールに夢中なの。先月、連絡をくれて、カトマンドゥに行ってジェイソンの研究を手伝うって言っていた。そのとき、この計画を思いついたの。マッテオにあなたを見守ってもらおうって！　すごくいい人だって知ってたから」

「へえ、私を見守るためにねえ。そのとおりにしてくれたから、安心していいわよ！　それどころか、彼はさらにつけ込んできたわ。私と寝るようにとも頼んだわけ？」

思わず言葉が出てしまった。ふいにエゴが支配権を取り戻したのだ。私はすぐに後悔した。

「そんな品のない言い方しないで。マッテオにはあなたを見守ってと頼んだだけでそれ以外は何も言ってないわ。彼はできるかぎり自分の気持ちを抑えていたと思うけど、恋に落ちたのよ」

分厚いカーペットの上をウエイトレスが歩くヒールの音が聞こえてきた。私たちの前にスクランブルエッグと白いナプキンに包まれたトーストが置かれた。

「恋に落ちた？　私だってそう思ってたわ。でも、私が見たマッテオの携帯に届いたメッセージは恋人からだった。わかるでしょ？　恋人は私じゃなかったのよ！　その恋人がいまかいまかと彼の帰りを待ってたのよ！」

「どういうこと？」

「ああ！　あなたも呆れたでしょ？」

「誰の話をしてるの？」

「だから、マッテオの恋人か、さもなければ奥さん。いっしょに暮らしている相手なんじゃないの。名前はたしか……ローラ！」

ロマーヌが笑いだした。

「何がそんなに面白いのよ」

「誤解だって！」

「何が誤解よ？　私にとっては笑いごとじゃないわよ」

「いいから聞いて……。ローラはマッテオの妹よ！　とても仲良しなの。マッテオは、彼女の世話をするためにアメリカから帰国したぐらいだから。ローラは三年前に大きな交通事故にあったの。いまは回復したらしいんだけど、一時は二人とも大変だったらしいわ。マッテオから聞かなかった？」

「聞いてない」

「あなたが彼に話す暇を与えなかったんじゃないの？」

「私とマッテオのこと、知ってるの？」

「マッテオがパリを経由して帰るときに空港で会ったのよ」

ロマーヌはバッグから封筒を取り出した。「これ、あなたにって預かってるの」手紙だ。受け取ろうとしたが、ロマーヌは手を離さなかった。「読む前に破り捨てないと約束して」約束してから、私は急いで封筒を開けた。胸が張り裂けそうなくらいドキドキしている。あまりに興奮して手が震えだした。手紙を読み進めるうちに視界がにじんだ。

「マエル
帰国する前に話したかったんだけど、できなかった。きみに話していないことが山ほどある。僕について知っておいてほしいことも、マエルについて知りたいこともたくさんある。マエルと分かち合いたいこともたくさんある。金曜日の夜、ミラノで待っている。週末をいっしょに過ごそう。時間がなくて伝えられなかったことを説明するチャンスをください。僕たちの出会いを照らしてくれた同じ星の光の魔術の下で味わうべきものを味わうチャンスをください。

伝えたかったのに言えなかったことはまず、きみを愛しているということ。僕の孤独なエゴを満足させるためではなく、きみのそばで育てていきたい真剣な愛だからこそ言えなかった。マエルに会いたくてしかたない。

マッテオ」

封筒のなかには電子航空券が同封されていた。パリ　オルリー空港　十八時二十分発——ミラノリナーテ空港　十九時五十分着。

私は顔を上げた。涙が頬を流れていった。ロマーヌの目は赤く、彼女も私と同じ感情を抱いているとわかった。数か月前から恐ろしい闘いをしているにもかかわらず、ロマーヌが私に示してくれた愛情を思った。私の前に、誇り高く、強い彼女がいた。私にいちばん美しい誕生日のプレゼントをくれるためにここに来てくれた。私が溺れてしまう前に助けようとしてくれた。彼女以外には誰もできないような愛を私に贈ってくれた。それなのに……。ついさっきまで彼女に対して思い描いていたことすべてに罪悪感を抱いた。

私たちはひと言も発しないまま、それぞれのかすんだ目から熱い涙を流した。喉が締めつけられ、心は燃え上がり、私を包んでいく感情の波を抑えることができなかった。

ロマーヌが私の手を握った。「マエル、大好きよ。どんなことがあっても私の大切な友だち。マッテオはマエルにそっくりですばらしい人。マッテオのところへ行くのよ。恐怖に自分を閉じ込めたままにしないで。いまこそ自由になって。いまこそ生きて！」

エピローグ

「いまこそ、あなたの夢見た人生を生きるときだ」

ヘンリー・ジェイムズ

私はペストリーをいくつか平らげてから、アンジェリーナのトイレに行って、毎年自分が生まれた時刻にしているようにお願いごとをした。それから、数時間後にミラノに出発するための荷物を取りに家へ戻った。ロマーヌはその間ずっと私専用のタクシードライバーを務めてくれた。そして数時間後、ミラノに出発する私を見送ってくれた。

私は、黄色い手帳を開けた。私がヒマラヤまで取りに行き、ロマーヌが空港で、あなたが困ったときにきっと助けてくれると思うわと言って渡してくれた手帳だ。最初のページには、ロマーヌの筆跡でこう書かれていた。

「私の親友、マエルへ。あなたが理解できたことを書き表す力をもつことを心から願ってます。そうやって、同じ意識のなかで生きるという選択についてほかの人たちにも伝えてほしい。心から愛してるわ。

永遠にあなたの友だち、ロマーヌより」

私の頰をつたった涙が、ロマーヌの名前の横に落ちた。

私はバッグからペンを出すと手帳の次のページをめくり、迷うことなく書きはじめた。

「タクシーをつかまえて、パンテオンまでパリの街を駆け抜けた。このあたりは五年ぶりだ。最後に来たのは、高等師範学校《ENS》で会社のプレゼンをしたとき。資金不足の私たちは、最高レベルのエンジニア養成学校に直接働きかけて、創設したばかりの工場のために優秀な人材を大量に集めることにしたのだ。『私たち』というのは、工学系のスタートアップ企業のこと。八年前から、大きな成果を期待しながら、私は起きている時間のほとんどをこの企業で過ごしてきた……」

謝辞

ありがとう。

長いあいだ、私のなかには本を書きたいという気持ちがありましたが、どうすればいいのかわかりませんでした。いくつかの文章を書きはじめ、一ページ、二ページ、三ページ……十ページ……百ページ……最終的に自費出版版が仕上がるまで書きつづけました。私はその自費出版版を、私をありのままの姿でいさせてくれ、ここ数年にわたって私に大事な贈り物をしてくれたすべての人（私の家族、友人、敵だと思っていたけれど私の影のゾーンを教えてくれた人……）に感謝とともに捧げました。

そして、その友人たちは今度はそれを別の人と分かち合いたいと思ってくれ、私の贈り物は私を超越した規模の冒険になりました……。

だから、私を揺り動かし、優しさをもって私を励ましてくれたクレール・シャンプノワに感謝します。

私の最初の読者であり、親しい友人でもあるイザベル・バテスティ、ミュリエル・ブラン、サラ・ドゥニ、カテル・フロッシュ、リヌ・カイルー、ヴァネッサ・マルティネス、コリーヌ・ムスタフィアデス、ブリジット・オリー、フレデリック・ペナン、ティエリー・ポラック、フィリップ・ヴェマイヤーに感謝を捧げます。あなたがたは、その建設的でやる気を起こさせる意見と、物流や販売に至るまでの分かち合いによって私を大いに助けてくれました。

まるで兄弟のような私の幼なじみ、クリストフ・シャルボネルに感謝を捧げます。あなたは、私の人生の重要な瞬間にいつも寄り添ってくれました。私のＨＰ（www.maud-ankaoua.com）を制作するというプロジェクトに参加することで、それを改めて証明してくれました。

優しい光で私の心を満たしてくれる友人たち、私の愛する家族、私の義理の家族たちに感謝します。

私に自発性の道をしばしば示してくれた、甥、姪、いとこたち（セレスティン、クロエ、コリーヌ、フラヴィ、ジュリエット、ラディスラ、リリー、ニコラ、オスカル、ヴァランタン、ヴィクトワール）に感謝を捧げます。

そして最後に、私の人生の柱であり、私の日常生活のバランスを図ってくれるボディーガードに感謝を捧げます。

まずは私の兄であり、親友であるステファン・アンカウア。あなたは、私が生まれたときからずっと私と手をつないでくれています。あなたが愛情をもって私を導いてくれるのを見てきました。あなたは、私が困難に直面したときに私を支えるためにいつも適切な言葉を見つけ、私が幸せなときは自分の幸せとして喜んでくれました。

そして、デルフィーヌ・ギルマン。誰よりも私を信じ、そのまなざし、言葉、日々の仕草、アドバイスを通して、この夢を実現するために必要な力を与えてくれました。

そして、この自費出版版『キロメートル・ゼロ』をエロール社に持ち込み、大規模に出版し、流通させ、販売するチャンスをつくってくれたマルグリット・カルドーゾ、あなたの大胆さと勇気に心からの感謝を捧げます。オフィスに行くたびに私を信頼してくれ、私が一歩一歩進んでいくことに謙虚さをもって伴走してくれ、すばらしいスタッフを紹介することであなたの王国を私に開放してくれました。そのスタッフの皆さん、ラシェル・クラベイユ、ジェラルディーヌ・クジェ、マリオン・アルファノ、フランソワ・ラミドン、クロディーヌ・ダルティジュ、オーレリア・ロバン、ナタリー・クラタドゥール、そして営業担当の方々（お会いできること楽しみにしています）に感謝を捧げます。

また、エロール・グループのマリー・ピク・パリス・アラヴェーナにも大いなる感謝を捧げます。

最後に、読者の皆さん、本当にありがとう！

このすばらしい冒険を助け、支えてくれたことに心から感謝します。

私の隣を歩いてくれてありがとう。

ありのままの自分でいてくれてありがとう。

私を待っていてくれてありがとう。あなたがたは私の最大の財産です。

この最後の行を書き、ようやく新版が実現するのを見ることができるいま、私の感情はピークに達しています。

読者の皆さんにお会いしてお喋りする日がいまから楽しみでたまりません。最後の一行までお付き合いいただき、ありがとうございました。

ではまた。

モード

装丁　三瓶可南子
装画　カチナツミ
協力　株式会社リベル
校正　株式会社鷗来堂
組版　株式会社キャップス

© Astrid di Crollalanza
提供　(株)フランス著作権事務所

〈著者略歴〉
モード・アンカウア
作家、コーチ、講演者。希望に満ち溢れた本書『Kilomètre zéro』は著者の初小説でフランスでベストセラーに。人生の本質を思い出させてくれる著書は累計で２００万部超となっている。

〈訳者略歴〉
河野 彩（こうのあや）
仏語翻訳者。学習院大学文学部フランス語圏文化学科卒、一橋大学言語社会研究科博士前期課程修了。訳書に『世界の終わり　賢者たちの遺言』（飛鳥新社）、『人生を変えるレッスン』（サンマーク出版）、『図説 異形の変態：幻想動物変異百科』（原書房）、など。

キロメートル・ゼロ
すべては、いまここにある

2024年 7月31日　第 1 刷

著　者　モード・アンカウア
訳　者　河野 彩
発行者　小宮英行
発行所　株式会社 徳間書店
〒141-8202 東京都品川区上大崎 3-1-1 目黒セントラルスクエア
電話 編集（03）5403-4344　販売（049）293-5521
振替 00140-0-44392

印刷・製本　大日本印刷株式会社

ISBN978-4-19-865791-8